阅读成就思想……

Read to Achieve

高管教练精进法

Mastering Executive Coaching

[英] 乔纳森 · 帕斯莫尔（Jonathan Passmore）
[美] 布赖恩 · O.昂德希尔（Brian O. Underhill）◎ 编著
[美] 马歇尔 · 戈德史密斯（Marshall Goldsmith）

朱晓楠 徐颖丽 许伟华 ◎ 译

黄学焦 ◎ 审校

中国人民大学出版社
· 北京 ·

图书在版编目（CIP）数据

高管教练精进法 / （英）乔纳森·帕斯莫尔，（美）布赖恩·O. 昂德希尔，（美）马歇尔·戈德史密斯编著 ；朱晓楠，徐颖丽，许伟华译. -- 北京 ：中国人民大学出版社，2023.2
书名原文：Mastering Executive Coaching
ISBN 978-7-300-31296-5

Ⅰ. ①高… Ⅱ. ①乔… ②布… ③马… ④朱… ⑤徐… ⑥许… Ⅲ. ①企业管理 Ⅳ. ①F272

中国国家版本馆CIP数据核字(2023)第002466号

高管教练精进法

［英］乔纳森·帕斯莫尔（Jonathan Passmore）
［美］布赖恩·O. 昂德希尔（Brian O. Underhill）　编著
［美］马歇尔·戈德史密斯（Marshall Goldsmith）
朱晓楠　徐颖丽　许伟华　译
黄学焦　审校
Gaoguan Jiaolian Jingjin Fa

出版发行	中国人民大学出版社		
社　址	北京中关村大街 31 号	**邮政编码**	100080
电　话	010-62511242（总编室）		010-62511770（质管部）
	010-82501766（邮购部）		010-62514148（门市部）
	010-62515195（发行公司）		010-62515275（盗版举报）
网　址	http://www.crup.com.cn		
经　销	新华书店		
印　刷	天津中印联印务有限公司		
规　格	170mm×230mm　16 开本	**版　次**	2023 年 2 月第 1 版
印　张	16.5　插页 1	**印　次**	2023 年 2 月第 1 次印刷
字　数	240 000	**定　价**	75.00 元

卓越教练技术系列丛书序

本套丛书的第五部重磅之作《高管教练精进法》即将出版，作为丛书的推荐人、翻译组织者和审校，我的内心充满了欣喜和期待。

众所周知，教练技术是在双方建立一种相互信任的伙伴关系的背景下，通过对话的方式，发掘客户的潜力，从而实现客户的目标和梦想的过程。为厘清教练的作用，我经常用培训与之做比较。培训是开发增量的，传递的是一种新的知识或信息，例如你现在的知识或能力是 100 分，那么通过培训可以将你的知识和能力提升到 150 分；而教练是做存量开发的，就是你虽然有了 100 分，但在现实工作中仅仅发挥出 30 分，这时你就会感到“生不逢时”或“怀才不遇”，而教练关注的是如何把剩余的 70 分发挥出来。教练不仅关注“知”，更关注“行”，让客户做到真正的“知行合一”。

对个人发展而言，教练技术的内涵已经不仅仅停留在一般的技术层面，也就是具体的解决问题和改善能力或流程的层面，而且能够让人上升到更高的思想意识和信仰追求的境界，对生命及其所在的系统甚至宇宙具有更广泛和更深入的理解。如果把一个组织或团队看成一个像人一样的有机体，那教练技术在团队或组织中的应用就不仅涉及组织或团队的内在流程和关系，更与这个有机体要传递的文化和在社会上的定位与贡献息息相关。因此，虽然教练技术出现和发展的历史并不长，却很快成为每一个优秀的企业挖掘员工、团队和组织潜力，提升绩效的有力武器。据 ICF 2009 年统计：在企业中，个人教练的投资回报率是 300% ~ 400%，而团队教练的投资回报率竟然达到了惊人的 600% ~ 700%。另外，据接受教练指导的员工们反馈，下属与直接上司之间的关系改善了 77%，下属与次上级之间的关系改善了 71%，团队合作增进了 67%。

2003 年，我第一次接触教练技术的课程，有幸成为国内第一批系统学习教练技术的先行者，当时的我深深被其针对愿景而不是问题，面向未来而不是过去的魅力所感召，于 2007 年成立埃里克森（北京）管理顾问有限公司，把加拿大的埃里克森教练体系引进国内，成为国内率先培养 ICF 国际专业认证教练的机构。2017 年，我又成立了加瓦（北京）教育科技有限公司，致力于教练技术的本土化应用，数年间获得了丰富的实践经验和客户的高度认可。在近二十年学习和推广教练技术的过程中，我一方面为每一位学习和应用教练的学员及其客户相互陪伴、克服障碍、实现目标乃至绽放生命的成长过程欢欣鼓舞；另一方面也对各家企业领导者们的顾虑和烦恼有了更深刻的理解。他们愿意斥巨资给企业高管和团队配置教练，希望能够通过高管和团队的改变让企业更良性地发展。但是不得不承认，国内在教练技术及其相关领域（如管理学、心理学、体育科学与成人教育等方面）的综合研究和深入实践仍相当薄弱，无论是教练行业还是企业界，仍大多处于一种“摸着石头过河”的状态。

所以，国内教练界急切呼唤一套集权威性高、涵盖面广、实用性强的丛书问世。我于 2015 年在国外参加 ICF 会议后，一回国便约麦格劳 – 希尔教育集团的相关代表以及中国人民大学出版社的王立军先生一同商讨策划这样一套教练丛书，几方一拍即合。随后这几年我们召集国内教练界精英，接连翻译并出版了彼得·霍金斯的《高绩效团队教练》及其姊妹篇《高绩效团队教练（实战篇）》、《教练与导师督导权威指南》和《高绩效工作教练与辅导》，都受到了业界的广泛好评。

如果把教练技术在各种背景中的应用比喻成一个大家庭，那么，高管教练——如何教练各类组织中的高管和领导者，无疑是这个系统中地位最显赫的王者。即将出版的这本《高管教练精进法》是国际上数十位知名教练大师的集大成之作，其中包括把握主题、为客户提供价值、当前的挑战和案例研究等四大方面十八篇文章的论述，涵盖了高管教练应用的方方面面，无疑为国内有实力、有经验、和各类组织的领导者共同工作的资深高管教练们提供了全方位学习、比照的标杆和指南。尤其是当前国内各类企业的生存环境正经历着改革开放以来最严峻的考验，而作为企业的大脑和主心骨的各级领导者和高管决定着企业的生死存亡，其承受的压力和责任无疑是巨大且无法推卸的。所以，我相信这本书的出版恰逢其时，它是支持企业领导者上下同心、克服困难、不断创新、再创辉煌的一剂强心针，拥有特殊的时代意义。

如今，教练技术在国内应用的最大瓶颈在于，如何把来自西方的理论和实践灵活地应用到国内具体的管理工作中，也就是本土化的问题。这套丛书中涉及的理论、工具、模型、实践案例等在国内的适用性已经得到有效的证明。例如，在我们迄今已开办的数期团队教练的课程中，专门增添了颇具挑战性和实战性的让学员到企业中面对真实团队，利用所学解决实际问题的环节。客户与团队都反映这让他们收获颇丰。同时，在我们国内众多企业领导力和团队项目的实践中，教练的效果同样令人叹为观止。这些客户团队既有知名上市公司的决策者，也不乏事业刚刚起步的创业伙伴。面对一个个企业高管或团队经过教练引导后激情迸发的状态、上下级顺畅的沟通和翔实的行动计划，大家都相信建立在以人为本的管理理念之上的教练思想一定会在中国生根、发芽、开花，最终硕果累累。

卓越教练技术系列丛书涉及的这几个教练方向，既各有侧重又互相协同，能够为企业和教练界提供多方位的支持。所以，本丛书对每一位团队领导和管理者、企业内外部教练、人力资源从业者和从事团队变革和发展工作的各类专业人士，尤其是各领域的资深人士，都有极高的参考和使用价值。

我相信，在当今这个世界经济局势风云变幻，企业内外部环境面临巨大挑战的时代，本丛书的出版，一定能够为国内的企业决策者们和众多企业内外部教练们面对种种困境，提供解决问题、提升绩效的强有力工具和方法，增进组织利益相关者的理解和支持，提升组织各个层级员工的向心力和凝聚力，最终促进各类企业和组织在 VUCA 时代管理效能的提升和健康发展。

在此系列丛书的翻译出版过程中，各位译者辛勤努力、一丝不苟，我的助理孙云星、黄晗和胡玥为此做了大量协助工作，中国人民大学出版社的编辑们也投入了很多心血，在此一并表示衷心的感谢。

黄学焦

加瓦（北京）教育科技有限公司董事长

国际教练联合会（ICF）北京分会前会长

精通高管教练

试想一下，在 20 世纪 90 年代中期的某一天，当我（昂德希尔）走进马歇尔·戈德史密斯的办公室，发现他正在和一家手机服务供应商客户在免提电话上交谈时，我是多么地惊讶。我们很多人都曾为马歇尔工作过，在那之前，我们已经开展了数千次 360 度评估的反馈活动—— 一般是通过电话沟通或面谈，回顾各关键利益相关方为某位领导者提供的各种反馈。

这位客户（一位营销副总裁）说道："马歇尔，我喜欢你给我做的那次反馈，但我觉得还不够！我们能不能再多做几次那样的反馈，也许可以持续一整年，好吗？"马歇尔当即就同意了。那位客户接着说："你能派一些顾问来教练我团队中的其他成员吗？"马歇尔再次表示了肯定。

很快，我拿到了两位领导者的反馈报告，并要对他们进行为期一年的教练。但有一个问题也让我心存疑惑："在这一整年里，我应该对这些人做些什么呢？"

为响应客户的需求，我们的 360 度反馈工作一夜之间演变成了全年的高管教练。我们必须边干边摸索什么才是高管教练。与此同时，许多其他类似的谈话方式也出现了，教练行业逐步兴起了。

教练的起源

与其他职业相比，教练作为一种职业出现的历史非常短。根据行业历史学家维基·布罗克（Vikki Brock）的说法，1995—1996年被认为是教练行业历史中至关重要的一个时期。在这两年里，托马斯·伦纳德（Thomas Leonard）创立了国际教练联合会（International Coach Federation, ICF），作为他的教练U（Coach U）学院的毕业生校友会；而劳拉·惠特沃思（Laura Whitworth）组建的教练培训学院（Coaches Training Institute）的毕业生都会加入北加利福尼亚州的专业和个人教练协会（Professional and Personal Coaches Association, PPCA）。当时已经有了八所专业教练学习机构。1996年《新闻周刊》（*Newsweek*）刊发的一篇文章可能是大众媒体第一次确认教练行业的存在。1996年《咨询心理学杂志》（*Consulting Psychology Journal*）也出版了一期关于教练的专刊。巧合的是，1996年是我（昂德希尔）为马歇尔·戈德史密斯工作的第一年，那年他刚刚出版了他的第一本书，之后又陆续出版了30多本。

在英国，约翰·惠特莫尔（John Whitmore）、格雷厄姆·亚历山大（Graham Alexander）和艾伦·法恩（Alan Fine）一直在与客户合作，帮助他们反思自己的表现。基于这些会话，从20世纪80年代开始，GROW模型（管理培训中常用的工具之一）出现了。其他人则受约翰的《高绩效教练》（*Coaching for Performance*）一书的鼓舞加入了教练行列。于是，好几个教练项目在英国发展起来，其中一门由纽卡斯尔学院（Newcastle College）提供的远程教育课程最受欢迎。在20世纪90年代末，我（帕斯莫尔）和许多其他英国教练就是从这里开始涉足教练行业的。我也在自己所在的组织内部运用教练技能，帮助个人和团队提升绩效。与此同时，大卫·梅金森（David Megginson）、大卫·克拉特巴克（David Clutterbuck）等人成立了欧洲导师与教练协会（European Mentoring and Coaching Council, EMCC）。到了21世纪初，斯蒂芬·帕尔默（Stephen Palmer）、艾莉森·怀布罗（Alison Whybrow）和乔纳森·帕斯莫尔在英国成立了教练心理学特别小组（Special Group in Coaching Psychology），作为英国心理学会（British Psychological Society, BPS）内的一个小组。凯瑟琳·蒂尔帕（Katherine Tulpa）和亚历克斯·萨博（Alex Szabo）也成立了教练协会（the Association of Coaching）。

随后，类似的教练行业发展历程在全世界十几个国家出现，每个国家又有自己独特的发展路径。

自 2000 年以来，教练行业持续增长，市场上的教练从业者数量激增。1996 年，ICF 有 400 名会员，2004 年有 7900 名会员，2014 年有 25 000 名会员。2016 年，ICF 估计教练行业的从业人数为 53 300 名（2012 年为 47 500 名），在过去 4 年中每年新增约 1500 名教练。在世界著名的心理学文摘数据库[①]（PsycINFO）中搜索“高管教练”，你会发现，在 2012 ~ 2017 年间创建了 238 条引文，而 1995 ~ 2000 年间该数量仅为 32 条。2014 年，全球范围内确认的教练协会有 23 个，仅仅过了 4 年，专业教练协会的数量就增至 37 个。早在 2007 年，各所大学就开始设立教练学位课程，澳大利亚、英国、美国和加拿大的哥伦比亚大学、夏洛特皇后大学、悉尼大学、东伦敦大学、牛津布鲁克斯大学和亨利商学院等院校陆续开设了 19 门此类课程。在为期 10 年的研究中，世界大型企业联合指出：“过去 10 年中，组织内开展的高管教练活动有显著的增长。”

这引起了人们对各种各样的教练方法、从业者背景 / 培训、教练成果的不确定性和教练费用差异的密切关注。任何人都可以拿出名片宣称：“我是一名高管教练。”2004 年《哈佛商业评论》（*Harvard Business Review*）的一篇文章称这一新兴行业为“西部荒野”。作者指出，“就像往昔的西部荒野一样，这个前沿地带一片混沌，基本上未经开发，充满风险，但前景广阔”。

事实上，在过去 20 年里，随着企业大规模采用高管教练项目，内部教练逐步兴起、国际认证标准越来越受到人们的认可，以及教练项目（因其遵循许多其他新兴行业的发展路径——从案例研究到元分析）从“魔术”和“艺术”向“科学”和“循证实践”发生缓慢而持续的转变的前景正在成为现实。教练关注的焦点已经从早期的低绩效人员变为现在的绩效最好的人和最聪明的人。高管们越来越多地将与教练合作视为一种身份象征。美国的一项研究发现，在 2013 ~ 2018 年的

① 由美国心理学会（American Psychological Association, APA）出版，收录了 170 多万条记录，是心理学学科的国际性数据库。——译者注

5 年间，针对绩效问题的教练活动数量下降了 10%。

为什么需要教练，为什么是现在

随着新技术的出现，许多行业也应运而生，这些建立在新技术基础上的行业进一步扩展了该技术的应用范围。

但教练活动并不特别依赖于某项新技术，为什么现在是教练行业阔步前进的时候呢?

不同专业机构在教练的职业道德和教练技术培训方面的合作越来越频繁，这给教练行业的发展奠定了很好的论证基础。当然，在科学研究和实践方面，仍有很多工作亟待完成。

此外，全球经济的挑战、移民数量的增加和技术变革都使人们的工作环境充满了变化，生活和工作的边界也变得模糊。教练可以帮助人们安然地跨越这些边界，为自己、为家人、为组织做出正确的选择，而在其他领域——从安全管理到驾校培训，从监狱到医疗保健——教练可以帮助个体承担更大的个人责任，并且变得更加“游刃有余”。

迈向精通

2016 年，我们（昂德希尔）为我们所认识的经验丰富的资深教练提供了 ICF 专业认证教练（Professional Certified Coach, PCC）的专项培训课程。他们中的许多人已经做了 10 ~ 20 年教练，大多拥有博士学位，并接受过其他相关培训，只是没有去寻求（甚至不需要）教练领域的官方认证。那年秋天，ICF 的规则发生了变化，所以当时是接受教练培训的最佳时机。

由于担心没有人报名，我们与 PCC 培训师协商了一项宽松的取消政策。虽然我们的客户开始青睐认证教练，但并不多。而且这些教练中的大多数人都已经功成名就了，几乎不需要这种性质的额外培训。我们发布了这个培训公告，祈祷着能有人参加。

课程在七天内售罄。我们很快又加开了第二期培训，四天内也满员了。

这一领域的从业者经常谈到“持续学习”“自我发展”等话题。这也许就是资深教练对不断促进自我成长和发展保持开放心态的最佳例子。与教练技术相关的大会的召开频率不断增加，参会的从业者也越来越多。就像希望帮助客户更好地掌握其技能一样，作为教练，我们也希望进一步促进自我成长和发展——做到专业精通。

面向未来

如上所述，各种形式的教练技术正逐渐兴起，并被应用于驾校、海上石油钻井平台、监狱和武装部队。实际上，教练技术可适用于任何有学习机会又没有很大时间压力的情况。有证据表明，相对于发号施令，教练是一种更为有效的方式。教练活动让个人能够做出最适于自己的选择，并能够因地制宜、随机应变。因此，教练活动成为组织发展的首选工具也就不足为奇了。

精通之旅

作为该领域的三位活跃作者，我们都注意到了各种有关教练技术主题的图书数量的激增。开卷固然有益，但大多数书关注的都是初入行的或新晋教练。我们想为更有经验的教练实践者（帮助他们迈向精通）以及那些为组织中的高管和领导者们工作的人们写一本书。为此，我们邀请了一些拥有不同经历、不同视角的作者贡献自己的见解。

在第 1 章，伊芙·特纳（Eve Turner）和彼得·霍金斯（Peter Hawkins）讨论了合约问题，以及主教练如何通过三方和多方合约来改进他们签订合约的方式，从而改善个人和组织的客户成果。

在第 2 章，伊芙·特纳和乔纳森·帕斯莫尔讨论了教练活动的伦理道德问题。

他们强调了道德规范是日常思维和教练活动的核心。他们讨论了专业机构中道德规范产生的过程，并提供了一个道德决策框架，对职业教练所采用的职业道德规范进行了补充。

在第 3 章，丽贝卡 · J. 琼斯（Rebecca J. Jones）和布赖恩 · O. 昂德希尔对培训评估理论和证据做了概述，并解释了如何将其应用于教练活动评估中。他们运用教练成果框架，展示了如何在多个层面上对教练活动进行评估。

在第 4 章，丽贝卡 · 特纳（Rebecca Turner）、霍华德 · 摩根（Howard Morgan）和查尔斯一世 · 斯托里（Charles I. Story）探索了行为改变。这一章介绍了对在工作中表现出“无益”和“消极”行为（这些行为会导致工作中的不满情绪或不健康关系）的高级领导者们进行高管教练的方法和技巧。

在第 5 章，玛丽 · 韦恩 · 布什（Mary Wayne Bush）和约翰 · 本内特（John Bennett）探讨了教练如何为更大范围的组织变革做贡献。本章聚焦于教练如何支持那些引领变革并有助于取得更成功的变革成果的人，也包括与变革管理者合作的关键方法和工具。

在第6章，奥利 · 迈克尔 · 斯帕滕（Ole Michael Spaten）和苏济 · 格林（Suzy Green）重点讨论了意义、目标、价值观和优势的作用。他们认为，通过为高级领导者提供参与高管教练的机会，这些高管们不仅可以提升自身意义的层次，还可以通过他们的影响力，为组织中的其他人创造更高层次的意义。

在第 7 章，道格 · 里德尔（Doug Riddle）探讨了教练如何明确且直观地展现教练活动给组织所带来的价值，而不是依赖于客户对其工作质量表示满意的轶事证据。

在第 8 章，菲利普 · 罗辛斯基（Philippe Rosinski）讨论了高管团队如何从跨文化团队教练活动中获益。在这一章中，菲利普介绍了教练跨文化高管团队的 10 个步骤，并讨论了他的文化取向框架（cultural orientations framework, COF）在更高级别客户中的应用。

在第 9 章，大卫·克拉特巴克和科尔姆·墨菲（Colm Murphy）探讨了“内部教练”，他们注意到，部门经理采用教练型管理风格以及组织内部聘用内部认证教练的情况在增加。这些新的内部教练既能够非常有效地改善绩效，也减少了组织对外部教练的需求，从而节省了开支。

在第 10 章，布赖恩·O. 昂德希尔讨论了集中提供高管教练服务这样一个新兴趋势，即由一个外部机构集中提供各种教练服务。这样做的目的是通过对外部教练服务供应商制定最低标准，改进教练活动的统筹协调工作，提升教练服务的总体质量。作为未来的发展方向之一，昂德希尔提供了 4C 教练成熟度模型，在该模型中，教练活动从一项临时性活动变为在五个不同层面贯穿组织的综合性活动，从教练活动推广，到提供什么样的教练活动（菜单）、如何监督教练活动（管理）、如何衡量教练活动（指标）以及谁来交付教练服务（教练团队成员）。

在第 11 章，蒂姆·安斯蒂斯（Tim Anstiss）和玛格丽特·穆尔（Margaret Moore）探讨了给高管提供健康和幸福教练的潜在益处，这些高管面临的健康问题（如肥胖和缺乏锻炼）可能会对其自身产生严重且深远的影响，也会给其所在的组织带来风险。

在第 12 章，曼弗雷德·F. R. 凯茨·德·弗里斯（Manfred F. R. Kets de Vries）和卡罗琳·鲁克（Caroline Rook）探讨了与高管们合作的资深高管教练面临的临床问题：如何识别这些情况以及教练应该做些什么来力所能及地帮助他们的客户前进。具体来说，他们研究了四种不同的临床问题：自恋人格、双极人格、反社会人格（通常被称为精神变态人格）和强迫人格，以及这些人格在高管们身上是如何表现出来的。

在第 13 章，保罗·布朗（Paul Brown）和凯特·兰茨（Kate Lanz）认为，循证的、特别是神经科学方面的教练活动是我们与领导者合作的发展方向。他们认为，虽然我们对脑科学的知识还处于初级阶段，但从本质上说，教练技术是关于帮助个人改变自己的大脑，并帮助领导者更好地理解大脑这个工具的技术。

在最后四章中，我们将介绍一系列案例研究，聚焦于高管教练在不同组织中的应用，包括宜家、沃尔玛、英国伯明翰大学和一家生物技术公司。

我们衷心希望本书能为你持续提升自我的教练技能提供有用的工具。

目录

PART 1 把握主题

第 1 章　签订高管教练合约　2

第 2 章　信守教练职业道德　17

第 3 章　教练效果评估　30

PART 2 为客户提供价值

第 4 章　实现高管行为改变　46

第 5 章　实现组织变革　58

第 6 章　在教练活动中传递价值　73

第 7 章　为组织带来价值　90

第 8 章　通过跨文化团队教练传递价值　105

PART 3 当前的挑战

第 9 章　内部教练　138

第 10 章　教练服务供应集中化管理　152

第 11 章　教练领导者改善健康和提升幸福感　168

第 12 章　教练有挑战性的管理者　184

第 13 章　用神经科学教练领导者　197

第 14 章　教练督导　212

PART 4 案例研究

第 15 章　案例研究：宜家　228

第 16 章　案例研究：沃尔玛　233

第 17 章　案例研究：伯明翰大学教练学院　236

第 18 章　案例研究：基因泰克　239

译者后记　和光同尘　243

MASTERING EXECUTIVE COACHING

PART 1

把握主题

第 1 章　签订高管教练合约

伊芙·特纳
彼得·霍金斯

随着行业的发展，教练、辅导或督导活动的签约数量也在不断增加。这一增长主要源自组织内部对于教练、导师和督导（无论他们是在内部服务于组织，还是从外部为组织提供服务）需求的增加；同时，对严谨缜密合约的需求也前所未有地紧迫。组织通常都面临着在预算减少的情况下取得强劲业绩的压力，它们需要证明该领域的投资价值。教练、导师或督导也在尝试平衡提供附加价值的需求，例如在教练活动中嵌入组织性主题，同时维持与个人客户间的信任并保守秘密。

里德勒公司的报告[①]显示，75%的组织鼓励直线经理在三方会议中回顾教练对象的目标，再次证明了这种合约形式的普遍性。组织认为，“提升教练对象的业务绩效”（92%）、“提高教练对象的自我意识能力”（92%）和“发展教练对象的领导力”（91%）这三个领域是教练定义中最有价值的部分，并将“教练向教练对象提出意见 / 行动建议”（30%）评为最不重要。作为教练、导师和督导，如何将之与我们的教练目标相契合？我们需要通过订立合约，与客户确立一致的目标，然后才能有根据地进行评估。

在本章中，我们将探讨什么是三方和多利益相关方合约，为什么订立合约对各方都很重要，以及我们如何确保它符合所有相关方的最大利益，并为社会带来

① 里德勒（Ridler）报告研究项目由总部位于伦敦的高管培训机构 Ridler & Co 主导。因其对塑造组织未来教练方向的影响而得到广泛认可。——译者注

更广泛的利益。

理论与实证

所有形式的教练关系都始于教练和教练对象（无论是个人、团体还是团队）双方就共同目标或者共同承担的任务所订立的合约。这就是所谓的“教练三角”——教练、教练对象和任务。它与英语中的“三角合约”类似，这类合约涉及由第三方承包交付工作坊。这一主题继而被不同的研究人员和作者进一步延伸、发展。合益集团[①]（Hay group）运用三角来描述客户、从业者和组织（通常是人力资源部）三者之间的关系。另一个专业术语是“四方合约”，增加了直线经理，因为如果他们“理解了教练活动的本质，那么就可以为你所教练的客户提供宝贵的发展支持”。合益集团进一步提到了涉及多个利益相关者的“多方合约”一词，如咨询公司聘请某组织在用的教练或者专业机构——这些机构可能“不露锋芒”，但有较大的影响力。

许多作者和研究人员都宣扬过让不同利益相关者参与教练合约签订过程的好处。斯图尔特（Stewart）、帕尔默、威尔金（Wilkin）和凯林（Kerrin）指出，教练、教练对象和利益相关者都一致认为，有效的教练转化与有利于发展的组织氛围、获得的发展机会以及对发展的程序性支持有关。罗杰斯（Rogers）认为，“你和你的客户让整个系统参与得越多，教练就可能越有效”。帕斯莫尔和菲尔利·特拉维斯（Fillery Travis）指出了更广泛的教练支持网络的重要性。

有证据显示，来自管理层的支持可以对教练成果产生积极影响。但是，有关实现这一目标的方法，目前公开发表的研究还很少。基尔伯格（Kilburg）在 2000 年提出了“教练服务示范协议”。然而，尽管这为保密性、所需资源，以及“客户的发起人 / 主管（如适用）”的签署提供了指引参考，但在组织如何发挥积极作用方面尚不清楚。他还提到，“教练可能需要引入其他相关方，例如人力资源副总裁、高管人员的直属经理或二级经理，参与到初始协议的谈判过程中，使其对成果产

① 合益集团是一家全球性管理咨询公司。2015 年，被光辉国际所收购。——译者注

出和费用问题负责”。

罗斯特伦（Rostron）提供了一份用于签订合约的问题列表，其中关键的问题包括直线经理和高级管理层是否支持教练过程。她指出了教练与整个工作系统之间的联系，并认为这对于“教练围绕高管开展的干预措施具有重大影响”。她引用奥尼尔（O’Neill）的话说，教练要有“‘双焦点’视角，既要在系统中看到客户，也要在系统中看见自己”。罗斯特伦谈到了“教练、高管和直线管理层之间商定的会面”“教练对象的目标和期望与公司的目标和期望之间，以及质量标准与保密性问题之间的潜在利益冲突”。

戈德史密斯和摩根对八家大型公司的研究表明，当组织积极参与时，教练项目将硕果累累。在谈及如何创建教练文化时，霍金斯指出了过分关注个人客户的风险，并主张“好的高管教练要始终关注三个客户—— 个人、组织以及两者之间的关系”。 他认为多利益相关方签约是实现这一目标的一种方法，并提倡运用教练成果评估，从正在开展的不同教练项目中为组织收获集体学习成果。

库图（Coutu）和考夫曼（Kauffman）在其针对 140 名教练的研究中介绍了“教练活动有效性的粗略监控机制”，谈到了教练合约缺乏明确的教练成果可能存在的问题。除了 8 位受访者外，其他所有人都表示“教练工作的重点与最初聘用他们的时候不一样了”。尽管只有 3% 的受访者说他们是以解决个人问题为目的接受聘任的，但当被问及是否曾在教练过程中帮助过高管处理个人问题时，76% 的受访者给予了肯定的回答。我们并不是说讨论个人问题本身有什么问题；事实上，我们坚信，让员工不把私人问题带到工作场所中是不可能的。我们更应该关注彼得森提出的挑战：“问题在于，当组织想要的与得到的结果不一致的时候，公司通常不清楚教练们到底在做什么。”他认为，出现这种情况的部分原因是，教练们“不注重评估其工作的影响，以及向高管和利益相关方沟通教练成果”。

埃里克松（Eriksson）在瑞典进行的、针对 85 名组织代表（包括教练）的研究发现，“教练对象、采购方和高管教练三方之间缺乏沟通”。她主张召开三方会议，“围绕委托任务进行必要的澄清”，监督教练质量和成果，并讨论效果评估。

特纳和霍金斯的研究强调，多利益相关方合约是通过共同担责以确保在效果评估上达成共识的一种方式。通过对 651 名教练、组织代表和个人客户的研究，他们发现绝大多数（4/5）的教练和组织代表认为多利益相关方合约是一种很好的办法；而剩余的几乎所有人，包括个人客户，都没有明显的倾向。奥格尔维（Ogilvy）、艾勒姆·戴森（Ellam Dyson）、埃里克松等人强调的这些观点得到了受访者的支持，他们认为更高的清晰度是成功签约和评估的关键。

李（Lee）强调"订立合约是将高管教练项目付诸实施的一种方法，这样一来，教练过程就可以预测，不再模糊不清"。他总结了五种合约类型，如表 1–1 所示。

表 1–1　　李的合约类型

合约类型	用途
预签约	正式签订合约前的决策
发展合约	描述客户（个人教练对象）希望在教练及自己所在组织的支持下发展成为高管的方式
过程合约	规定了教练方法及教练、客户和其他相关人员的责任，以确保教练活动的有效展开
商业合约	明确规定教练和聘用教练的组织之间的商业和法律事宜
心理契约	表示各方心照不宣的强烈期望

资料来源：改编自李（2016 年）。

帕斯莫尔讨论了四种教练合约类型、合约的目的和涉及的相关方，如表 1–2 所示。

表 1–2　　帕斯莫尔的教练合约类型

类型	目的	参与方
教练项目合约	管理主要客户关系	教练服务供应商及采购方
多方协议	确定教练项目重点及相关方的角色	关键利益相关者
教练对话协议	针对个人客户教练对话时长达成协议	教练及个人教练对象
准备工作协议或合约	针对各方在不同教练对话环节间的准备工作达成协议	教练及个人教练对象

资料来源：帕斯莫尔（2016 年）。

教练活动的一个基本问题是"谁是客户"。这也是签约活动的核心，但人们至今也没有就此达成普遍共识。在圣约翰·布鲁克（St John Brook）的研究中，内部教练对这一问题的看法也不一样。一位受访者认为，雇主的利益不值得考虑，因为很难做到；而另一位受访者则认为，应该首先对组织负责。埃里克松强调了高管教练群体与购买者之间的反差：高管教练群体的"全人生命"水平更为个人化、整体化，而购买者"更注重任务 / 结果，注重公司发展"。斯库拉（Scoular）认为，教练合约是"一个棘手问题"，"真正的客户不是坐在你面前的人，而是支付账单的组织"。她认为：

> 以前的治疗师通常认为他们首要和唯一需要负责的"客户"就是坐在他们面前的人。我坚定地认为这是错误的：从道德上，实际上也是从法律角度来说，如果教练是与组织签约，那么组织就是客户。

然而，正如帕斯莫尔等人在他们的研究中指出的那样，大多数教练仍然认为个人客户是他们主要或唯一的客户，即使在公司客户项目中也是如此。霍金斯认为，这是一种错误的二分法，因为无论是个人还是团队，要想蓬勃发展，就必须与其所处环境进行动态的共同创造，从而为利益相关者服务。

签订团队教练合约是一个更加复杂的过程。霍金斯认为，团队教练必须明确初始聘用合约（可能是与团队领导者或团队把关者签订的合约）和初始探询过程完成后的更完整的合约（需要与整个团队签订的合约）之间的区别。他还认为，探询和二次签约过程应该听取多利益相关方的意见。

另有证据显示，与组织签订多利益相关方合约，会有不同的体验。考恩（Cowan）对六名教练进行了调研，目的是了解"外部高管教练在支持教练对象完成其指定目标方面的经历，了解他们面临的问题，并与他们探讨他们如何管理这一过程"。她指出，"签约和管理指定目标的过程既有机会，也有陷阱，经验不足或不善于反思的教练可能容易掉入这些陷阱。这对教练行业的标准和培训都是有影响的"。

签约的目标和过程

教练活动的签约过程是为了确立“为什么、什么以及如何”这三大支柱，它们是支撑这一特定教练关系的基础。为了确定教练活动的“为什么”或者目的，我们可以向教练对象提以下三个简单的问题：

- “请告诉我你的情况，你为什么到这里来？”
- “请告诉我你的工作是为谁服务的？这些利益相关者目前看重什么？他们需要你在未来发展和提升什么？”
- “我们接下来需要一起做什么，而它是你无法独立完成，或在别处完成的？这将如何为你自己、你的工作，还有你的利益相关者创造价值？”

只有当我们共同明确了教练合作伙伴关系的目的（“为什么”），我们才能开始探索“什么”，即教练活动将聚焦于什么事情。在这里，我们对大卫·克拉特巴克和大卫·梅金森所提出的目标设定进行了更广泛、更细致的思考。

1. 我们需要一起做什么？它着眼于教练和教练对象双方，但要与下一点相结合。

2. 利益相关者需要我们共同做哪些工作，从而将教练活动所带来的利益和影响最大化——无论是对组织中的雇员、股东、顾客，还是更广泛的世界及其居民（尽管本章重点聚焦于组织工作，但我们也认识到，为家人和朋友带来的利益是重要的，而且一直如此）。

3. 我们应如何使我们的成果“永不过时”，从而不仅有益于当下，也有益于未来，即可否传承？

然后，我们可以就“如何”—— 我们将如何共同开展这项工作进行签约。霍金斯和史密斯阐述了签约过程需要涵盖六个关键领域。

- **实际操作条款。**包括会面的时间和频率、付款和延期协议等方面。

- **边界。**教练、心理咨询和心理治疗的边界；哪些是（或不是）保密信息。
- **工作联盟。**分享双方的期望，包括学习风格、如何最好地建立信任、分享希望和恐惧等。
- **会议形式。**时间的分配、可能用到的流程和方式方法。
- **组织环境。**关键利益相关者及其期望、教练活动政策、共同责任、在工作中对教练对象的支持、如何进行和报告评估。
- **专业背景。**如了解专业机构的道德规范和投诉程序。

我们对签约的兴趣源于我们所遇到的教练督导案例，可以追溯到督导的签约阶段。根据我们的经验，我们建议，签约的主要目标是确保清晰和所有利益相关者的以下价值。

- 个人及其在当下以及未来的发展。这强调了教练活动的传承。
- 组织内部及外部的所有利益相关者。这可能包括客户、直接下属、同僚、股东、董事会、承包商等。
- 对全球利益相关者，以及组织所在的更广泛生态系统的影响。一个来自教练督导的案例是，一位教练发现，组织的教练目标有可能降低某个非西方国家的健康成果（见第 2 章教练伦理）。

为了实现价值，我们要分担责任，而不是独自承担责任。下面这段话引自一位拥有 10 多年经验的英国教练，突出了一些教练所感受到的二分法：

> 我有一个基本信念，那就是，如果教练对象在做对他们重要的事情，那这将对他们的绩效产生连锁反应……但我也认为他们可能会有盲点，需要业务部门帮助他们识别教练目标。

正如一位来自北美地区、拥有 10 多年经验的教练所说，在多利益相关方会议上，企业内部和外部教练的主要角色是引导者，以“确保各方清楚协议和预期结果”。组织代表也反映了同样的观点，他认为，会议的目标是确保“清晰的期望意识以及达成协议——无论是对于个人、教练活动本身的成果还是更聚焦于组织”（2014 年，来自企业内部学习与发展经理，未出版）。

所有研究参与方（教练、组织和个人客户）都一致认为多利益相关方会议有如下四大关键成果：

- 更清晰的教练成果；
- 就教练活动能 / 不能提供什么达成一致；
- 更好地协调个人和组织目标；
- 确保将个人客户的发展应用于组织所需要的支持。

组织内部和外部的教练活动对明确的目标和流程的需求似乎没有区别。77% 继续进修的内部教练认为，“清晰的组织目标”是内部教练活动的 10 大要素之一。圣约翰 · 布鲁克对内部教练的研究也佐证了这一点，该研究指出，提供战略目标对于教练活动的成功至关重要。

在签订教练合约时，我们的目标是听到利益相关者的声音。一种有效工具是对行为的 360 度反馈，要确保反馈各方来自组织内部和外部、不同层级和跨部门，以及更广泛系统的代表。此外，从教练对象的家人和朋友那里获得反馈可能也很有启发性。

当教练与来自同一组织甚至同一个团队的许多人一起工作时，可能会增加教练项目的复杂性，例如：

- 当我们同时与不同同僚或高层领导者及其直接下属合作时，我们如何签订合约？
- 保密性意味着什么，对信任和开放有什么影响？
- 当不同的教练对象可能针锋相对，甚至互相批评和指责时，我们该如何保持富有同情心但超然的视角？
- 我们如何确保不“听取一面之词”，而是保持更广泛的系统性视角和“广角共情”，从而为所有利益相关者带来价值？

- 我们如何在更广泛体系的所有要素之间坚持平等的概念，让教练对象与利益相关者（客户、直接下属、董事会成员、人力资源等）一起发挥作用？

有些教练乐于处理那些会给保密性带来挑战的复杂性，比如要记住谁说过什么。有些事情知道了就是知道了，所以，如果我们将要对“苏珊娜”进行教练，而“迪米特里”刚刚在与你的教练会谈中指责她不称职或在会议上贬低他，我们能够完全置身事外，不受影响吗？这现实吗？签约，是一种能够让我们与教练对象公开地应对这些问题的工具。重点在于探索，而不是找到所有答案。

特纳和霍金斯在 2016 年与教练和组织代表一起进行的研究中总结了与多利益相关方签约的关键挑战。

- 组织运用教练活动来处理直线经理回避的某些问题。
- 在教练过程中三方或多方（教练、客户以及组织代表）之间的边界管理。
- 保密。这包括组织有时在未经教练对象知晓或同意的情况下（例如在另外安排的会面或电话沟通中）要求进展更新。
- 设定个人客户和直线经理双方一致同意的教练成果。

帕斯莫尔在 2016 年对宜家公司所做的调查研究中也有同样的发现。当组织内部教练被问及是什么阻碍了多利益相关方合约的成功签订时，他们的回答如下。

- “时间。需要跟进教练任务。”
- “来自教练对象的阻抗。担心违反保密协议。”
- “来自经理的阻抗。没有被提名参加教练活动。”
- “来自教练的阻抗。担心自己管理系统动力的能力。”

这是假设组织、教练和教练对象都参与了多利益相关方会议的情况。但即使那些已经在这样做的组织也不可能一直这样做。约有一半的受访组织和教练表示，在前一年的一半时间里参加过此类会议，而 2/5 的人表示只在 1/4 或更少的情况下运用了这种签约会议方式。开会时，大多数会议会持续一到两个小时，会有教练、教练对象以及一名人力资源代表参加，直线经理与会的频率会更低一些。

里德勒公司针对组织内部教练活动的调查报告显示，随着时间的推移，召开多利益相关方会议的组织数量有所增加，3/4 的组织鼓励直线经理参与有关目标设定的三方会议。该研究还表明，组织通常不鼓励人力资源或直线经理在教练活动开始前，在教练对象不在场的情况下，向教练简要介绍情况。近一半（49%）的人表示，他们鼓励教练从与教练对象关系密切的同事那里获得 360 度反馈。重要的是要认识到，对教练对象的 360 度反馈，可能与询问利益相关者“此人目前如何为你和你的工作提供价值，以及他们可以如何为你创造更多价值”所得到的答案截然不同。它为教练提供了有关教练对象的关系互动和绩效的数据。

根据相关研究以及我们自己的实践，理想情况是，教练可以在第一次多利益相关方会议之前与教练活动的所有参与方进行单独对话。这将使教练能够确保教练对象和组织的目标保持大体一致，并运用他们的直觉应对不同的道德、文化或其他挑战。这包括评估教练活动是否存在隐藏的目标，例如，如果当教练活动看似不起作用的时候则解雇教练对象，甚至把教练活动当成既定决策的幌子（见下文第 5 点）。我们的同事伊芙在会议之前会以书面形式向所有参与方概述多利益相关方会议的目标，包括在下文提及的工具和技术。

签约过程中运用的工具和技术

特纳和霍金斯在 2016 年对 569 名教练进行的签约研究，为与利益相关者签订有效合约提供了指引。我们还结合了自己的经验，总结出签约的成果包括以下几个方面。

1. 明确教练目标——确保教练对象和组织之间的一致性。

2. 对可能影响签约的任何组织指引的共同理解，如处理欺凌、骚扰或违反工作场所保密规定的程序。

3. 对发起人在教练活动中的持续作用的共同理解，例如确保任何额外支持的到位。

4. 对以下内容的共同理解：

a. 什么会使教练活动获得成功；

b. 如何进行评估；

c. 何时进行评估；

d. 由谁来评估。

5. 对教练活动后可能发生的情况的共同理解：

a. 如果成功，如晋升、新角色、参与项目、加薪；

b. 如果不成功，如不予晋升、失去奖金、被降级甚至被解雇。

6. 对保密性以及可能违反保密规定的情况的共同理解，需要考虑法律、健康、安全和福祉、有督导，以及组织要求等因素。

7. 我们签署的专业机构道德规范的副本或链接，以及教练对象或组织在感觉有需要的情况下，如何向我们所属的专业机构进行投诉的详细信息。

特纳和霍金斯对督导师在帮助教练处理道德困境中所起的作用进行了研究，结果表明“合约是被督导者试着了解如何解决一个棘手的困境时所求助的关键资源之一”。

布拉克特（Bluckert）提出了 10 个与签约相关的关键问题作为优秀实践的一部分，并建议如果合约是双向的，“你需要确保没有第三方组织发起人参与其中”。罗斯特伦对该过程的概述包括了订立合约时需要问的一系列问题，从“与组织的需求相比，个人高管客户的需求是什么”开始，聚焦于澄清结果及其评估方式，检核教练对象对教练活动的准备度，并考虑反馈和监督机制。恩格劳（Engellau）的经验是，除了明确教练合约的条款外，还应明确什么是不可谈判的，并保持系统性视角。伯德（Bird）和戈纳尔（Gornall）强调，在建立起教练关系之后，应准备一份需与企业客户和发起人商讨并达成共识的事项清单。EMCC 为其会员提供的指引则更为实用，其中包括一份由一家国际律师事务所提供法律意见的商业教练协议。

特纳和霍金斯的研究项目得出了 10 条“最佳建议”，这些建议整理自一个开放式问题中的一些教练主题。表 1–3 按优先顺序列出了这些主题。值得强调的是主题 8——勇敢。抽身而退是需要极大勇气的，特别是当这是教练唯一的收入来源，而他们可能背负着房贷或租金压力、需要养家糊口时。我们自己的经验是，组织经常会“考验”我们，这可能是一种文化现象。我们的一位同僚，因为抽身而退反而有了更多与客户进一步合作的机会，因为其中的一位高层领导者为此对教练活动以及我们这些专业人员有了更多的理解和尊重。它还可以为组织创造更多的价值，为良好的边界管理提供示范。

表 1–3　　成功签订多利益相关方合约的 10 大教练主题

关键主题	教练
1. 清晰	明确期望（利益相关者、客户和你自己的）、界限、保密性以及教练活动做什么和不做什么
2. 坦诚	确保坦诚沟通。敢于挑战直线经理和 / 或提重要的问题。教练直线经理，以便他能够提供有意义的反馈
3. 主导和计划	主导签约过程，提前计划，提供清晰、简练的合约
4. 设定成果和衡量指标	建立明确的期望结果和成功衡量标准
5. 保持中正	保持中正，保持聆听，保持好奇
6. 投入与鼓励	与客户和利益相关者建立伙伴关系，鼓励个人客户主导中期会议，支持客户加强他们与上司及人力资源部门的互动
7. 灵活性	灵活应对个人情况，坚持专业的管理实践和责任
8. 勇敢	勇敢而坚定，如果利益相关者的期望无法实现，敢于抽身而退
9. 理解问题	了解问题的根因
10. 融洽和安全的空间	努力建立积极的融洽关系，创造一个安全的空间

为支持这一做法，其他教练专业机构和培训供应商可以提供更多的合约草案，

例如 EMCC 提供的合约草案。基于 ICF 2013 年对组织教练的一项研究，专业机构也可以在开展或支持该领域的进一步研究方面发挥作用。也有证据表明，教练、导师和督导会欢迎更广泛的、针对合约签订的培训课程；专业机构和培训组织可以一展所长。关于签约的主题培训可以包括对道德挑战的考量，例如在教练活动中讨论更多个人目标或讨论想要离开组织是否可以接受。作为教练，如果我们践行开放性和透明度，这些将成为我们在合约签订过程中可以提出的领域，确保我们能够为所有利益相关者的利益服务。

案例研究

彼得·米利根（Peter Milligan）是一名经验丰富的高管教练，自 1993 年起，一直与不同组织进行合作，同时他也是伊芙的督导对象。他欣然同意我们引用他的案例和他的名字。

彼得注重组织的系统性，并与一些公司合作多年，过程中机遇和挑战并存。他与关键参与者建立了良好的信任，并随着时间的推移不断发展他无法“抹去”的知识，甚至可能导致双方过于熟悉。组织对他的信任意味着彼得经常被要求同时与高管团队内的几位同僚一起工作。这通常包括首席执行官或其他董事会成员，也可能包括直线经理。签订多利益相关方合约以及重新签约的复杂性已经成为我们持续督导的主题。

彼得写道：

> 对我来说，潜在的关键挑战是保密性，尤其是同时与一个组织内的几个人合作时。例如，我与一位高层领导者的合作让我意识到他对我正在教练的他的一位团队成员的绩效感到担忧。当时，这位高层领导者还没有向该团队成员表达这些担忧，但已经在就他的角色调整进行讨论了。在随后与该团队成员的一次会谈中，我被置于一个极具挑战性的位置。他意识到了可能会有变化，但还不知道任何有关潜在后果的细节。

他问我知道些什么，虽然我不想撒谎，但我无权充分回答这个问题。我提及我们签订的合约和协议，即我将对所有利益相关者的讨论保密（除非出于法律、健康或安全方面的考虑），这也有力地提醒我们，要从一开始就有明确和统一的结果和背景信息。

无论是通过与直线经理、发起人还是其他教练对象的对话，教练都可以了解到他们尚不知晓的、与教练对象有关的信息。有时这是组织上的原因（例如，尚未宣布的结构性变化），有时仅仅是因为想回避利益相关者认为的艰难对话。在后一种情况下，我通常让三个利益相关者（教练对象、直线经理和作为教练的我）坐下来进行对话，提醒他们签订合约不是一次性的。

我的建议是要清楚我们的角色，并认识到自己可以成为变革的催化剂。我喜欢这项工作的原因之一就是它具有强大的变革性力量，但同时也伴随着巨大的责任和更大的潜在风险。我们需要从一开始就说明我们的角色，并认识到我们是在一个系统内工作，而不仅仅是与个人合作。对我来说，签订多利益相关方合约的意义在于鼓励每个人都能考虑到整个系统，以及如何使其更好地运作，而不仅仅是从个人的角度思考。

我还意识到，我可能犯的一个错误是认为我所说的话已经被听到、理解、同意了，而且重复一次就足够了。因此，我现在会定期重新审视多利益相关方合约的签订，以更清楚地了解每个人的角色：教练、个人客户、组织以及其他利益相关者。

对我来说更大的收获是，作为一名教练，我们既是又不是系统的一部分——这有点自相矛盾。我们的存在对个人和系统都有影响，但最终体现我们出色工作的标准是，我们并不是永远被需要的。我们和他们在探索之旅中一起前进。我们会提出可以提升教练对象及利益相关者的意识的一些问题，使他们变得更有能力，能够更有效地应对未来。

结论

彼得的故事说明了使各方理解签订多利益相关方合约的价值和影响的重要性。合约的清晰对于理解成果是什么以及如何交付成果至关重要。它不可能涵盖所有可能发生的事情，但它可以提供一个基准，从就教练对象的个人问题在多大程度上可以成为教练活动的重点达成一致，到是否接受教练对象讨论离开组织，甚至支持他们离开组织（不管情况如何），再到应对不止一人接受教练的情况，以及由此产生的保密性挑战。因此，它从伦理上确保了在各方同意的情况下公开教练活动的成果及其评估。合约还应涵盖教练所需的所有保健因素：经核准的时间表、会谈的数量和费用；它还可以勾勒出一个支持结构，帮助教练对象将其所学带回组织，使之成为为所有利益相关者增加价值的举措。

第2章 信守教练职业道德

伊芙·特纳

乔纳森·帕斯莫尔

我们时刻都在做着信守道德的决策。简单来说，道德就是我们如何根据自己的是非观来选择自己的行为。“是非观”一词承载着历史的、文化的和个人的价值观以及看待这个世界的二元分立方式。在世界的某些地方，收取介绍费或便利费的现象很常见；而在另一些地方，这些行为却可能会被视为贿赂，而且可能导致涉事方入狱。在本章中，我们的研究假设是，道德行为体现了我们行动的道德价值观，是我们日常生活以及我们如何与他人相处的基础。

困境是我们道德思考的一个方面，我们经常要在两个或更多个选项之间抉择。作为教练、导师、督导或领导者，我们经常面临道德决策。例如，担心某位同事的精神状态不佳，可能危及自己；担心教练对象酒后还要开车回家（见案例研究）；担心辅导对象被迫接受辅导，否则，她将面临失业；或者听说某个同事正在做违法的事。我们将在更广泛的道德指南框架下思考这些问题，为如何进行道德决策提供思路，并探讨开发和运用个人道德决策框架来补充职业道德规范的重要性。我们面临的挑战是，要对我们当下所面对的任何事情保持警觉。

在本章中，我们将概括介绍有关道德的理论和实证，以及它是如何影响我们的日常思考的。我们强调了道德对教练及辅导行业的重要性，包括专业机构的作用，并简要回顾了与这一主题相关的发展性研究和著作。然后，在开始案例研究之前，我们先看看相关的工具和技术。

支撑伦理学的理论与实证

伦理学有着悠久而丰富的历史。它是希腊作家亚里士多德、柏拉图和苏格拉底等人建立的哲学体系的一部分，历经二十几个世纪，已经成为一个复杂的、不断扩展的领域。最新的伦理体系包括全球伦理、领导力伦理、心理治疗和咨询等助人职业的伦理，以及现在的教练、辅导和督导。伦理学一般分为两部分：元伦理学和规范伦理学。在本章中，我们将采取元伦理学的立场，从多个角度反思伦理学的实践，而不是采取规范伦理学的观点，试图通过谈论好与坏、对与错来影响读者的行为。

斯蒂尔（Steare）对三种主流的哲学思想做了区分，为教练、导师、督导或领导者可能面临的挑战提供了一种思考方式。他认为，“我们的原则性良知”是受“道德准则”指引的（该观点未被普遍接受）；我们的社会良知关注“什么在特定社会中被认为是正确的或可接受的”；而遵从规则是由我们的“法定权利和义务”所界定的。在现实社会中，信守道德的实践可以被视为三者的交织。例如，如果某个社会要求是做对绝大多数人有利、对极少数人有害的事情，而这意味着要采用一种新的工作方式，以确保一家公司生存下来，但这可能导致包括我们的教练对象在内的少数人失业，那么这对我们意味着什么？或者，根据法律要求，守法者应举报任何滥用毒品的人，包括吸食大麻的人（如果是海洛因或可卡因，情况会有所不同吗），我们应如何将之与自己的道德价值观相匹配？

通过对道德思想史的详细研究，马利克（Malik）得出结论：

> 值得欣慰的是，是与非、好与坏的观念，已由某些外部权威预先定义，已有现成的道德地图，我们需要做的只是找到正确的方法，找到通往道德真北的道路。

他强调，我们每个人都有责任绘制自己的“道德地图”，我们可以选择将其视为“一个非常令人不安的前景……也可以选择将其视为一个非常令人兴奋的前景”。卡罗尔（Carroll）和肖（Shaw）也强调，道德实践可能是多么地费力：“我的思想就像一座道德迷宫，在那里，我不断地面对一个又一个死胡同。我渴望得到一个简单的答案，在目的地不明的情况下，在道德旅途上不必承担任何责任。”他们指出了当代生活的挑战，比如我们有时候可能会串通勾结或者袖手旁观。乔丹奴（Iordanou）等人建议，在教练领域，“重点不应该放在解决道德问题上，而应创造条件和对话，使道德问题得以浮现”。

我们中的大多数人都会声称，我们想要信守道德去生活和实践，并在与他人的交往中以身作则，但这样做谈何容易？作为教练从业者，我们在与客户的互动过程中要不断地做出选择，从我们运用的方法、提问的方式，到我们要问哪些问题。“即使是运用纯理论模型，在实践中也是有价值的，因为教练的选择与他们的个人价值观交织在一起，以至于无法分辨哪些干预来自理论，哪些来自个人信念。”

教练职业道德问题是 2008 年全球教练大会（Global Convention in Coaching, GCC）优先考虑的 10 个主题之一，该大会提出了几项建议，以建立一个“严格的循证职业”，并达成“对专业的共同理解”，包括从目前存在的各种教练道德规范中创建“通用道德规范”［例如国际教练联合会、EMCC 和教练协会所主导的全球道德规范，以及世界企业教练协会（Worldwide Association of Business Coaches, WABC）和南非教练和督导协会（Coaches and Mentors of South Africa, COMENSA）制定的道德规范］。10 个主题中的另一个重点考虑的是缺乏研究。然而，从那时起（鉴于该主题对教练实践的重要性、教练更广泛的专业发展，以及相关的道德规范研究数量有限），有关道德规范的文献仍然相对较少。虽然数量不多，但鉴于 GCC 以来 10 多年的教练研究和文献，以及这一问题对实践的重要性，在这一领域依然有大量可供借鉴的材料。

不同的教练专业机构都提供了道德规范和最佳实践案例［如全球道德规范、英国专业高管教练和督导协会（Association of Professional Executive Coaching and Supervision, APECS）、澳大利亚心理学协会（Australian Psychological Society,

APS）、BPS、COMENSA、国际教练协会（International Association of Coaching, IAC）、ICF、WABC 制定的规范等]。这些准则融合了元伦理学与规范伦理学，既提供了无须固守的基本原则，也提供了诸如“避免与当前客户、发起人、学生、辅导对象、教练对象或督导对象发生任何性关系或恋爱关系”这样的一些规则。当然，这些准则还囊括不了教练从业人员可能遇到的所有复杂情况。

在过去几年里，教练机构增加了他们的道德规范活动。2016 年，教练协会和 EMCC 延续 GCC 的主题，共同推出了全球道德规范。2017—2018 年，它们对第一版准则进行了审查，2018 年，又有三家机构——APECS、意大利职业教练协会（Associazione Italiana Coach Proffessionisti, AICP）和新墨西哥大学督导学院（Mentoring Institute, University of New Mexico，UNM）签署了第二版的道德规范；我们期待更多的专业机构签署这套道德规范。自 2016 年年初以来，ICF 已要求申请教练资格认证的会员完成在线道德规范课程，开通了道德规范热线，以支持有关道德规范问题的咨询，并且发布了针对教练投诉的年度报告。其他专业机构，如 IAC 和 EMCC，也设置了相应的投诉流程，而 IAC、APECS，以及 EMCC 则在资格认证过程中要求申请人对道德规范问题做出回答。有个专项小组正在研究道德规范在教练督导中的作用（AOCS 和 AC，2017 年起，包括来自 EMCC 和 ICF 的代表），EMCC 针对“EMCC 国际寻衅滋事报告”自行开展了道德规范问题的调查。

本章的作者一直积极从事道德规范方面的研究，探讨教练、教练对象、专业机构和利益相关者对此的态度。最近的一系列研究包括：一项针对欧洲地区的教练和企业客户的大规模调查；与主要来自北美和欧洲的 100 多名教练督导进行接触；与教练督导一起进行定性研究，探讨管理道德困境的流程；以及采访利益相关者，包括专业教练机构的首席执行官、董事和主席、警察和保险公司，了解他们对道德规范的态度。这一系列的研究成果凸显了教练从业者在如何处理道德规范问题方面的极大的不一致性。其中一个案例场景是，当一位教练或客户触犯法律时，其督导师或教练是否会举报这一行为。结果表明，即使违法行为被强制性要求举报（在某些国家）或涉及严重犯罪，但人们在“这是否应该被举报”这个问题上缺乏一致性意见。另一个关于教练和客户之间的性关系的案例也得到了类似程度的不一致反应。

这些实际行动上的回应与专业机构主张的法律合规要求相左。例如，ICF 明确规定要向它们报告违反道德规范的行为，并设有道德行为审查流程，也明确了什么该做，什么不该做，比如前文提及的避免任何形式的恋爱关系。教练从业者的一个关键主题是需要在专业领域内对这些话题进行更广泛的讨论。表 2–1 概述了三家最大的专业教练机构对此问题的立场。包括在全球拥有约 3 万名会员的国际教练联合会；拥有 6000 多名会员，主要集中在英国和欧洲大陆的教练学国际协会（Association for Coaching, AC）；以及在欧洲拥有 5000 名附属会员，主要集中在英国和荷兰的 EMCC。

道德规范的目标和过程

教练及相关从业者只能通过自己与他人交往互动的方式来信守道德规范。本章的许多读者在业务中都会与高管客户一起工作，而商业道德的本质本身就是一个领域。博克斯（Boaks）和莱文（Levine）讨论了实现目标的领导者道德规范，以确保“其追随者不被操纵（或欺骗），从而以某种方式行事，并且没有被妨碍行使自主权”。当我们与个人客户（或组织代表）签订合约时，我们头脑中对道德规范的思考有多少？我们不太可能被公开要求去教练某人做违法的事情；然而，本章的一位作者最近接触到的一个督导案例凸显了我们在个人道德价值观方面可能会遇到的挑战。这位督导受一家生产与人们早逝相关的产品的公司委托，对某个人进行教练，以支持他成功开辟发展中国家市场。我们对这一情况的不同反应体现了我们现实中的道德价值观。布鲁克斯（Brooks）提倡一种领导模式，即利益相关，所有利益相关方都应该对其结果有发言权。

表 2–1　　主要道德规范：ICF 和 EMCC–AC 的全球道德准则

国际教练联合会（ICF） 五个主要部分 • 一般职业操守——涵盖一切以专业人士身份进行的互动，包括保密、非法歧视、因违反道德而联系 ICF、研究方案、数据存储和个人问题的影响 • 利益冲突——包括内部教练清晰度、界限 • 对客户的职业操守——包括确保客户了解教练的本质，有明确的协议，警惕文化敏感性，避免与现有客户、发起人或学生、辅导对象、督导对象发生性关系或恋爱关系，尊重客户的终止权利 • 保密 / 隐私——包括明确的协议和遵守法律 • 持续发展——专业技能	全球道德规范（AC 和 EMCC，第二版还包括 APECS、AICP、UNM） 五个主要部分 • 术语——了解每个签署机构（AC 和 EMCC 版）的定义和术语，以及词语的准确含义 • 与客户合作——涵盖合约签订、诚信、保密、不当互动、利益冲突和终止合作关系，以及持续责任 • 职业操守——维护教练和辅导的声誉、承认平等和多样性、违反职业操守的行为、法律和法定义务与责任 • 优秀实践——履职能力、持续督导、持续专业发展和反思 • 全球道德规范签署方

信守道德规范的目标之一是让我们每个人都了解自己是谁、受什么驱使，以及它将如何影响我们的实践。道德思考的目的是思考我们如何看待他人以及周围的世界，我们认为教练的目的是什么，以及我们如何在实践中做到知行合一。杰克逊（Jackson）和巴奇洛娃（Bachkirova）谈到了三个“P”，即理念（philosophy）、目的（purpose）和过程（process）。通过对这三个方面的思考，他们写道：“这使从业者能够保持其实践的一致性，无论是在其内部一致性方面，还是其与从业者的自我统一性方面。”

这种自我统一性反映出没有人可以超然于物外，我们时刻受着文化背景的影响。和瑞德（Ryde）等人一样，我们认为，文化背景不仅仅是“民族或种族，还包括国家和地区等地域文化，以及种族、阶级、性取向、性别和组织文化等社会文化”。这些文化可能会影响到教练关系中各参与者的权利，因此，客户可能会被引导而采取某种行动，对那些被视为“当权者”的态度将有所不同，在特定情况下，教练可能会感到威胁。例如，本章的作者之一伊芙回忆起一位因欺凌行为而面临纪律处分的客户。这为她的道德价值观带来了两个挑战：第一个挑战是，她发现，欺凌行为对于她来说是一个“应激源”，导致她对客户失去了同情心且无法放下成见；第二个挑战就是在教练会谈过程中处理这类让组织深感顾虑的行为。

签订合约是可以帮助我们保证信守道德规范的一种方式。例如，它可以帮助我们确定，我们是不是为客户或其组织提供教练服务的合适人选。

波普（Pope）和瓦斯奎兹（Vasquez）认为："鲜为人知的道德完美的治疗师（那些拥有无误判断和无谬道德推理的人）俱乐部是如此高不可攀，以至于没有人有资格成为会员。"我们认为，我们完全可以将"治疗师"这个词替换成教练、导师或领导者。尽管无法成为这个俱乐部的一员，但我们相信，教练们需要把道德思考融入日常实践，这样，我们才能变得更加惇信明义。简言之，我们越了解自己对伦理道德的思考，就越能在教练和督导实践中批判性地思考自己的伦理道德判断、推理、语言和依据。

德莱顿（Dryden）确定了治疗师会经历的六种困境。这些困境教练和辅导同样会经历。

- **妥协的困境**。例如，"理想"和"务实"之间的张力，做"保险"还是"冒险"的事情，给予客户温暖或爱。
- **边界的困境**。例如在服务组织时，我们应透露多少个人信息或者如何坚守保密原则。
- **忠诚的困境**。加入社团或机构，成为会员，并试图遵循在特定的框架内行事，不为外部环境所动。
- **角色的困境**。在内部实践中，这可能发生在领导者和导师或教练之间，或者同事与教练型 / 导师型经理之间。
- **责任的困境**。我们在多大程度上对客户的幸福负责？
- **僵局的困境**。当工作陷入困境时我们该怎么办？

卡洛尔和肖认为，我们的历史"感觉就像是一则关于两个极端的故事。虽然没有其他物种可以在利他主义、关怀和同情心方面与人类匹敌，但也没有哪个物种能在伤害、残忍和虐待方面与我们相提并论"。他们提供了一些有助于我们"避免因为诱惑而做错事”的策略。

- 不要只想着“我”，想着“我们”。
- 思考权力、支配和特权的问题，以及它们如何轻易地演变成对弱势群体的侵犯和伤害。
- 扪心自问，你是否会向别人推荐你将要对某个人做的事情。
- 试着观察行为，而不是意图。我正在做什么？我们过多地用意图（几乎总是好的）来评价自己的行为（通常不是那么好）。
- 扪心自问，从他人的角度，会如何看待这一切。运用同理心，从接受者的角度去看待行动，这有助于我们认识到，换个角度去体验，可以使我们的行为发生根本性的变化。
- 寻找与你所持观点相反的事实。这可能揭示你观点中的谬误。
- 扪心自问：我否定的方式和习惯是什么？
- 找出你的致命弱点。
- 谨防自己的极端理想主义（宗教激进主义）。

伦理学中的工具和技术

在考虑工具和技术时，我们的出发点是检视我们的自我意识，以及我们对自己的行为方式和为什么要这样做的理解。要做到这一点，我们需要了解自己的个人哲学，即我们对周围世界（包括他人）的看法。我们是否相信，人们从根本上是善良的、好心的、勤奋的？为了加深这一理解，我们可以思考自己喜欢怎样的生活：参加什么类型的培训，喜欢读什么样的书，看哪类电影，以及喜欢如何安排假期。我们认为教练的目的是什么？然后，我们如何在实践中做到知行合一？例如，如果我们相信人们有良好的意愿和能力，而我们的目标是帮助他们释放自己的潜能，那么，如何给出建议才合适呢？

这一切皆缘于权力，无论承认与否，它都存在于所有的关系之中。在一段关系中，决定如何看待教练的影响因素有很多；这些因素包括客户的个性、进行教练活动的原因，以及客户的文化背景（包括种族、性别、性取向、缺陷、年龄、宗教信仰）。没有人可以以“中立”的态度去迎接新的任务——我们会带着自己的历史和背景。图 2–1 列出了权力的三个层面：个人权力，源于我们是谁，以及我们如何与人相处；政治权力，源于我们建立的关系；职位权力，源于我们所担任的角色（在有层级划分的情况下）。然而，在这一切中，文化是关键因素。

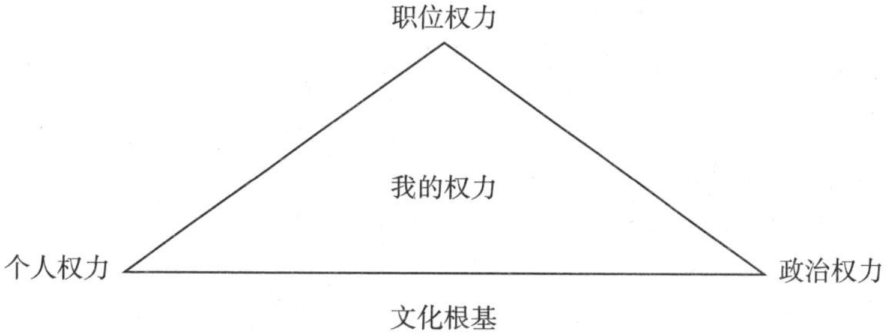

图 2–1　文化及权力模型

资料来源：特纳，2009，弗伦契和雷文，1959。

COMENSA 的道德准则里有一个道德工具包的链接，其中有一个练习可以“让你了解你的道德状况。该工具可以帮你更自信地做出最能反映你的核心信念和价值观的选择”。另一项关于假设的练习有助于测定我们所持有的观点中可能包含的我们未察觉的假设。以时间为例，当我们思考时间这个词时，我们脑海里浮现的第一个念头是什么？然后邀请一组人做同样的练习，我们会得到各种各样的答案，尤其是当大家来自不同的文化背景时。组织对时间的假设暗示着什么呢？是员工可以毫无压力地按照自己的节奏工作，还是时间紧迫，员工需要加班来完成工作？

运用案例研究同样有助于提升对道德规范的掌握，道德决策框架（见图 2–2）也可能有所帮助。关键在于运用决策研究来指导教练思考关键问题，而不是给出具体的对或错的答案。在这个模型中，我们基本上按从左到右的顺序工作，并会适当地引入外部资源。这有助于发展卡罗尔和肖所说的道德成熟度，培养信

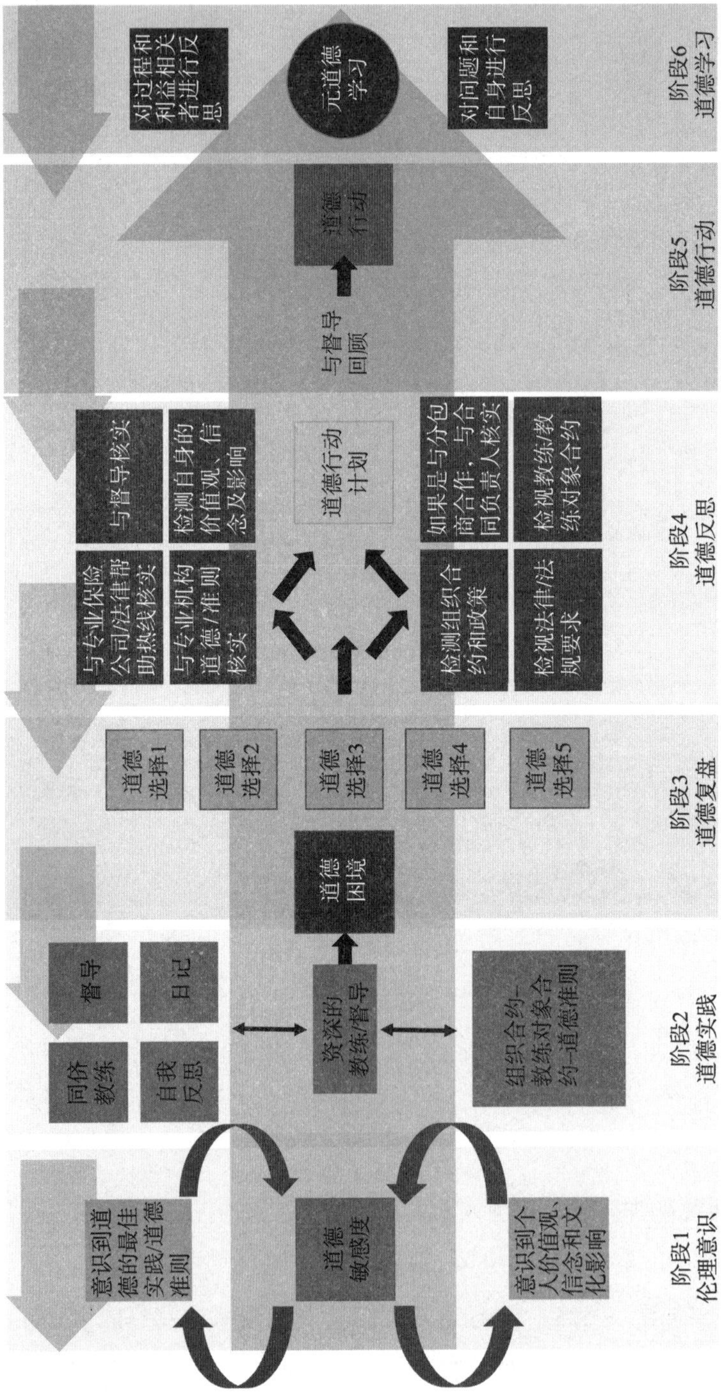

图 2–2　帕斯莫尔和特纳的 6 步 APPEAR 教练道德督导模型

心和对道德规范的理解。将道德置于我们日常思考的核心，成为我们“内在督导”的一部分，这意味着在某些情况下，我们的道德思维不再是特事特办，而是变得常规化并内化于心。这样，当我们面临困境时，我们就有足够的资源去有效地应对它。

我们运用此模型来回顾一个英国的警察想要扣押教练笔记的真实案例。涉事教练在他的督导会谈中谈及此事，在采取最终行动之前，他制定了不同的方案，引入了各种外部资源，教练的专业保险公司和专业机构都参与了决策过程。帕斯莫尔和特纳针对督导师开展的研究着重介绍了另外一些资源，如专业赔偿保险和保险公司的法律服务热线。

签订合约是信守道德规范的另一个关键工具，我们模型中的阶段 2 和阶段 4 强调了这一点。不同教练领域的教练合约差异很大。虽然 EMCC 发布了一版《商业教练协议》(*Commercial Coaching Agreement*)，但大多数教练要么是自己起草合约，使用不太正式的“协议”，甚至使用双方讨论达成的口头协议作为教练和教练对象之间的协议，或者使用包含发起人的三方协议。

重要的是，教练要有意识地选择合约中包含的内容，以及如何处理可能出现的道德困境。没有哪份合约能面面俱到。我们相信，通过提供可以公开披露的各种违法类型的例子，并明确道德规范和投诉流程，教练对象和发起人都能享受应有的权利。这些做法有助于教练关系朝着更公平、更合乎道德的方向转变。这包括提供我们所签署的职业道德规范的副本或链接，以及如果教练对象或组织认为有必要，他们可以如何向我们的专业机构申诉的详细信息。

案例研究

背景 / 场景

本案例的作者之一纳齐姆（化名）是一位经验丰富的教练，在私营机构和公共部门工作了 10 年，提供个人、高管和商业教练服务。他是一家专业教练机构的成员，定期寻求督导。伊芙自己的督导彼得·霍金斯也提供了支持。案例中的客户之前有一段时间赋闲在家，想要重返职场，所以寻求教练的帮助，探讨她下一步的职业生涯。

案例研究

第二次会面时，客户称自己“嗜酒如命”。在会谈中，纳齐姆了解到她在会谈结束之后要开车去接她的儿子和六个月大的孙女，而且纳齐姆从她的呼吸中闻到了浓烈的酒精味。在纳齐姆看来，这是个双重困境。首先，他能为酗酒者做什么？由于客户对此避而不谈，酗酒问题就成了“房间里的大象”。她的问题如此复杂，纳齐姆认为自己不是与她合作的合适人选，纳齐姆鼓励她寻求其他人的支持；那这是正确的决定吗？其次，在她随后涉嫌违章驾驶的问题上，他扮演了一个什么角色，而且他知道车里将有一名儿童乘客（对于作为父亲的纳齐姆，这是一个“应激源”），他应该采取行动，甚至报警吗？

反思

我们将运用图 2–2 所示的道德决策模型对这个场景进行反思，重点包括：

1. 如果客户带着一身酒气出现，他们是在告诉我们一些事情。这可能是一种无意识的信息传递——他们需要我们的帮助；也可能是一种信号，表明他们并不重视或不关心我们如何反应。

2. 正如许多道德情境一样，没有“简单”的解决方案，我们也没有责任与他们一起找到解决方案。

3. 我们可能会有同样的焦虑，但要努力保持一定的关系距离，如此，我们可以避免走极端，比如“好为家长”或者与之共谋。

4. 我们可能会倾向于将此人视为“ic[①]”型，在这个案例里，就是一个酒鬼。我们自己的价值观可能会起到一定的作用，这是由我们自己过往的经验所驱动的。

---

① 这里指的是 DISC 性格测试中的一个性格类型。——译者注

5. 保持成人的视角，我们可以找到一种细致入微的教练方法。我们的目标是避免下指令，除非存在可能对教练对象或他人造成严重伤害的风险。我们可以从如下的 5a 开始，只有在 5d 的情况下，我们才可以考虑进行干预，比如拿走车钥匙，或者在极端情况下选择报警。

a. “我闻到你呼吸中有酒味，你告诉我你喝酒了。你这样带着孩子开车回家，可能有什么后果？”

b. “听起来好像你以前也冒过这样的险。可能发生的最糟糕的事情是什么？……现在，谁是你最重要的人？”

c. “你开车回家，我感到很不放心。我真的希望你把车钥匙留在这儿。我给你叫辆出租车，明天早上你可以过来取车。”

d. “我已经解释过，我感到很不放心。我去叫辆出租车载你回家。你可能还记得我们在开始时签订的合约，我当时解释过，如果我觉察到有伤害你或他人的风险时，我可能要违反我们的保密条款。而现在就是这样的一种情况。我是在关心你。你承认你喝醉了，如果你坚持开车，我就报警了。请给我你的车钥匙。”

结论

在本章中，我们旨在阐明道德规范并没有什么“特别”。它是我们日常生活中固有的一部分，每时每刻都在发生。我们都是根据自身的背景、历史、成长的文化、社会规范以及我们的个人价值观来做决策的。我们没有对“对”或“错”采取过于简单的立场，而是考虑了其中的细微差别，研究了迄今为止有关教练和督导方面的一些文章，并借鉴了相关领域的经验。然后，我们提供了一些用于思考道德困境的框架，从思考我们的假设和有效契约的重要性，到可以运用的模型，如决策模型和关于权力的模型。最后，在案例研究中，我们重点介绍了一个真实的情境，并给出了应对这一场景的分阶段步骤。

第 3 章　教练效果评估

丽贝卡·J. 琼斯
布赖恩·O. 昂德希尔

要想了解我们的教练实践是否有效地实现了期望的结果，就要对教练实践进行评估。教练评估是一项复杂而有必要的任务。教练评估的第一步是了解期望结果是什么，也就是说，我们期望通过高管教练取得什么样的效果。然后，我们就可以确定用于衡量这些效果的工具和技术了。

由于对教练效果的评估在近几年才得到重视，因此，相关的理论和实证尚不完善。然而，教练评估可以借鉴其他形式的学习和发展活动（例如培训）的广泛评估理论与实证。这些学习和发展活动已被学界研究了几十年。

因此，在本章中，我们将概述培训评估的理论和实证，并阐释如何将其应用于教练评估。这一教练成果框架展示了可用于评估教练活动的多个层级。我们针对可用于评估每一层级教练活动的工具和技术提供了一些建议。最后，我们给出了一个实际的教练效果评估案例研究。

理论与实证

教练效果评估的“问题”

关于最适用于教练活动效果评估的成果标准，各类文献并没有达成共识。虽然职场中教练活动的总体目标被概念化为专业个人发展，并最终实现组织层面的目标，但教练活动对结果的影响仍不清楚。关于教练活动可以达成的期望成果的类型和程度，研究报告给出了模棱两可的信息。尽管有大量从教练对象角度发表的关于教练活动影响的研究和案例，但对许多人来说，这些自我报告的教练活动收益并不足以让人们对教练活动信服。事实上，许多利益相关者希望看到有关教练活动影响力的确凿证据。就这一点来说，一个经过实践检验的教练活动效果评估指导框架是必不可少的，以便收集利益相关者可以利用的一致和可靠的证据。他们希望从用于教练活动的学习预算中获得合理的投资回报；而教练从业者则希望以一种更科学的方式，了解他们的教练活动是如何影响教练对象的工作和生活的。

然而，鉴于教练是一种一对一的发展性工具，它是以一种独特的方式与每个教练对象一起合作的，关注的是每个教练对象的一系列独特成果，那么，难以用一种一致且可靠的方式来评估教练活动的效果也就不足为奇了。因此，对所有的教练对象适用一套标准化的成果标准未必能抓住个别教练会谈的特定重点。这一挑战也反映在教练活动研究与所采用的成果评估类型的不一致性上。例如，一些研究人员选用了组织行为领域公认的成果指标。这组成果指标包括职场幸福感、复原力、员工满意度以及抑郁和焦虑程度等。少数研究人员试图解决衡量教练活动对实际结果和绩效的影响这一难题，例如奥利韦罗（Olivero）、贝恩（Bane）和科佩尔曼（Kopelman）的研究，他们研究了生产率的客观衡量标准。同样流行的方法还有，采用多方或 360 度反馈作为评估教练活动有效性的成果指标，甚至通过简短的“迷你调查”类型的指标来获取 360 度反馈。

由教练研究学者们采用的各种各样的成果衡量方法可见，造成教练的非系统性评估问题的原因有很多。首先，知识是随着时间的推移，通过对某个主题的理解的积累而建立起来的。科学化的一个基本要素，就是在相同以及不同的环境和条件下能得出相同的结果。如果由于每项研究采用了不同的成果衡量方法，进而得出了不一样的结果，或者无法复制同样的结果，那么，我们就可以质疑原始研究的结果是偶然的，或者是由该项独特研究的某些特定特征所导致的。此外，如果研究使用不同的成果，则无法对其进行归纳，形成教练活动可能产生的影响的主题。如果在增进评估教练活动的实践方面缺乏一个指导框架，那么，想要给出令人信服的选用教练活动的理由就极具挑战性。这一指导框架要能够对我们评估教练活动的不同方法进行分类，同时有助于我们理解教练活动在不同层面的影响，而不仅仅是教练对象自我报告的影响。因此，为了理解我们所能评估的教练活动的各个层级，我们首先查阅了有关培训评估的文献。特别是其中的两个关键理论：柯克帕特里克（Kirkpatrick）的培训评估模型和克雷格（Kraiger）、福特（Ford）和萨拉斯（Salas）的学习理论在培训评估中的应用。

柯克帕特里克的培训评估模型[①]

经典的柯氏评估标准模型提出，对培训效果的评估应该分为四个层次：反应层、学习层、行为层和结果层。柯氏提到，反应层的评估可以视为衡量客户满意度的一种形式：学员对所提供的培训的满意程度如何？柯氏指出，这一层级的评估并不衡量任何实际的学习；然而，对这一层次的评估仍然很重要，因为学员不太可能从他们不喜欢的课程中学习。此外，从反应层评估中所收集的信息可用于指导对未来培训项目的调整和优化。由于培训反应易于衡量，数据易于收集，所以，这是最常见的培训评估形式。

学习层被描述为人们通过培训获得知识、发展技能或改变态度的程度。柯氏认为，应以试验的形式，通过测量目标成果（即知识、技能或态度）在培训前后的比较变化，对学习活动进行评估。他还建议，为增强评估发现的可信度，应对控制组收集相同的数据进行比较。

柯氏培训评估的第三层是行为层，即学员工作中的行为因培训而改变的程度：也称为培训转移。柯氏指出，这一层级的评估极具挑战性。与学习评估一样，它需要一套科学的方法；不过，也要考虑到一系列其他因素的潜在影响。柯氏建议通过学员培训前后的行为变化，以及从控制组收集到的数据（最好是从不同利益

① 柯氏四级培训评估模式（Kirkpatrick Model）由国际著名学者、威斯康星大学教授唐纳德·L. 柯克帕特里克于1959年提出，是世界上应用最广泛的培训评估工具。——译者注

相关者那里收集到的对学员行为的评估），来对这一层次的培训效果进行评估。

最后，还需要在结果层对培训效果进行评估。柯氏提到，绝大多数培训项目都会把期望结果列为培训的主要目的或目标。培训项目可能产生的结果类型包括降低成本、提升质量和提高产量。因此，根据培训产生的期望结果来衡量培训的有效性是可行的。然而，正如评估行为一样，由于其他潜在变量也可能导致结果发生，评估培训结果的影响也就变得纷繁复杂。

柯氏评估模型被广泛应用于研究和实践，它体现了成果的逻辑组织和递进，从基本的个人对培训的反应，到培训转移，再到组织结果。柯氏评估模型的主要特点是简单实用，这是其持久成功的原因。然而，柯氏评估模型也因为过分简化培训学习而受到质疑，因此，克雷格等人提出了另一种评估模型。

克雷格等人的学习理论在培训评估中的应用

克雷格等人认为，在评估培训活动时，有必要以更精细的方式来检验学习成果，而不是像柯氏的培训评估那样，将学习和结果转化混为一谈。他们强调了坎贝尔所提出的观点，即评估培训效果最根本的问题在于学员是否掌握了培训所涉及的内容。而针对缺乏相关概念模型来指导研究人员评估学习这一情况，克雷格等人提出了一个包含三类学习成果的模型，即认知型、技能型和情感型。

首先，认知型成果描述了所学知识的数量和类型，以及这些知识要素之间的关系。克雷格等人提出，认知型成果可以分为言语知识、为知识结构建立合适的心智模式，以及通过既定的认知策略检索和应用知识的能力。他们认为，恰当的认知型成果评估方法可能包括认知和回忆测试、自由排序任务（学员对课程材料的核心要素之间的相似性或亲密性做出判断），以及探索性协议分析（学员对成功完成任务的必要阶段进行逐步分析）。

接下来，克雷格等人提出，学习应该产生技能型成果，比如技术或运动技能的提升。技能型成果可以通过个人所展示的演绎水平（比如高级技能水平应该是挥洒自如、得心应手）和表现出的自动性程度（自然而然、信手拈来）来衡量。

克雷格等人提出，技能型成果的潜在评估方法包括行为观察和次要任务表现（即学员在执行受训任务的同时执行次要任务）。

最后，克雷格等人描述了学习如何产生情感型成果。基于加涅（Gagne）的学习成果理论，因为态度是行为或绩效表现的决定性因素，所以，态度对学习成果极为重要，加涅将态度定义为影响个人行为选择的一种内部状态。克雷格等人通过将动机和情感纳入培训成果进一步扩展了这一定义，并指出，可以通过自我报告的方式来评估情感型成果。

柯克帕特里克和克雷格等人的研究在指导如何在研究和实践中评估培训的影响方面举足轻重。因此，这些理论模型可以提供重要的指引，帮助我们理解如何以一致和可靠的方式来评估教练活动。

评估教练活动的目标和过程

教练评估“问题”的解决方案

为解决评估教练活动成果的理论和实践之间的差距问题，琼斯、伍兹和纪尧姆利用现有的培训成果框架，提出了以下方式对教练成果进行建模。参考克雷格等人的三要素分类法，琼斯等人提出，教练活动的潜在成果也可以类似地分为认知型、技能型和情感型三类成果标准。此外，尽管琼斯等人认为教练活动和培训活动的成果在本质上有所区别，但与柯氏的理论相一致。他们认为，就像培训活动一样，结果评估对教练活动同样重要（见表 3–1）。如今，我们进一步扩展了琼斯等人的教练评估框架的理论基础，以便让读者清晰地了解为什么需要对教练活动进行评估，如何对其进行评估，以及对其评估的合适时机。

表 3–1　教练成果框架和教练评估标准建议摘要

成果标准	描述	衡量方法
情感型成果	态度和动机成果（如自我效能、幸福感、满意度）	自我报告问卷

续前表

成果标准	描述	衡量方法
认知型成果	陈述性知识、程序性知识、认知策略（如解决问题）	识别与回忆测试、自由排序、探索性协议分析
技术型成果	新技能的整合和自动化（如领导技能、技术技能、素质能力）	工作场所中的行为观察（如多源反馈问卷）技能评估
结果	个人、团队和组织绩效	财务结果、目标达成、生产力

资料来源：琼斯等人，2016。

教练活动的认知型成果

参考克雷格等人的认知型成果类型，琼斯等人认为，最不可能通过教练活动达成的成果是新的言语知识。教练活动的定义通常是，教练不会向教练对象提供教学，而是在理解现有知识的过程中协助教练对象。因此，尽管教练过程可能涉及通过与教练讨论发展一些新知识，但与教学培训相比，教练对象所获得的新知识的范围大不相同。克雷格等人的第二类认知型成果是为知识结构创建合适的心智模式。相比获得新的言语知识，这一认知型成果更有可能通过教练活动获得，因为教练会与教练对象一起，帮助其理解可用的信息。这一过程可能会让教练对象在现有知识之间建立新的关联，为做出行为改变扫除障碍，从而以新的方式应用现有知识。

最后，克雷格等人认为，认知型成果还包括通过既定的认知策略检索和应用知识的能力。如果是认知行为教练（cognitive-behavioral coaching, CBC），则这类认知型成果就尤为重要，因为认知行为教练的重点是通过探讨个人对事件的观点如何影响他们的感受和反应，从而改变他们的行为。在认知行为教练活动中，教练可能会与教练对象一起确定他对相关事件或问题的观点，必要时，挑战他的这些观点，并帮助其重新调整自己的观点，使其更有可能产生个人所期望的结果。这时，教练对象会从教练会谈中获得一种新的认知策略，用于所需处理的情景中。

洛克和莱瑟姆的高绩效循环（对目标设定理论的一种发展）解释了教练可以

产生认知型成果的观点。莱瑟姆等人将策略描述为认知策略，涉及技能发展和问题解决。莱瑟姆等人认为，作为个体为实现目标而努力的一部分，挑战性目标可以激活个体对策略的应用或探寻。因此，目标会鼓励和指导对现有知识和策略的运用，并在必要时通过解决问题和学习促进获得新技能，从而形成新的策略。

博泽和琼斯最近对教练文献进行的系统回顾表明，认知型成果是教练活动最不常用的评估结果。这可能部分是由于准确地记录教练对象经过教练活动后在新的心智模式和问题解决策略方面的成长较为困难。尽管这一层次的成果难以评估，但是教练文献还是给出了一些认知型成果的示例，例如教练活动后自我报告的收获、焦点解决思维、问题解决、自我洞察或自我意识、知识、学习敏锐度。

教练活动的技能型成果

可以说，相较于培训活动，技能型成果对于教练活动的重要性不遑多让。在本章开头，我们描述了教练活动的目的是为教练对象带来有价值的专业成果，教练活动可发展的技能包括培养领导力、自信、沟通、决策和授权等。通过工作导向的改进和发展活动，教练活动能够有效地促进技能的获得和提升。例如，在教练活动过程中，教练会与教练对象讨论他们能有什么样的机会去实践在教练活动中获得的技能。这些教练过程促使教练对象专注于发展与目标及工作相关的具体技能。

博泽和琼斯在对教练文献的回顾中指出，技能型成果是教练活动常见的评估成果类型之一。原因之一可能是教练对象经常围绕新技能发展设定目标，因此，评估技能是否通过教练活动得到了有效提升是恰当的。教练文献中提到的技能型成果示例包括自我绩效评价、主管或他人（即同僚或直线汇报下属）的绩效评价、领导技能、人际交往技能和职业规划，以及安全导向的沟通技能。

教练活动的情感型成果

琼斯等人认为，相较于培训活动，情感型成果对于教练活动来说更为重要。许多有价值的教练活动成果都是情感型成果（例如，自我效能和自信心提升、压力减轻、满意度提高和积极性高涨)。因此，教练干预可能侧重于可直接提升和改善情感型成果的方法。不过，教练活动也可能对情感型成果产生间接影响。特别是，目标设定和体验式学习中为解决问题制订行动计划的过程，可能会对绩效改善的动机和情感取向产生影响。此外，根据洛克和莱瑟姆的高绩效循环，朝着富有价值成果的挑战性目标努力的过程(如在教练活动中发生的那样)会对工作满意度等情感反应产生更大的影响。

博泽和琼斯在教练文献中提到，情感型成果是最常被评估的教练成果。这可能基于两个关键原因：(1)情感型成果很容易通过自我报告问卷进行评估；(2)由于许多情感型成果的短暂性，即使只是经过简短的教练活动干预，教练也很有可能在教练对象的情感层面产生积极影响。教练文献中提到的情感型成果示例包括感知到的教练的有效性、自我效能、工作幸福感、职业满意度、工作满意度、压力、离职倾向、抑郁、复原力、焦虑、组织承诺度。

教练活动的结果型成果

最后，如本章前面提到的，教练的目的是帮助实现组织层面的目的和目标。根据柯氏的四级评估模型，通过使个人目标设定与组织层面的目标保持一致，教练活动可以影响绩效，对教练成果进行评估也在情理之中。琼斯等人提出，可以根据教练活动对个人、团队和组织层面的绩效的影响来衡量教练成果。

与培训活动一样，大多数教练活动的预期目标都是结果导向的成果。为了实现这一个人层面的结果目标，还可能会在认知、技能和情感层面产生成果。例如，一个希望提升领导技能的教练对象可能对发展这一技能有一个结果导向的目标。教练对象可能预期，通过提升领导技能，他能够在自己的角色中发挥更具战略性的领导作用，最终提升其部门的长期盈利能力。技能层面的针对性改变是为了实现在个人结果层面的改变。

继续这个主题。教练活动的另一个同样重要的目标可能是在团队层面产生结果。再以领导技能为例，教练对象可能希望提升自己的领导力和沟通技能，以便将团队有效地凝聚在一起，更好地协作。团队内部协作的加强可能会帮助团队更好地实现目标：这就是团队层面的教练成果。

最后，如果个人层面和团队层面的结果目标与组织层面的结果目标保持一致，那么，个人或团队层面的变化应该会引起组织层面的变化，这似乎是合乎逻辑的。例如，如果教练对象把改善其部门的盈利能力以及提高团队层面目标的实现数量设定为教练活动的学习和发展目标，那么，这些个人和团队层面的改善很可能会融入组织层面的结果改善当中。

虽然从组织的角度来看，结果层面的教练成果可以说是最重要的，但它却是教练文献中最少探讨的教练成果之一。正如柯氏所指出的，评估结果层面的成果是非常复杂的，这反映在这一层面缺乏研究实证上。结果层面的教练成果研究包括目标达成、人员保留、生产率、生产质量、销售业绩、安全性能、晋升、选拔成功率以及疾病记录。

工具和技术

接下来，我们按照琼斯等人的框架，借助对每个层级进行衡量的具体案例，详细阐明四个层级（认知、技能、情感、结果）中每个层级的衡量方法。

衡量教练活动的认知型成果

克雷格等人的模型框架具体描述了一系列的认知型成果测量技术，其中第一种是认知和回忆测试。在实践中，通过对培训学习活动的一系列认知型成果的评估方法进行分析评估，克雷格等人认为，认知和回忆测试是最容易应用的技术，因此在实践中最流行。而正如前文所述，由于新的言语知识是教练最少涉及的认知型成果，因此，在教练活动中，识别和回忆测试是最不合适的评估方法。不过，克雷格等人也提出了其他认知型成果评估的方法，例如对心智模式的自由排序（教练对象对课程材料的核心要素之间的相似性或紧密性做出判断）以及评估认知策略的探索性协议分析（教练对象对成功完成任务的必要阶段进行逐步分析），仍可用于评估教练活动成果。在实践中，由于教练干预的高度个性化，意味着需要根据具体情况制定评估方法。没有适合不同的教练对象的标准模板，增加了这一层面的教练成果的评估难度。这可能也解释了教练文献中缺乏认知型成果案例的原因。

然而，我们仍可以从教练文献中找到更容易应用的评估认知型结果的方法。例如，格兰特在教练活动中用焦点解决问卷（solution-focused inventory）来衡量焦点解决思维。这一由 12 个项目组成的量表包括三个子量表——问题抽离、目标定向和资源激活，它们可对个人的焦点解决思维的认知程度进行综合性评估。此外，教练对象可以通过自我洞察量表（含八个项目）来评估自我意识，该量表被用于评估个体对其行为、想法和情绪背后的原因的觉察。

衡量教练活动的技能型成果

技能型成果通常通过个体在工作中的行为来证明，因此，克雷格等人明确指出，可以通过行为观察来衡量技能型成果。肯斯（Kines）等人在研究中举例说明了这种评估教练活动的方法，他们运用直接行为观察法来评估施工现场的安全行为，以评估旨在改善现场安全的教练活动的有效性。克雷格等人还提出，技能型成果可以通过动手测试来衡量。这种技能型成果评估形式在教练文献中较少见；然而，塔耶（Taie）在护士接受提升基础生命维持技能的专项教练活动后，是通过素质技能测试来评估她们执行这些基本技能的能力的。

教练文献中描述的收集个体行为信息更常用的方法是 360 度反馈或多方反馈。例如，卢森斯（Luthans）和彼得森（Peterson）采用“管理反馈问卷”作为 360 度反馈工具来衡量管理者行为自我调节的三个要素：行为素质（即为确认的问题选择适当的解决方案）、人际交往素质（即提供及时的信息和反馈），以及个人责任（即主动尝试新想法）。另外，史密斯等人通过多方反馈对教练活动后的管理技能发展进行评估。还有一种多方反馈是“迷你调查”。“迷你 360 度反馈”专注于教练对象选定的某个具体领域，持续对领导者的改进感知进行评估。运用改善量表

（即此人在过去六个月内是否提升了总体领导效能），每次可邀请不同的评估小组给予评估反馈。这项调查不需要评估者投入太多的时间，通过汇总不同领导者的反馈结果，可以对教练对象的整体改进有一个更清晰的了解。

另一个技能型成果评估的示例是对技能发展的自我报告评估。教练文献中的这类示例还是比较常见的。自我报告技能评估工具的一个具体案例是来自琼斯等人的个人效能五维量表。该量表旨在衡量教练对工作效能的影响，包括任务排序、计划和灵活性等维度。

衡量教练活动的情感型成果

根据克雷格等人的建议，情感型成果应通过自我报告的方式进行评估。工业组织心理学领域受益于一系列已确立的情感型成果测量，其中许多已被应用于教练文献之中。例如，卢森斯和彼得森用的是组织承诺问卷（organizational commitment questionnaire, OCQ）评估组织承诺，格兰特（Grant）等人用认知韧性量表来评估韧性和工作幸福感，博泽尔（Bozer）和萨罗斯（Sarros）用的是格林豪斯（Greenhaus）、帕拉苏拉曼（Parasuraman）和沃姆利（Wormley ）的职业满意度量表来评估教练对象的职业满意度。文献中提供了大量简单易用的自我报告量表，这意味着在实践中很容易实施情感层面的教练评估。

最近一些未公开的演讲在提高员工敬业度和教练活动之间建立了潜在的联系。员工敬业度逐渐成为组织一个常用的衡量指标，通常通过定量调查（如盖洛普Q12）来衡量。这些调查会包括诸如“你知道对你的工作要求是什么吗”“在工作中，你觉得你的意见会受到重视吗”之类的问题。案例中的两个为雇员提供了教练技能培训的组织，在员工敬业度调查上的得分远高于那些体量相近但没有为雇员提供教练技能培训的组织。

评估情感型成果的另一个案例是琼斯等人的工作幸福感七维量表。该量表旨在衡量教练活动对教练对象工作幸福感的影响，包括满意度、压力和敬业度等方面。

衡量教练活动的结果型成果

从理论上讲，教练活动在个人、团队和组织层面产生结果的改变是合乎逻辑的，但在实践中，评估这些层面的成果是极具挑战性的。关于培训评估，柯克帕特里克解释说，在评估培训成果这个问题上，没有捷径可走。在因培训活动而产生的改变之外，影响结果的内外部变量实在太多，这意味着难以从评估结果中分理出培训措施所产生的影响。这些挑战同样存在于从结果层面对教练成果的评估上。而管理者和领导者（通常是那些接受教练干预的人）对教练成果的影响通常并不明显，也不是线性的，这进一步凸显了这个问题的错综复杂。这也许解释了为什么很少有教练研究人员尝试衡量结果层面的教练成果。

衡量教练成果的黄金准则是用客观的衡量方法来理解教练活动的影响。这些客观衡量标准不易受到主观解释（如对绩效的看法）的影响。客观结果评估的示例包括评估教练活动是否对申请实习的商科本科生的成功选拔有积极影响，或者评估教练活动对保留澳大利亚医生群体或企业中领导者的影响。最近一次未公开发表的客观结果衡量报告显示，接受教练辅导的领导者的平均工资，比未接受教练辅导的类似群体的平均工资要高。应用于人力资源行业的“大数据”的出现，也许会使对教练结果的进一步衡量越来越有可能。

目标达成量表是一个更易于应用的在结果层面评估教练成果的工具。该技术已被教练文献收录，它要求教练对象在教练项目开始时制定对个人有意义和有价值的目标。教练活动结束后，教练对象要回答“到今天为止，我在实现这个目标方面取得了多大成效？”并对他们的目标达成情况进行评分［从 0%（未达成）到 100%（完全达成）］。虽然这种结果层面的评估方法依赖于主观数据而不是客观数据，但它易用，并可用于大数据分析。

何时评估

在本章中，我们已经讨论了应该从教练活动中评估哪些成果的问题，为什么从理论上来说，评估这些成果很重要，以及我们在每个层面应该如何对成果进行评估。我们最后来谈谈适合进行评估的时机。教练文献中描述的效果评估几乎都是在教练项目结束时进行的。这种评估时机与研究目标有着内在的联系，即评估干预在一定时期内的影响。在实践中，评估不必局限于这些时间限制。但对于某些教练成果，最好等到项目最终完成后再进行评估。例如，由于结果的远期性质，教练活动在诸如新认知策略和技能的发展，以及它们对结果的影响这些层面产生的影响需要时间来验证。因此，在这些层面的评估应该在进行了足够数量的教练会谈之后实施，这样一来，教练对象就能有充分的时间将教练活动的收获学以致用，从而能观察到他们在行为和绩效方面的改变。对于进行多少次教练会谈是足够的，或者说要花多少时间是“足够的”，并没有简单的答案，这一领域将从进一步的研究中受益，以获得关于有效教练活动持续时间的建议。另一方面，情感型成果与教练过程有着更强的相关性，但在本质上更短暂，因此，可能在仅仅一次教练会谈后就可以观察到其对情感型成果的影响；因此，教练从业者可以考虑更频繁地评估这一层面的成果。

案例研究

微软公司在教练活动上投入了巨资，其中就包括情感型和技能型成果的评估。自 2004 年起，微软公司发起了“领导者塑造领导者”（leaders building leaders）高潜人才发展项目，自推出以来，已有数千名管理者参与。

该计划包括五个发展项目：领导方向、业务 / 专业活动、教练和辅导、职业发展，以及社交 / 学习圈。教练项目包括为期八个月的主要以电话会议形式开展的教练对话（约 7 ~ 10 次会议）。教练活动始于微软 360 度评估的反馈，以及参与者选择与教练分享的任何其他信息。然后制订教练行动计划，帮助参与者明确自己的教练目标。教练、教练对象和经理会进行一次三方会谈。接下来，将在八个月的时间里持续开展教练活动。

情感型成果以教练满意度调查的形式进行评估，该调查在每个项目的中期进行。满意度调查包含五个问题：

在以下方面您对教练的满意度如何？

- 问题 1：为我的成长和发展确定明确的优先事项；
- 问题 2：真诚聆听；
- 问题 3：提供切实可行的建议；
- 问题 4：以直接简洁的方式进行沟通；
- 问题 5：对教练活动的总体满意度。

这些问题的总体满意度平均为 97.9%。“净推荐值”（net promoter score, NPS，参与者向他人推荐教练活动的意愿度）是 175.4 分，满分为 200 分。

在教练项目结束时，还发起了一项 360 度“迷你调查”以评估技能型成果，询问参与的领导者身边的关键利益相关者是否注意到参与者在过去八个月的改进。这项调查用了从“没有效果”（−3）到“非常有效”（+3）的七分反馈量表。问题主要关注参与者的整体领导效能，还包括与每个人的个人目标相关的独特的、定制的问题。在项目开展后第一年，评价者对参与者的个人目标是否得到改善这一问题，22% 的人认为非常有效（+3）；59% 的人认为有效（+2）或非常有效（+3），令人印象深刻的是，89% 的评价者认为有某种程度的改善（在 +1、+2、+3 水平）。这个汇总的统计数据（以及其他类似的统计数据）可以在整个组织中共享，以证明由于公司在该计划中的大量投资，领导效能得到了积极的提升。

结论

教练评估有时只是对教练项目本身主要事件的事后反思。然而，我们认为，有效地评估教练活动是理解我们的教练实践是否有效地实现了预期结果的关键步骤。因此，教练评估对于教练本人、将教练作为学习和发展工具的组织、教练研究人员以及整个教练行业都很重要。我们对琼斯等人的教练成果框架做了详细概述，包括为什么教练可能会对这些层面的成果产生影响的底层理论。我们探讨了各种工具和技术来说明如何在这些层面评估教练活动成果，最后，我们提供了何时评估教练活动的建议。对于教练活动评估，我们最后可能也是最重要的建议是，无论你决定在哪个层级评估你的教练项目（我们始终鼓励你对所有层级进行评估），你所选择的评估措施必须与教练项目本身的目标相一致。教练目标和教练活动评估之间的紧密一致性，将确保你的评估工作能够准确地捕捉到教练实践的真正影响。

MASTERING EXECUTIVE COACHING

PART 2

为客户提供价值

第 4 章 实现高管行为改变

丽贝卡·特纳
霍华德·摩根
查尔斯一世·斯托里

人们常说，公司都会为高潜人员和顶级人才提供高管教练。因此，利用教练活动来避免领导者职业脱轨已是老生常谈。尽管在某种程度上确实如此，但许多非常优秀的高管都会有盲点，从而阻碍了他们在高管的位置上取得成功。本章将介绍对那些表现出“无益”和“消极”行为的高层领导者进行高管教练的方法和技巧，他们的这些行为可能会导致组织中出现不满情绪或不健康关系。对存在这些行为的领导者进行教练需要教练们的细致工作，为高管们的成功参与奠定基础。在本章中，我们将概述这些有助于教练活动的成功方法。

理论与实证

消极领导行为

尽管“有毒的领导力”（toxic leadership）已成为一个流行词汇（第 12 章对此进行了讨论），我们仍然认为有必要描述一下“无益”领导行为这一更广泛的概念，它包括了各种欺凌、冲突或消极行为。在最近的一项大规模研究中，超过两千名员工描述了他们在工作中经历或目睹过的消极领导行为，其中最常见的是领导者妄下定论、微观管理、过度控制、厚此薄彼，以及在协调和管理方面效率低下。频率稍低的还有：消极的领导者以孤立、野蛮或欺凌的方式行事，犹豫不决，或固执己见。

萨热古德（Thoroughgood）、帕迪利亚（Padilla）、亨特（Hunter）和塔特（Tate）把领导力描述为一种破坏性和建设性的连续体。在破坏性方面，领导力往往表现为控制、强迫或操纵，而不是更积极、更有影响力的沟通。这类领导者通常在本质上是自私的，强调领导者自身的目标，而不是组织及其成员的需要。

产生“破坏性领导力”的根源在于领导者不能换位思考。加林斯基（Galinsk）及其同事发现，权力等级越高的人越以自我为中心，也越自信；同时，他们也越容易忽视或误解那些缺乏权威的人的观点。幸运的是，情况并不都是如此。在一定条件下，有权力的人可以很好地换位思考，例如，当有人能够有效地激发领导者对他人的责任感时，或者当组织内非常重视共情领导风格时。简言之，虽然有些权威人士有破坏性的习惯，但科学表明，他们的行为是可以改变的，特别是通过提升他们换位思考的能力或共情的能力。

多年来，已经有大量文章对个性和行为有缺陷的高管、与其动机相关的理论以及教练应如何与他们合作来改变其行为做了阐述。提升高管在重点领域的领导能力有助于公司减少领导力方面的问题（包括职业脱轨），这些问题会让公司在员工士气、离职率、敬业度，以及由于人际关系障碍导致的潜在的毁灭性诉讼方面付出巨大代价。

20 世纪 80 年代，创新领导力中心（Center for Creative Leadership, CCL）发起了一项令人印象深刻的领导者职业脱轨研究项目。在完成了大量的研究，包括对上司的定量评价和因素分析之后，麦考利（McCauley）和隆巴尔多（Lombardo）开发了一种评估经理的优势和劣势的新型管理反馈工具。脱轨测评量表包含以下子量表：人际关系问题、团队建设困境、战略转型困境、缺乏跟进、过度依赖，以及与管理层的战略分歧。

平衡缺陷心理学和积极心理学观点

在马丁·塞利格曼（Martin Seligman）等积极心理学理论家的推动下，出现了许多分析人格优势和人类美德（如创造力、希望、公平、团队合作、真实性和思想开明）的研究和方法。顾问们迅速把握住了这些机会，鼓励他们的客户聚焦于评估自己的优势，以及如何在日常管理工作中，在自我领导力发展过程中，更有效地利用这些优势。纵观整个积极心理学运动，许多教练对只专注于优势就可能使领导行为发生改变这一观点提出了质疑。

而且，近年来，有令人信服的研究表明，过分关注优势会给你带来麻烦。这种说法听起来可能让人费解。但要考虑到这样一个事实，很多关于领导特质与绩效之间关系的研究都是基于相关性分析的，即假设变量之间存在线性关系。例如，人们普遍发现，认真负责的特质与在各种环境中取得领导成功相关。然而，认真负责与绩效之间的关系并不是线性的。

勒（Le）和他的同事发现，主管的责任心随着权力等级的提高而增强，但仅比责任感强度的平均值高出大约一个标准差。想象一位极具责任心的领导者。这类人被称为完美主义者，过于注重细节，害怕犯错，而且通常缺乏创造力。简言之，拥有高度责任感的领导者在处理大多数（或所有）问题时，可能会表现出类似于莱文森（Levinson）所说的“粗暴型人格”（abrasive personality）。如果领导者不能信赖他人，不能接受合理的失误，不能将重要的任务委派给他人，他们最终会削弱他人的积极性，失去他人的信任。我们坚信，360 度反馈和教练工作的重点始终包括领导者的优势和发展需求。只专注于发展优势会使人更容易遭受“盲点”导致的意外伤害。

目标和过程

高管行为改变教练活动的组织背景问题

无论教练是来自组织内部还是外部，重要的是，他要了解当前的破坏性行为出现和得以识别的组织背景。领导者出现潜在的职业脱轨行为往往事出有因。如果不了解导致这些破坏性行为出现的原因，那么，教练活动成功的概率就微乎其微。我们有时会发现，这些破坏性行为已被纵容持续了很长一段时间，直至达到某人无法容忍的程度。尽管这些领导者在行为上有所缺陷，但他们同时也可能极具魅力，可能会带来非常出色的财务业绩，或者可能非常善于归咎他人。

经验丰富的教练不仅会积极倾听，还会深入探究，对组织中出现破坏性行为的根本原因追根溯源。他们勇于质疑自己和他人的假设，不惧据理力争，总是提出尖锐的问题，观察人们对他们的解释和建议有何反应，然后相机行事。出色的教练都比较机敏。他们多年的成功教练经验，使他们对教练工作得心应手，他们可能会尝试不再按同行评审期刊文章中的研究和已经验证的流程行事。尽管如此，教练还是应该保持谨慎。这项工作的重心不在于教练，而在于教练对象。教练们需要克制自己的小我。他们必须牢记目标，运用久经考验且可信的模型来指导他们的工作，即使他们应用这些模型的具体情况可能并不完全符合该模型的研究背景。如果你拥有丰富的教练知识和经验且口碑不错，那么，你就会承担合理的风险，以帮助领导者"有所作为"。这种挑战类似于医生遇到了疑难杂症，因为没有循证治疗方案可供参考，他必须依靠长期积累的判断力去帮助患者。

例如，我们中有人被邀请教练一位科学家 / 首席执行官，教练对象获得过许多奖项和专利，也取得了卓越的专业成就。在两个多小时的时间里，仿佛教练不存在一样，这位首席执行官滔滔不绝地谈论着他过去所取得的丰功伟绩。这位 CEO 所在组织的经营情况每况愈下。教练说："如果你是想让我知道你有多聪明的话，那你已经做到了。"在思考了一会儿之后，首席执行官说："嗯，我喜欢你。你知道我想要什么。你打算怎么帮助我？"教练并不是随意地采用这种方法的。

在这个例子中，共情的规则看似被打破了；事实恰恰相反，因为也曾遇到类似的情况，教练对客户产生了真正的同理心，并迅速决定如何以有效的方式进行干预。显然，这位首席执行官认识到了教练是来帮助他的。

领导者在组织中的职位越高，他们的成功就越依赖于如何管理与身边人的人际关系。每一天，领导者都在管理着有意义的人际微观时刻。整体而言，作为教练，我们的工作就是帮助他们培养和获得管理勇气。领导者不应该轻易地躲在面具后面、回避冲突或者避免做出艰难决策。但是，有时候他们确实如此。

有一点我们要明确，破坏性领导力不是凭空出现的。这些领导者都有赞同或不抗拒其领导策略的追随者。出于多种原因，董事会成员或其他高管可能不愿意直面这些不良领导行为。优秀的教练们知道什么时候要寻求领导者和高管团队甚至董事会成员的干预，而不是只关注高管个人的工作。干预计划中的任何此类变化都必须通过保密性讨论并充分理解客户是谁，以负责任和合乎道德的方式进行。

整体而言，用于指导高管行为改变的教练理论和模型，与教练破坏性风格领导者的理论和模型并无二致，因为它们适用于绝大多数的高管教练情景。然而，无论发起教练活动的动力是来自领导者本人还是其他利益相关者（如首席执行官、董事会成员），都有一种隐忧或威胁，即领导者可能会失败或应该受到指责。让高管教练去干预那些极不稳定的、情绪激动的或不称职的行为，存在较高的风险。

教练破坏性风格领导者的发展路径

针对不同行业的人力资源总监的一项小型访谈研究表明，对高层领导者进行教练的主要目的不是为了学习特定技能，更多的是着眼于换位思考和“改变他们的信念和假设，以实现更优化的决策和行为”。苏兴（Susing）指出，当教练不受限于促进自主学习和目标实现的传统教练方法时，教练活动对高管会有更大的影响力。如前所述，有时教练有必要给予更多的指导，让高管更多地认识到个人行为对业务成果的影响。

发展路径包含了以下五个问题，这是一个非常有用的教练框架，描述了推动领导者发展所需的核心条件。这些核心条件都有实证支持。下面将使用发展路径框架讨论与破坏性领导风格有关的要点。

1. 洞见：领导者知道要发展哪些行为吗

当领导者具有破坏性风格时，他们很可能不知道需要着手处理哪些行为，以及如何着手处理。瓦西里海因（Wasylyshyn）、肖里（Shorey）和沙芬（Shaffin）

描述了一种以洞见为导向的教练模型，用于提高对行为模式不一致、不稳定或有毒的高管的教练活动的成功率。该模型整合了对情商的理解，还可以跟与行为改变相关的关键方法（例如认知行为和洞见等方法）结合使用。一旦确定了协作一致的教练目标，就必须将其写下来，以确保达成明确和一致的意图。

2. 动机：领导者是否愿意为发展投入必要的时间和精力

一些领导者认为，这些痛点会一如既往地烟消云散。为了解决问题，他们可能会寻求行为改变之外的替代方案。例如，他们可能会怪罪他人，解雇他人，或对这些痛点“视而不见”。教练的首要任务是探究领导者的动机和好奇心，他们探索新的行为方式的意愿度。事实上，教练的工作就是悉心倾听，通过积极倾听，让领导者就自己的目标进行更深入的对话，了解他关于如果自己不做出改变，会发生什么的想法。教练对领导者的价值观、需求和动机了解得越多，就越清楚如何有针对性地进行教练活动，以取得最大成果。

3. 能力：领导者是否具备所需的技能和知识

当高层领导者陷入困境时，很可能是由于企业内部的条件、相关人员、组织文化或其他外部因素发生了变化，他们的那些旧做法已经不起作用了。这强调了反馈的重要性，即不仅要关注优点，还要特别关注缺点，或者需要改变的行为，以便在当前环境中取得成功。教练的作用是支持领导者找机会学习新的、替代的方法来处理具有挑战性的情况。

许多“老习惯”在当前的时代思潮中已经不管用了。最近，公众对女性在职场遭受性骚扰行为的反对态度和零容忍程度突然升级。通常，公众舆论和组织文化都会影响人们对领导者这种攻击性行为的容忍度。在未来，“我也是”（me too）运动可能会鼓励员工团结起来，对他们认为不可容忍的工作环境中的其他情况提出控诉。

4. 实践：领导者是否在工作中实践新技能

古希腊哲学家爱比克泰德（Epictetus）认为，一切哲学的基础是自我认知。他说："问题本身不是问题，如何看待问题才是问题。"因此，要改变行为往往需要改变思维模式。认知行为方面的教练方法是以目标为导向的。这些方法特别关注可能导致人们行为失常的意识思维和特定思考方式，或对事件的解释。这与我们处理信息的方式有关。和积极心理学方法、积极倾听、提供支持、目标设定和具体的学习 / 培训方法一样，认知行为技术有强力的实证支持。

在认知行为方法中，高管们被要求在需要有意识地努力实施他们的新意图的情况下应用新的技能和理解能力。教练活动的重点是制订有助于高管承担新的风险并相机行事的行动计划。后续的会面提供了空间来反思这些努力是如何发生的和所取得的成果，或者可能出现的各种挑战。正如帕尔蒂埃（Peltier）所说的那样，教练活动就像进行一个试验。你需要收集和分析数据，制订改变计划并付诸实施，然后对结果进行评估并反馈到过程中。通过反复练习，最终形成新的习惯。

5. 问责：领导者是否内化了新的能力来提升其绩效和结果

为使教练活动取得成功，领导者必须内化（"自己的"）改变的需要以及维持进步所需的努力。领导者不仅要留意他们自己的自我意识水平和行为，还须留意周围的环境，即他们对他人的影响。这需要学会解读他人的反应和回应，这是提高情商的关键一步。此外，定期向利益相关者，尤其是那些愿意开诚布公的人寻求反馈，将有助于领导者保持所取得的成功。

工具和技术

360 度反馈、评估和发展计划

虽然有很多很好的 360 度评估问卷反馈工具，但当我们与高层领导者合作时，我们会使用叙事性的 360 度访谈。这样做可以让我们了解背景和组织动态。在访谈中，我们可以提跟进式问题，以便真正了解高管的优势和劣势，以及行为表现的示例。我们会了解人们在过去是如何回应的，以及该高管对组织的影响。我们的问题通常包括：你的角色是什么，以及你与该领导者关系如何？在你看来，什么是与该领导合作的好方法？哪些方法不好？他能做些什么来改进呢？如果在接下来的六个月一切进展顺利，成功会是什么样子？你怎么知道事情有所好转了呢？作为教练，我还需要了解什么才能帮助到该领导者和整个组织？

为启动 360 度反馈流程，我们会要求领导者考虑谁是我们最佳的访谈对象，因为我们的目标是获取有用信息以推进工作。考虑到信息来源的可信度，领导者应审慎筛选反馈提供者。领导者通常会向教练寻求建议。一般来说，你要采访他们的上司、直接下属，以及任何可以评价他们的领导才能的同事或其他人。你可以根据具体的问题和情况判断谁是合适的反馈提供者。然后，领导者提前与反馈提供者进行沟通，邀请他们与教练会面，让他们了解到他将与教练合作，帮助自己提升领导风格和能力。

正如沙因所说，"一切皆干预"。360 度测评是一种能产生效果的干预措施。教练的作用是向老板、同事和直接下属表明，该领导者对问题负责，并乐于听取反馈。教练应让受访者知道，所有的个人访谈信息会经过整合，当中的关键信息会提供给领导者，但具体评论将采取匿名的形式。360 度评估通常会给组织带来希望和期待，即事情可能会有所改变。

我们建议给领导者提供一份书面反馈报告，其中包括他被认为具有优势的关键的、特定的领域，以及他可以发展的关键的、特定的领域。在教练与领导者进行一些初步面谈之后，我们还可以使用有效的人格和 / 或情商评估工具。不同的教练有不同的首选工具。在使用任何工具之前，确保你经过了适当的培训，有相应的经验和督导，并以合乎道德的方式进行测评，重要的是，它对领导者是有益的。除了叙述性反馈之外，还可以采用领导力评估工具，这样做更有效，因为你可以检视两种信息来源的异同。基准评估工具可以让你掌握领导者的一般优势和劣势信息，而面谈叙述则让你了解到组织中的其他人如何看待该领导者的相关信息，即其在工作中可能会表现出的不同特质。重要的是，反馈报告仅提供给领导者自己，而非其他任何人。

评估报告所包含的信息提供了与领导者合作制订领导力发展计划所需的大部分数据。由于行为模式是根深蒂固的，往往需要很长时间并付出极大的努力才能改变，所以，难以同时把注意力聚焦于两个以上的行为模式的改变，所以，行业的常规做法是只设定几个关键的发展目标。接下来，我们将细化这些目标。可能包括教练技巧、不同的学习来源（例如阅读资料、在线课程）、组织内部的资源和其他措施。发展计划应由双方共同制订，因为让领导者认可未来六个月左右的教练议程尤为重要。我们的教练活动通常计划为 6 ~ 9 个月，并且可能会延长。此外，若出现新的学习内容或情况发生变化，教练计划也可能会发生变化。

虽然评估报告是属于领导者的私密档案，但我们建议领导者与利益相关者分享他们的教练目标，并让利益相关者知道，他们希望对事情的进展情况进行持续的反馈。分享这些信息有助于让其他人确信领导者有改变的决心。这也向其他人暗示：在领导者努力改变自己那些难以改变的旧行为习惯的过程中，请给予领导者耐心和包容。

教练技术

教练是一种为满足领导者需求而定制的干预措施。教练要运用他们的判断力来辨别每项活动的独特之处以及领导者的偏好。简言之，领导者制定教练活动的议程，而教练只需要运用他们久经训练且驾轻就熟的技巧。一些常见的技巧有：认知行为和洞见方法（前面提到过）、积极倾听、课后作业、角色扮演、反思日志、试验和现场观察反馈（shadowing）。

很多时候，学习成为一个更好的倾听者是一个具有破坏性风格领导者的目标。考虑到他们往往专注于自己的目标，所以，他们可能很难全身心地关注那些想要传达复杂或微妙观点和需求的其他人。教练和领导者可以进行角色扮演练习，也可以给领导者布置课后作业，让其练习应对即将面临的挑战，例如与直接下属或董事会成员进行艰难的对话。有时候可以用反思性日志，以便领导者随时了解情况及其对情况的反应。这一过程可能有助于破坏性风格的领导者识别驱动其非理性行为或为他们制造盲点的情绪触发点。实验被用来验证假设，做出决策，或者尝试新的行为来应对旧的挑战。领导者通常都是通过冒险，找出成果是如何改变的。教练会谈包括实时跟进事情的进展，支持领导者调整自己的思维、决策和行为，如此一来，他就可以避免常见的陷阱，收获更好的成果。

教练有时候会在工作环境中“现场观察”领导者。例如，教练可以观察领导者出席的会议，以便更多地了解领导者如何应对团队中的挑战。会后，教练和领导者可以回顾会议进行的情况，并讨论不同的沟通方式或行为是否会产生不一样的团队动力和成果。

一旦领导者开始取得成功，他们可能会感到精神焕发，变得比以前更为投入。这些时刻可以成为领导者做出进一步改变和深化承诺的催化剂。反过来，领导者有时候也会遇到挫折。教练的职责就是帮助领导者了解哪里可能出了差错，并决定在问题出现时如何纠正。

要记住，经过一段时间的教练活动之后，教练应该对结果进行跟踪和评估。一个有用的技巧是让教练重新向每个利益相关者询问领导者是如何朝着他的目标前进的。这种反馈有助于领导者、利益相关者和教练衡量教练活动的成效，并考虑还有哪些额外的工作要做。有些教练会在教练中期和结束的时候做一个意见调查。明确教练目标是否达成，是终止合同之前的一个必不可少的步骤。

案例研究

贾森（Jason）是一家大型电信公司的首席财务官，首席执行官告诉他，他听到了太多关于贾森傲慢无礼行为的抱怨。这些报告不仅来自贾森的同事，还包括财务委员会的两名董事会成员。事实上，他的同事抱怨说，贾森对他们的一些直接下属“有毒”。在贾森为公司服务这三年的大部分时间里，这些行为一直出现；然而，大家都知道，在最近的收购案中，贾森在扭转局面方面发挥了重要作用；他的位置是“不可撼动的”。

教练听取了贾森对工作的不满。他觉得没有人尊重他的时间，太多人依赖他来权衡太多本应在组织较低级别上做出的决定。他压力很大，特别是自己因为脾气受到了批评。除了首席执行官之外，教练还采访了七位利益相关者。首先，由于贾森在金融领域经验丰富并在转型过程中独具慧眼，所以，利益相关者对他十分敬畏。而且他们认为，贾森是一个完美主义者，他痴迷于细节，对自己很苛刻。他们描述了与他开会的情况。总之，当人们质疑贾森时，他就不耐烦了。

如果用“有毒”这个标签去讨论贾森的行为，只会招致借口和挫败。所以，教练关注的是其他人的回应，以及他们对自己感受的解读。贾森马上说，让他们有那种感受并不是他的本意。这样，教练对话就可以聚焦在他选择展现的行为，以及他希望公司里的人如何看待他的问题上。教练采用了认知行为的方法。在教练会谈中，贾森和教练用角色扮演的方式重现了某位董事会成员让他非常焦虑和愤怒的一些场景。他想出了一些替代性沟通方式，帮助董事会成员了解财务现状。他还学会了觉察自己愤怒的导火索，而这些导火索部分来自他对情况的解读。事实上，他认识到，某些反应和他在个人生活中所体会的是一模一样的。

随着时间的推移，贾森对自己如何解读事件有了更多的控制，经过数小时的练习和排练，他在以不同方式进行沟通方面已经有了明显的改善。他整个人都变得放松了。教练活动是否改变了贾森的性格？当然没有。他的完美主义性格一点都没有改变，但他变得更冷静了，开始对自己的“强迫症”有了幽默感。大部分时间里，他都做得很好，当表现不佳时，他也可以很快地注意到，甚至为自己的语气道歉。事实上，他的教练体验一直延伸到了当同事的直接下属自己不做决定并试图坐享其成的时候，他如何表明自己的立场。这些情况都有了改善，因为新的替代行为在通过他人获得成果方面更为有效。

结论

组织的苦恼在于，一些高层领导者在某些方面非常高效，但对于利益相关者和整体文化具有破坏性。当更换领导者不是一个理想的或可行的选择时，这些组织可能会聘请一位经验丰富的高管教练帮助领导者。面对这种高风险状况，教练有机会让领导者和其他利益相关者参与到变革过程中，对公司产生有意义的影响。本章概述了有助于教练成功地与具有破坏性风格的领导者合作的必要条件，以及教练的工具和技巧。

要做好这项工作，高管教练需要广泛理解并精通认知行为方法、洞见导向方法、积极心理学、系统思维、评估和反馈方法，以及教练对话所需的具体工具和技术。教练应该是优秀的聆听者，坦率、自信、有良好的自我意识、经验丰富、值得信赖、愿意承担风险、适当谦逊、思维敏捷，并有随机应变的能力。他们应该遵守与其执业内容相关的职业道德规范。对高风险案例不应轻率处理。

在结束教练项目之前，外部教练必须采取适当的策略，让新的行为和文化得以持续强化。

第 5 章　实现组织变革

玛丽·韦恩·布什

约翰·L. 本内特

变革的速度、复杂度及体量在持续增加，变革的需求影响着个人、团队、组织和社会结构，同时又深受这些因素的影响。过去需要几十年才能实现的进化，现在只需要几周。随着越来越多的工作被外包，组织越来越依赖合同工和技术，工作的方式也正在发生变化。组织结构、运营体系、并购整合以及新技术方面的变革，只是变革在各个层面影响组织的几个例子。2016 年，毕马威针对 CEO 的一项调查发现：

> CEO 们都认为这是一个机不可失的时代：从全球来看，72% 的 CEO 认为未来 3 年对于他们行业而言将比过去 50 年更加关键。变革将由技术、互联网消费者和行业融合所驱动。这三股力量将颠覆现有的商业模式，模糊行业之间、公司之间的界限，并呼唤一种全新的商业思维方式。未来会发生什么，我们不得而知。今天看似不可能的事也许会成为未来的主流。

新兴技术、市场竞争、政策法规和客户需求等外部力量驱动着组织变革，并需要通过出众的个人和团队领导力来实现这些变革。然而，即便在变革如此重要和普遍的今天，估计也有 60% ~ 70% 的组织变革没有达成其目标。

本章将重点探讨教练活动如何支持那些变革领导者，定义和发展他们在实施成功的组织变革中的角色。我们还将探索能让组织各级成员有效领导和应对变革的具体方法。具体而言，我们将聚焦于变革领导者这一关键角色，并提供一种通过关键流程和目标来实现成功变革的方法。我们概述了来自组织内部或外部的教练如何最有效地与领导者合作以实现成功的变革，并给出了关键的方法和工具。我们还将在教练发展方面提供建议，并引用了一个案例研究来说明前沿的实践。

理论与实证

变革可以被定义为“使其不同”或“变得不同”。在当今世界，变革对于个人、团体和组织而言是一种常态，并正以前所未有的速度发生着。考虑到动态环境、社会以及全球系统、新技术、竞争和科学发现的影响，这一情况也就不足为怪了。在全球范围内，全新的产业正在被创造并扩张，而旧的产业正在消失。例如，在 1969 年，谁能料到刚发明的互联网会在短短几十年内对世界产生如此深远的影响？而胶片相机会被数码相机和手机所取代，几近消失？正如 IBM 公司针对全球变革的一项研究所宣称的——变革是新常态。

无论是在营利、非营利还是公共部门，各级组织都在发生变革。此外，组织内部的变革经常同步发生—— 例如，在技术系统进行变革的同时，两个组织进行了合并，同时还发布了一款新产品。哈佛商学院的科特博士预测：商业世界的变革速度在短期内不会放缓。更有可能的是，在未来几十年里，大多数行业的竞争可能会加速。表 5–1 列举了在个人、团队和组织层面的变革示例。

表 5–1　　变革示例

层级	变革
个人	新角色或职责 新流程或绩效期望 新工作地点或文化
团队	新的或变化中的成员或团队结构 现有产品或政策的改进 新流程或产品
组织	新产品开发 新兴或邻近市场的进入 新领导者 / 战略 / 方向 组织的重新设计 / 重组 合并 / 收购

从大多数方面来看，科特的预测都是正确的。正如 IBM 公司针对全球变革的研究所证实的那样，“当今动态的工作环境正促使组织重塑‘常态’的概念”。实际上，事情已经不会“回到过去了”。

> 持续变革的力量影响着领导者、组织和团队成员，变革在事实上已成为组织生活中的“新常态”。其挑战在于如何领导变革、管理变革、从变革中学习，并将其作为持续改进的机会。

总而言之，对组织和成员来说，最好的策略是主动识别和处理可能引起变革的各种内部和外部因素。

导致组织变革的原因

在组织中，变革的来源主要有两个。第一个来源是外部的（有时是灾难性的或突如其来的），比如飓风摧毁了一个海上石油钻井平台，或者税法的变化导致一个组织修改其现金管理策略，或者客户的期望发生了变化。第二个来源是内部的，如针对环境变化或领导层转变所进行的有计划的战略应对。

促使组织或团体进行变革的三个主要原因是绩效、发展和转型。

绩效。指通过提高效能和 / 或效率来应对各种外部环境因素，或获得竞争优势。组织绩效可以着重于运营或财务，以应对来自新技术进入市场、新的政府法规，环境问题或全球性问题，以及来自竞争对手的威胁所带来的挑战。例如，从 20 世纪 80 年代开始，互联网的迅速普及和商用。

发展。指增加、改进或强化一项内部资源或能力，例如提升一位领导者、使用一套新的物料需求计划（material requirement planning, MRP）系统或通过精益生产以推动成本节约战略。例如，杜兰玛克斯责任有限公司通过采用精益生产技术，因为职责被释放到基层，采购订单发布得更快，从而提升了效率提升和并节约了成本。

转型。通过新的企业身份和品牌塑造，或引入新产品或能力，以及在组织、新领域、并购或市场扩张来增长或扩张。例如，亚马逊在 1994 年以在线书店起家，后来成为全球最大的在线零售平台之一（提供的商品远不限于图书），这要归功于其创始人杰夫·贝佐斯（Jeff Bezos）对互联网销售潜力的远见。

变革类型

尽管了解个人或团体即将经历的变革阶段很重要，但对教练而言，识别计划中的或进行中的变革类型也是至关重要的。有很多方法可以对变革进行分类，包括频率、策略、范围或影响，以及来源。透过预定的关注点——绩效、发展或转型来审视变革，可以帮助教练确定有助于推动客户目标的策略。

贾米森和沙利文将变革分为以下六种类型：

- 革命性的。对大型系统的一次突发的、可能很深刻的“振荡”，并伴随一段时间的“混乱”。
- 演进性的。渐进式的，通常以改进为导向，具有持续性和积累性的特征。
- 过渡性的。在不改变组织的一些基本范式（如愿景、使命和文化）的情况下，从当前状态转变到未来状态。
- 转型性的。改变组织基本范式的一次重大、广泛和深刻的变革。
- 战略性的。重新调整组织使命、环境、市场或战略的变革。
- 运营性的。改变组织做事的方式，如流程、系统、工作流或设计。

学者研究组织变革过程的另一种方式是计划性（偶发性的）和即兴性（持续性的）变革模型之间的差异。计划性变革通常采用的是替代策略，即采用新的结构、策略或程序取代旧的。在这类计划性变革中，干预是被精心安排的干扰措施，旨在纠正和/或清除先前的状况，让事情回归平衡（例如，让事情恢复正常）。计划性的变革是目标导向的、理性的和刻意的。另一方面，即兴性的变革通常由较小的、渐进的变化组成，这些变化通常来源于试验和学习。这类持续性的变革是渐进的、即兴的和涌现的。

2016 年，毕马威对 CEO 的调查报告称：大多数受访者表示，技术创新在经济中推进的力量和速度，正为商业部门创造一个拐点。这种影响是巨大的，以至于41% 的受访者预计，他们将在三年内对公司进行重大变革。该回复率表明，持有此类想法的 CEO 比前一年的调查增加了 12%。此外，82% 的受访者担忧，公司目前的产品或服务在三年内是否依然对客户有价值。“颠覆已经成为每个组织永恒的同伴。快速演进的技术、不断增长的数据库，以及日益增长的全球一体化需求，使得即使是最具前瞻性的公司也难以跟上不断增长的变化。”

面对如此严峻的现实，组织正在利用高管教练项目来支持高效变革。所有的教练项目都是关乎变革的。有效的教练项目能够提升个人或团体理解、制定战略和实现变革的能力。教练项目旨在激发动机、学习、愿景、行动和整合，以实现成功的、可持续的变革。“教练项目是一种情景，可以支持个人为了从现在的状态过渡到未来的状态而做出巨大改变”。事实上，本内特和布什指出：对个人和组织而言，建立变革能力必须成为持续的、全方位的发展重点，并认为“发展这种能力能在市场上为组织带来竞争优势和差异化”。

目标和过程：教练变革领导者

透过对组织变革参与者群体的观察，不同的变革角色就变得明显。每个角色在推动变革的成功实现方面都有特定的功能，而且每个角色有不同的教练重点。正如康纳所述，变革有四种角色：发起者、实施者、目标对象和倡导者。表 5–2 提供了对这四种角色的解释，包括他们各自的主要职责、贡献和每个角色需考虑的事项。教练通常可以帮助其客户识别机会去承担一个或多个变革角色。

表 5–2　　**不同变革角色的责任和考虑事项**

角色	责任和贡献
发起者	决定进行哪些变革 向组织传达新的愿景和优先事项 提供实施变革所需的资源

续前表

角色	责任和贡献
实施者	执行变革——一个人或一个团体 制订计划来应对和部署变革
目标对象	做出变革——作为变革工作重心的一个人或团体
倡导者	希望实现变革，但缺少权力或地位去批准变革的个人或团体

高管教练的关键作用是确保不管客户承担什么角色，都能在变革能力的三个方面（变革的成功、利益相关者的参与和自我管理）制定并有效地实施策略。图 5–1 说明了在成功的变革中，教练领域和变革领导者领域之间的区别。

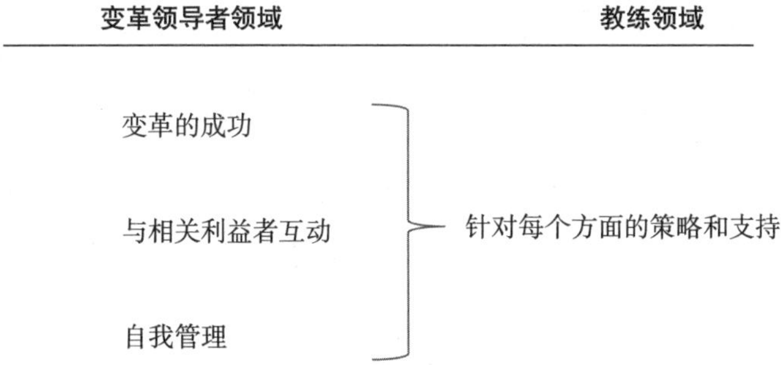

图 5–1　领域的区别

表 5–3 阐明了变革领导者在每个领域的职责

表 5–3　变革领导人的职责

领域	职责
变革的成功	• 为变革制定令人信服的愿景和章程 • 确定和 / 或审查资金、关键里程碑、时间线、行动和沟通计划、指标和变革维持计划
与相关利益者互动	• 与利益相关者定期的直接会面 • 准确识别关键利益相关者并分析其当前的和期望对变革的支持状态 • 确保针对受变革影响的所有利益相关者和群体的双向沟通，包括定期的数据收集和反馈，以及其他的沟通策略（社交媒体、焦点小组、员工大会、调研、网站等） • 提供适当的奖励和认可来支持变革的动力及认可支持者

续前表

领域	职责
自我管理	• 通过管理个人健康、体型、饮食、锻炼来获得精力和专注力 • 持续关注当前角色或工作的成功（如除变革项目之外的） • 发展技能，例如授权、时间管理、建立人际网络、战略思维、领导力、正念、引导和冲突管理等 • 注重工作与生活的平衡并（如有必要）保持双焦点视角，既作为变革目标，也作为变革中的另一个角色

虽然每个角色对变革的成功都起着着重要作用，但发起者或变革领导者的角色与变革的成功更加紧密相关，同时也是本书的重点。根据对 2018 年 ProSci 研究报告的数据分析，变革发起的有效性和实现变革目标的可能性之间存在着直接关系。并且“无一例外，有效的项目发起被认为是项目成功的首要影响因素。并且，它对成功变革的影响度是第二影响因素的三倍”。

专家们强调了变革领导力对于“设定变革的愿景及其他要素”这一独特且关键的任务的重要性。鉴于这一角色的重要性，高管教练项目常常被用来支持变革项目的领导者，不仅支持变革本身，而且帮助变革领导者澄清和维持他们在项目成功实施过程中的作用，并有效管理他们分配给其他职责的时间和注意力。理想情况是，教练帮助教练对象发展好个人的变革领导力，从而支持组织的变革能力。

领导者为变革的实施提供愿景、要素和方向，在变革项目中充当着类似“定位系统”的角色：引导、保护和维持项目直至完成。这包括充当领航员和指南针（提供愿景和方向），以及清晰地勾画出对成功完成任务的期望（和激励）。此外，变革领导者要确保变革项目按目标进行，不会因为竞争项目、对资源的需求或行动不力而偏离目标。高管教练可以帮助变革领导者定义和沟通他们的变革愿景，识别和接触关键的利益相关者，并建立变革的基础设施——包括定义衡量变革成功的指标，以及识别其他关键角色。领导者还会委托实施者管理变革项目，规定所需的预算和时间框架，并在需要时组建一个由核心利益相关者组成的变革指导团队。

变革领导者必须以多种方式参与并了解变革而不仅仅是批准变革、分析项目潜在的战略意义（包含正面的和负面的）、识别利益相关者群体、定义和沟通项目愿景，并勾画出已确定的变革项目的成功的样子以及未来如何巩固这一成果。除了批准变革，领导者通常还要为变革项目提供资金。所有这些（或其中的部分）内容都可以成为教练的主题。教练必须（根据确定的愿景和指标）关注变革项目的进展、变革项目是如何影响领导者的（积极的和 / 或消极的），以及领导者在履行角色职责方面做得怎么样。另外，作为项目的一部分，教练也有机会记录和讨论领导者在构建组织（和自身的）变革能力方面做得如何。

确切地说，教练侧重于支持高管在变革能力的三个领域的觉察、行动和责任，确保高管在每个领域都有经过精心设计的、个性化的和有效的解决方案。例如，为了支持变革成功，教练首先应该帮助强调变革领导者角色的范围和重要性，以及帮助明确该领导者可能擅长或感觉有挑战的领域。例如，一些变革领导者不擅长定义和沟通变革的愿景。另一些人在变革项目中与其他利益相关者沟通、推广或互动时会感觉不太自在。

初始步骤包括愿景、战略规划和市场探索等指明变革需要和涉及范围的内容。在这个阶段，需要制定出“变革日程”（见表 5–4），以解答所有参与者心中的基本问题，其中包括：是什么？谁？在什么地方？什么时候？为什么？怎么做？这些问题的答案将强有力地证明变革的必要性，并提供变革实现的时间线和愿景。这些答案还将为变革领导者提供在整个企业中进行初始沟通和信息传递的基础内容。

表 5–4　　变革日程

要素	需要解决的问题
是什么	• 具体需要改变什么 • 其潜在影响和结果 / 收益是什么
谁	• 谁是变革的关键利益相关者 • 他们将受到怎样的影响 • 他们的角色是什么 • 他们每个人都需要什么信息

续前表

要素	需要解决的问题
什么地方	• 将在哪里部署变革或哪里需要变革 • 在哪个地理区域或系统的哪个部分
什么时候	• 什么时候必须实施变革 • 还有多久 • 是否紧急 • 是否有其他变革或情况会受到此次变革的影响
为什么	• 为什么需要变革 • 有什么令人信服的理由让我们必须做出这种变革，而且是现在就做出变革
怎么做	• 变革如何才能取得成功 • 里程碑、行动计划、沟通、奖励和认可、实施和巩固计划分别是什么

工具和技术

有许多教练工具和技术可被用于帮助客户理解如何进行变革，识别和支持不同的变革角色，关注觉察、行动和责任，以及教练客户在变革中扮演好自己的角色。这里有几个例子来说明可以采用的方法。

理解变革是如何工作的

教练自己应熟悉变革模型和理论，以便更好地理解和支持变革过程。如果组织采用了特定的变革过程或模型，教练应该对其有全面的了解。如果组织没有变革的过程或模型，教练可以支持探索一个或多个可供选择的过程或模型。此外，教练可以帮助实施反馈调查和评估，帮助客户和组织了解变革过程的进展，以及在哪里可能遇到挑战？

用于理解如何进行变革的工具和资源包括：

- 约翰·科特（John Kotter）2012 年所著的《领导变革》（*Leading Change*）；
- 里克·莫雷尔（Rick Maurer）2016 年所著的《变革的挑战白皮书》（*The Challenges of Change Whitepaper*）；

- 约翰·本内特和玛丽·韦恩·布什 2014 年合著的《变革教练》(*Coaching for Change*);
- 约翰·科特和霍尔格·拉斯格博(Holger Rathgeber)2016 年合著的《冰山在融化》(*Our Iceberg Is Melting*);
- 罗伯特·凯根(Robert Kegan)和丽莎·莱希(Lisa Lahey)2009年合著的《变革免疫》(*Immunity to Change*)。

识别并支持变革领导者的角色

教练应该认识到每种变革角色所需的支持各不相同。此外，教练应该注意变革的规模和范围，并帮助客户确保拥有一个清晰的、达成共识的变革战略。确定一个达成共识的变革流程或模型有助于联合所有利益相关者，以及指导变革工作计划的制订。教练可以帮助他们的客户识别核心利益相关者，如果存在变革项目团队或指导委员会，教练也可以对它们进行指导，并确保组织拥有一个跨变革基础结构（不管是团体还是个人）的协同机制，以便沟通与协作。

用于支持变革领导者角色的工具包括：

- 能量条—— 一个用于评估变革过程中利益相关者参与度的工具，由里克·莫雷尔设计；
- 科恩（Cohen）的诊断和变革领导力模板，包括与利益相关者的互动：登记流程、指导团队成员的关键技能和特点、沟通计划模板、沟通诊断、受众评估模板和受众优先排序矩阵。

保持对觉察、行动和责任的关注

对担任变革角色的个人进行教练需要关注双重责任：教练对象是如何从整体上促进变革的成功的，以及他如何履行特定的变革角色。在某些情况下，教练对象承担不止一个变革角色（比如，既是变革实施者也是目标对象，或者既是变革倡导者也是目标对象），那么每一个角色都需要得到关注。角色责任的关键要素是角色功能的实现、与其他角色 / 利益相关者的有效沟通、对变革实质而主动的支持，以及采取推动变革成功的行动。

对教练来说，为帮助教练对象在变革成功和角色有效性方面发挥有效作用，就必须在变革过程中对角色功能进行区分。变革项目进展顺利、达成了所有的里程碑并迈向成功，并不意味着这个人充分履行了变革角色的职责并支持变革。反过来，虽然整个变革项目并未步入正轨，但教练对象可能已完美地履行了他的角色。教练可以帮助教练对象认识到他们的变革角色是如何为他们的技能发展和组织可见度提供不可多得的机会的。

教练应确保这个（教练服务的）角色清晰并区别于变革项目中的其他角色。拟订一份措辞明确的合同，概述你的参与、报酬以及客户参与是非常关键的。此外，要避免双重角色——例如，在作为发起者的教练的同时兼任项目实施者或沟通专员。

保持对觉察、行动和责任的关注的工具。

- 魔法清单：成功的组织变革的秘密（参见 www. rickmaurer.com/wp-content/uploads/2013/04/The-Magic-List-V2.pdf）。
- 能量条工具。尤其是“给变革团队发起者的检查表”“阻力和支持评估”“提出变革的能力”。
- 心脑一体教练。

教练个人及其角色

你所教练的每个客户都在整个变革过程中扮演着某个角色。通常，他们在自身的变革经历以及如何最有效地发挥其角色的作用方面需要教练。作为一名高管教练，必须能够辨别最有效的方法是什么——可能是个人问题或某些误解妨碍了客户充分履行其角色职责。

辅导个人及其角色的工具包括以下三个：

- 卡特等人（Carter et al.）的著作《提前一秒》（*One Second Ahead*），是一本关于正念及其在企业生活中的应用的、有用的概述著作，附有针对日常事务的易于理解的实践和建议。
- 哈科比安（Hacobian）为变革实施者（例如教练）提供了关于“驾驭自我”的有益建议，包括“认识到正在发生什么变化，以及当前所有人的状况”，以及“理解是什么吸引了客户的注意力”。
- 麦克奈特（McKnight）和杰米逊（Jamieson）关于“将自我用作变革工具”的建议，包括“发展自我觉察”和“锻炼直觉”。

案例研究

下面是一个基于真实个案的教练互动案例，展示了本章所述的内容。我们对案例中的人员使用了化名，以保护其隐私。

乔斯是一家上市国际制造公司的运营执行副总裁。该私营企业运营多年后最近上市，公司的主要增长是通过收购实现的。在其中一位作者开始与乔斯一起工作时，他的公司经历了重大的质量和产能挑战，表现低于预期，金融市场也对其备感失望。在这种情况下，乔斯的首要任务是建立一个质量改进流程，从而在母公司和三家新收购的企业中注入一种共同的质量文化。尽管乔斯有领导大型制造业务的经验，但这是他第一次面对持续的低质量、令人失望的财务表现、连续的并购整合以及缺乏完善的质量体系等重重挑战。乔斯得到了首席执行官的支持，特许他发起这次转型变革。

在与教练的初次会面中，乔斯表明了他接受这个项目的原因。这除了对公司和他所在的组织有利之外，还将为他提供一个管理大型跨部门项目的机会，帮他建立人脉网络，并能展现他的领导力，表明他已经准备好在公司担任更重要的角色。很明显，这是一个大型且非常重要的变革项目。为了腾出时间来做这个项目并遵守他对家人许下的不在周末工作的承诺，他需要把自己目前的一些职责委派给其他人。

在随后与教练的会面中，乔斯阐明了他为变革项目设定的愿景和时间线，以及预算和具体的变革方法。他提出了一个令人信服的变革理由并准备了一段“电梯演讲”，用以沟通新愿景以及改革的必要性和紧迫性。他为所有采用新的质量流程的部门和母公司都任命了一名变革项目经理。他们组成了一个指导团队来监督变革管理和进展。该团队还包括培训和沟通专家、一名来自质量组织的咨询人员和一位数据分析师。

此外，教练询问乔斯怎么做才能腾出时间，既专注于变革项目，又能更好地保持工作与生活平衡。乔斯选择将几项具体任务交给他的一位极具潜力的直接下属塞玛。他坚信她能应付挑战，并计划每周与她会面，回顾分配给她的项目进展，并为她提供指导，帮助她发展领导力和管理技能。即使加上这个额外的周度会议，乔斯估计他每周至少能有 15 个小时投入到变革项目中。

在每周与教练的会面中，乔斯能够反思变革项目的进展，以及他是如何达成领导力可见性和自我管理的个人目标的。他的变革项目团队会定期向他报告完成情况、培训指标和反馈结果。他要确保每个关键利益相关者对项目保持关注，理解项目的目标和好处，并与他们的组织充分互动。乔斯还向首席执行官和董事会汇报了这个项目的情况——他的做法和他为公司的持续竞争力所做出的贡献赢得了赞誉。

在实施的过程中，乔斯通过与他的教练会面来监控自己的目标，并反思他在这个过程中所学到的一切。他借助教练会议来提前思考并预测什么是最有帮助的。最终，他为变革团队和关键利益相关者策划了一个大型庆功会。他制订了一个可持续性计划，以确保质量体系在实施后可持续达成其目标。他还为收集未来可能需要的不同意见、建议或改变设计了一个持续性反馈系统。这个反馈系统将有助于确保质量体系成为公司文化的一部分。

七个月后，新系统已与公司业务充分融合并产生了回报，包括实现了成本节约和质量改善。每个部门的成员以及最初的变革团队共同组成了一个维持团队，该团队每季度召开一次会议，以确保系统的有效性并解决各种绩效或培训问题。乔斯因其领导能力和为使公司更具凝聚力和竞争力所做的贡献而受到赞扬。

在最后一次教练会谈中，教练和乔斯一起回顾了乔斯在参与这个项目的过程中对自己和企业有了哪些新的了解，为自己打开了哪些新的可能性，作为一个领导者，他如何看待现在的自己，以及他会如何对那些帮助过他的人表示衷心感谢。乔斯为自己成功地领导了这个项目，同时能够和家人一起共度周末，以及制订计划提升直接下属塞玛而感到非常高兴。他给每个变革团队成员发放了一大笔奖金，并决定择日为变革团队和关键利益相关者进行庆祝，以感谢他们所取得的集体成就。乔斯也因自己的努力获得了公司的奖励。

在分别的时候，乔斯感谢了他的教练，并认可他在职业生涯的这个充满挑战的时期从教练活动那里所获得的价值。"你帮我成了最好的自己，专注于重要的事情而不是周围的一团乱麻"。

教练项目帮助乔斯学会保持积极和专注，意识到自己的优势，并推动了变革的成功、与利益相关者的互动和自我管理。教练的重要作用在于确保乔斯在每个领域都有明确的策略，有持续并彻底地实现目标的实施计划。

结论

所有的教练项目都是关于改变的，无论是专注于帮助个人客户改变还是帮助他们领导变革。最好的策略是优化对每个级别变革的支持。在本章中，我们展示了教练项目是如何支持关键参与者定义和区分他们在变革过程中的角色的。我们探索了各个层级的个人领导和应对变革的最有效的方法。具体而言，我们展示了教练项目是如何支持变革领导者这一关键角色实现成功的变革的。我们概述了组织内部或外部的教练应如何最有效地与领导者合作来实现变革，并概述了主要的方法和工具。此外，我们还提供了教练发展的建议，并提供了一个案例来展示领先的实践。

任何变革教练项目的最终目标都是帮助教练对象学会自我教练，并培养自身应对变革的能力——无论其担任什么角色。鉴于领导和管理变革是一种可以学习的技能和过程，所以教练项目可以提供工具和资源来帮助个人和组织学习这些技能，并持续地培养他们实现成功变革的才能。

第 6 章　在教练活动中传递价值

奥利·迈克尔·斯帕顿
苏济·格林

过去几十年间，社会发生的各种变化对个体的职业生涯和个人生活产生了深远的影响；人们遇到的问题似乎变得越来越复杂，也越来越需要心理治疗和教练这样的专业支持。当越来越多的人发现自己的资源不足以或似乎不适于解决问题时，会通过心理治疗或教练活动来寻求帮助。找一位善解人意的朋友好好谈一谈似乎已经不足以帮助他们了，因此他们需要咨询专业人士；多年来，这类专业支持服务的增长已经广为人知。

高管教练就是这类专业服务的一个例子。自问世以来，高管教练服务不仅被用来提升高管的表现，以支持组织实现更大目标，还被用于提升领导者的自我意识和自我管理水平。为高管们提供的高管教练活动通常被称为“发展型”或“变革型”教练活动。这类教练活动通过强调价值、意义和快乐，越来越关注高管的幸福。

同样地，在更广泛的组织层面，在全球化的、VUCA（易变的、不确定的、复杂的、模糊的）的世界里，个人肩负的压力越来越大，组织也越来越多地把支持个体的幸福感作为提升绩效的杠杆，这种做法所基于的一个基本理念是，快乐的员工才会富有成效。就像组织在薪酬和福利方面的竞争一样，越来越多的企业开始寻求其他激励措施来吸引和留住顶尖人才。此外，越来越多的领导者似乎在寻求并期望其所在的组织能够提供有意义的工作。一项研究表明，对于个人而言，找到工作的意义与工资水平和工作安全感同等重要。组织该如何应对领导者在工作中寻找意义这样的挑战呢?

鉴于持续变化正在成为个人、团队和组织的常态，在高管教练活动中关注价值观和意义，可能会让教练对象有机会获得更高层次的自我意识，并有机会更好地使其目标和行动与其内心的核心价值观及伦理规范保持一致，从而提升其整体幸福水平并保持最佳状态。同样，通过为高管提供各种以意义为基础的方法，组织也会受益。在本章中，我们将论证，通过为高管提供教练机会，他们不仅可以提升自己的意义水平，而且他们可以通过自身的影响力，帮助自己所在的组织为员工创造更高层次的意义。

理论与实证

有意义的工作

在研究意义以及工作中的意义的学者中，斯蒂格（Steger）是一位领军人物。他认为，对寻求提升组织效能的组织而言，基于意义的方法有望成为下一个会发生巨大突破的领域。斯蒂格进一步指出，组织为有意义的工作的增长提供了便利的环境，从而提升了高管及其团队的幸福感与工作绩效。

虽然可能有很多方法可以在组织中培养有意义的工作，但我们认为循证高管教练活动，特别是围绕高层领导者所开展的高管教练活动，无论是在个人还是团队层面，都是一种促进有意义的工作的强有力的方法。

基于意义的高管教练活动

在过去 30 年中，高管教练的应用越来越多。同样地，教练心理学领域的研究和实践文献数量也显著增长。三项元分析研究以及一次系统性评估都论证了教练的有效性。总体而言，这些研究表明，在绩效和技能、幸福感、应对方式、工作态度以及目标导向的自我调节等领域，教练活动都能产生积极而重要的影响。

人们出于各种各样的原因寻求高管教练的支持，随着众多高管步入“人生下半场”，一个共同的发展领域是寻找意义和人生目标。早晚要离开企业界，这是不可避免的，许多高管在为此做准备的同时也希望留下一些可以传承的东西。

工作意义研究概览

总体而言，近年来，针对意义和人生目标的科学研究的基础有所加强。在循证教练实践中应用以意义为中心的方法的相关文献也在不断增加。

早在对工作的意义开展研究之前，心理学就对生活的意义开展了研究，并将其视为一种非常重要的个人资源。一直以来，人们发现，意义与人类一生当中的心理健康和心理幸福紧密相关。

意义被定义为当一个人带着一种使命感、自我效能感和自我价值感，运用自己的优势和价值对社会做出贡献时，他所感受到的内在价值和快乐。然而，需要注意的是，意义也有不同的定义，意义和人生目标这两个术语经常被互换使用。对于“工作中的意义”这个概念的定义，学术界也一直存在争论和分歧。总而言之，斯蒂格认为，所有定义的共同点是“要使工作有意义，个体工作者必须能够识别他所做的努力对其个人意义的贡献”。对于高层领导者而言，因为他们在工作上投入了大量的时间，这一意义元素可能尤为重要，也是其在快速变化的世界中自我定位的一种方式。这意味着，在一个充满变化的工作环境中，高层领导者为公司付出的工作和努力可能更难以被清楚地了解。他们的角色也可能会随着公司的变化而改变；他们也可能刚加入这家公司，而且就是受聘来创造和实施变革的。通常，角色的变化也会对价值观产生影响，因此，领导者和教练必须把对意义和价值观的探索视为一个持续的过程。

在教练过程中对意义展开探索，也可能对高层领导者的团队领导力产生积极的影响。身处于情绪化的环境中，领导者理解、回应和恰当沟通的能力取决于其对自己的各种反应的认识。此外，高层领导者如果能够创造一个支持员工幸福感的环境，并能够发现他们的工作意义，就可能创造更好的绩效。这种能力也进一步说明了为什么高层领导者能受益于意义、价值观和情绪方面的教练活动。

近年来，围绕意义、人生目标及其在工作场所的应用所开展的研究越来越多。研究表明，有意义的工作会带来许多重要成果，包括提升生产力、更多利用优势、对工作更加投入、增加了工作中的“心流”体验、内在工作动力更强、工作满意度更高、绩效质量更高，以及更低的缺勤和离职率。因此，将意义作为教练活动的一个元素对公司和领导者都有好处。此外，随着社会人口的老龄化以及越来越多的人延迟退休，我们认为有意义的工作可能会变得更加重要。晚年生活可被视为一个传统的成人发展时期，在这一时期，人们希望做出积极的改变，留下宝贵的遗产，并反思自己的生活，以认定自己是否度过了圆满的一生。因此，一位首席执行官无论在其个人生活还是职业生涯中，可能都会对于自己所做出的人生决策以及各种日常决定提出质疑。在这个自然的衰老过程中，生活的意义和价值可能会受到质疑，并影响职业选择。越来越多的研究表明，找到生活的目标可能会有延年益寿的效果。希尔（Hill）和图里亚诺（Turiano）的一项研究发现，在基准测评之后的 14 年里，有人生目标的人更长寿。

教练活动中意义方面的研究

针对教练活动中的意义而开展的具体研究还比较有限。在 PsycINFO 网站上用“意义”“教练”和“高管”这三个关键词进行搜索，只找到了七个研究项目。我们找到的循证教练研究指出了如下具体建议和关键发现：无论在个人还是团体教练活动中，“意义和身份认同都是根本性问题”。在高管教练活动中，核心的教练技能包含自我反思的能力，以及帮助教练对象在沟通系统中“培养富有成效的模式”的能力，而沟通系统就包括教练对象的“商业关系网络、对话和关系网络”中的人。当教练对“一段教练关系的生命周期”有了一些洞察，他就会确定这种关系将如何“释放领导力潜能和资源”。高管教练活动中还有一些需要高度觉察的领域是目标与成就、自我、对抗、情绪和关系，这些也是高管教练活动的基础要素。

随着积极心理学这个互补学科的兴起，其他与意义研究相关的主题，如价值观、情感和幸福，也只是最近才成为高管教练活动和一般教练活动的研究与应用的焦点。此前，人们有一种传统的倾向，认为情绪是工作中的一个不重要的因素，因此，情绪和价值观没有被看作提高产能的影响因素。

尽管一些研究人员已经确定，在后现代社会教练活动中，价值观是赋能个人和团体的关键因素之一，但斯泰尔特（Stelter）认为，人们需要认识到价值观在我们工作生涯中的重要性，否则它就沦为了一系列表面功夫。其他研究人员指出，生活意义中的动机要素，让人们感觉人生有方向感和目标感。

也有一些人认为，快乐感、意义感和动机是成功的教练活动的核心要素。所有这些不同的方面都表明，不仅要关注生产力，而且要关注工作，因为工作是西方世界中关键身份标识的一部分，也是在工作和生活中体验更高层次积极性的关键途径。

在过去的 50 年里，企业对团队生产力和员工生产力的强调，降低了它们创建有意义的工作环境的兴趣。有人认为，现在是时候回归到意义的层面并重新重视意义了。工作场所被视为在支持其员工及所在社区的健康和幸福感方面有重要社会作用的机构，不仅是为了提高生产力，也为了实现一个更广泛的崇高目标。在高管教练活动环境下，对公司高层领导者而言，这个崇高的目标可以成为一个实实在在的具体目标。事实上，教练活动是重要的，它能帮高管们从繁忙的日程安排中腾出一个空间，从最初可能只是一个笼统的梦想或愿望出发，制定出具体的目标和行动计划。我们还认为，拥有正能量和影响力的高层领导者有越来越多真实的机会，让他们不仅能为自己的组织或社区，而且能在整个世界范围内带来改变。

循证高管教练活动中的意义的发展

我们认为，探索循证高管教练活动中的意义有以下三种主要方法：

- 基于价值观的方法（例如，价值观澄清、自洽[①]的目标设定）；
- 基于愿景的方法（例如，制定长期目标或首要目标 / 使命）；

① 自洽是卡尔·罗杰斯（Carl Rogers）人格理论中最重要的概念之一，自洽是指个体自我概念中没有自我冲突的现象。——译者注

- 基于优势的方法（例如，优势测评、工作重塑）。

我们认为，基于意义的高管教练活动既可以与目标相关，也可以不与目标相关。在发展教练关系和教练联盟的早期，对价值观和“工作身份”的探索主要是为了增强自我意识；因此，可以认为这一阶段的教练活动与目标无关，或者不是以目标为中心的。早期的教练会谈环节和准备工作在本质上更具反思性，目的是先强化教练对象的自我意识和个人成长，然后再关注目标设定（特别是支持自洽的目标设定）和努力达成目标的行为。然而，创造有个人意义的目标、实施契合人生价值观和总体目标的行动计划以及可行的行为，都是与目标相关的。

基于价值观的方法

价值观澄清和优先排序

如前文所述，教练活动对价值观的关注和应用由来已久。然而，随着接纳和承诺疗法①（acceptance and commitment therapy, ACT）等治疗技术的出现，教练活动对价值观的关注和应用再度盛行起来。科利斯（Collis）和温特斯（Winters）认为，与许多其他运用积极心理学方法的教练活动类似，ACT 的重点在于帮助客户选择和追求自主且有价值的目标，发展更丰富、更有意义的生活。在 ACT 方法中，“价值”被定义为“将一连串瞬间联结成一条有意义的路径的意向性品质”。科利斯和温特斯还认为，如果个人选择的行为方式与其价值观是一致的，那么随着时间的推移，他终将收获有意义的一生。安斯蒂斯和布隆纳（Blonna）认为，ACT 教练与教练对象的首要任务是澄清价值观，然后在整个教练活动过程中不断检视价值观，以确保行为与价值观一致，并创造有意义的生活。

总的来说，我们认为价值观澄清和优先排序一直是教练过程中的一个常见活动。在教练活动的早期阶段，或作为准备工作，可以运用价值观澄清练习来打开话题，这也是开展与意义相关的高管教练会谈的一个强大工具，它有助于创建自洽的目标。要想教练对象有意识地反思并选择自己的核心价值观（生活和 / 或工

① 斯蒂芬·海斯博士（Steven C. Hayes）开创的一种治疗心理和精神疾病的新疗法。——译者注

作），就需要双方在教练活动中和教练活动之外（比如布置其他的准备工作）投入时间。我们通常会使用价值观列表或卡片对价值观进行排序。或者，也可以选用诸如“来自未来的一封信”、里程碑式的生日场景描述或“为自己书写葬礼悼词”。在这些练习中，我们会要求教练对象描述自己对过往几年的反思，希望别人如何看待自己，以及自己的行为会对别人和世界产生的影响。这个工具很有用，有助于澄清生命中最重要的东西，即核心人生价值观。

对于高层领导者来说，他们可能在以往的领导力发展项目或高管教练活动中进行过价值观这一活动。无论之前的经验如何，我们强烈建议教练解释清楚为什么在谈及意义和人生目标这样的话题时，重新审视价值观是至关重要的。我们的经验是，在进一步探索价值观之后，高管实际上可能会洞察到一些过去看似重要的价值观，有价值的目标的重要性，或者过去缺乏这样的价值观和目标。在教练过程中，我们经常发现教练对象可能会确定新的价值观和 / 或放弃一些旧的价值观，因其不再重要或已无法反映他们新形成的真实自我。

自洽的目标设定

洛克（Locke）和莱瑟姆（Latham）在目标设定方面所做的基础性工作为在高管教练活动中创建意义提供了一个有用的工具。特别是通过自洽的目标设定（与核心人生价值观相一致的目标），教练对象的内在动机能够被激发，并在朝着理想目标努力的过程中保持精力充沛。

谢尔登（Sheldon）认为，在有关个人目标和为个人具体目标奋斗的研究文献中，更深层的人生目标和更准确的自我认识等主题得到的关注相对较少。作为该领域的领军人物，谢尔登描绘了“自洽模型”，该模型源自对自我决定理论的重要研究成果。

当在高管教练过程中探索意义时，设定和实现目标的自洽模型起着至关重要的作用。自洽模型的相关研究发现，有些目标比其他目标更有利于人们的心理健康、幸福感和成熟度，因为它们能更好地体现出个人的潜在兴趣、价值观、才能、需求和动机。谢尔登认为："对大多数人来说，至少在他们生命中的某个时刻，一个核心困难就是要克服无知，发现自己真正想要什么，以及对自己来说什么才是真正最重要的。"

因此，我们再次建议，当就意义的话题对高层领导者开展教练时，应在价值观和自洽目标之间建立重要联系，同时也想再次强调，高层领导者不要急于进行价值观澄清 / 优先排序，因为这对于设定自洽而有意义的目标至关重要。

基于愿景的方法

如前文所述，鉴于意义和目标感反映了人们感知到的自己在日常生活中与总体目标保持一致的程度，应在目标的动机组成之间建立联系

此外，制定长期目标或创建"鼓舞人心的模糊愿景"也有助于为教练对象创造目标感或方向感。利特尔（Little）用术语"宏大的痴迷"以区别于"琐碎的追求"。这样就把典型的日常琐碎的追求（如"查看电子邮件"）与贯穿一生的宏大心愿（如"解放我的人民"）区分开来了。高管教练活动特别适于探索这类问题，它让教练对象有机会深入探讨真正重要的事情，自然就会谈到意义和人生目标这样的话题。探索的具体方法有很多，比如可以要求教练对象后续完成一些写作任务，这也有助于建构意义、探索自我认知和发现自己的"宏大的痴迷"。研究表明，当人们想象并通过写作描述出未来自己努力工作、实现目标的样子时，他们的积极情绪会显著提升。写作行为本身会促使人们以一种系统的方式组织他们的思想，并以此来构建意义。当就意义这个主题对高层领导者开展教练时，在构建意义的过程中，描述一个融合了与价值观一致的总体目标的、鼓舞人心的愿景是不可或缺的。确定既符合核心人生价值观也符合鼓舞人心而有意义的愿景的具体行动同样至关重要。事实上，我们认为，意义源于每天都认同自己过着符合个人价值观的生活，并在朝着有意义的目标和未来不断前进。

基于优势的方法

性格优势

尽管人们对于高管教练活动总是聚焦于优势存在争议，但在教练活动中明确地使用各种优势工具的做法已变得越来越流行。教练活动会经常用到各种不同的优势测评和工具。然而，随着积极心理学的出现，人们开始特别关注性格优势这一概念。当高层领导者探索意义这一话题时，身份就成了一个关键的讨论话题。我们认为，性格优势可成为探索身份的一个有效方法，此外，教练也可以以性格优势为工具，有效帮助教练对象发现可多加利用的自然性格优势和 / 或有待发展的弱势，以创造更崇高的意义。

大量的同行评审研究对性格优势的识别、测量与发展进行了探讨，并指出，性格优势是人类繁荣发展的基本途径。例如，研究发现，在工作中运用四种或更多最优性格优势的人更有可能在工作中体验到满足、愉悦、参与和意义。

为高层领导者创造有意义的生活，既可以是在个人生活层面，也可以是在工作层面。高层领导者（作为核心人物）还可以支持员工创造意义。对员工而言，意义可能属于一般意义上的幸福感的重要因素之一，而这一创造意义的过程也将有助于让幸福感成为职业生活和个人生活之间的纽带。

在高管教练过程的早期，使用优势测评还有助于目标选择（既可以设定可利用独特优势的目标，亦可以设定能发展“弱势”的目标）和目标实现过程（利用优势采取行动）。

工作重塑

“工作重塑”已成为一种理论方法，它扩展了工作设计的视角，以包括员工对自己工作的主动改变。工作重塑被定义为“员工在其工作任务边界或关系边界上所做出的物理和认知层面的改变”。通过改变工作任务和关系的边界——从最常规的工作到最复杂的工作，从组织的最低层到最高层——员工可以改变其工作的社交和任务组件，体验工作及其自身的不同意义。

研究指出，工作重塑对员工的心理健康程度、工作投入度和绩效都有着积极的影响。这表明，对许多关键的个人成果和组织成果而言，工作重塑都起着重要的作用。

虽然工作重塑似乎更适用于普通员工，而不一定适用于对其角色拥有更多自主权的高层领导者，但我们认为，如果教练活动更广泛的愿望和目标是在组织内创造更高水平的有意义的工作，那么，了解工作重塑这一研究和实践，对于高管将其引入组织内部是至关重要的。

作为工作重塑领域的领导者，伍兹涅夫斯基（Wrzesniewski）、罗布格里奥（LoBuglio）、达顿（Dutton）和伯格（Berg）建议工作设计者以下面这三种主要方式塑造那些定义他们工作内容的边界：

- 任务重塑。工作重塑人士会改变其工作任务的物理边界或时间边界。任务重塑包括增加或删减任务，调整在各种任务上投入的时间或精力，以及重新设计任务的各个方面（例如，一名教师花时间学习新的课堂技术以满足其对 IT 的热情）。
- 关系重塑。人们在工作时发生的人际互动受关系边界的限定，工作重塑人士可以重新定义这些关系边界。关系重塑包括在工作中与他人建立和 / 或维系关系，花更多时间与自己喜欢的人相处，并减少或完全避免与自己不喜欢的人接触（例如，营销分析师与销售人员建立关系，以更好地了解自己的工作对销售人员产生的影响）。
- 认知重塑。人们认为，构成其工作的任务和关系是有某种意义或目的的；工作重塑人士可以重新定义这种认知边界。认知重塑包括员工努力以全局的思维方式去感知和理解自己的任务、关系，从而改变自己工作的含义（例如，一位学校的管理人员认为自己的工作是为学生提供干净、无干扰的教室，使教学活动得以有序开展）。

综上所述，虽然工作重塑这个概念看似与高层领导者没什么关系，但根据我们的经验，即使在组织的最高层，领导者的工作内容与其存在理由之间也可能存在脱节。对于那些希望“重构”其当前角色和 / 或组织中的目标，以创造有意义的工作生活的领导者来说，了解“认知重塑”方面的研究和训练将是很有必要的。

基于人生目标和意义的高管教练活动中的目标和过程

意义和身份问题对提升人们的自我觉察来说极为重要，因此，这些问题也是所有教练活动的基础。我们认为，这些主题在变革阶段尤为重要：“组织变革过程中的核心问题就是意义和身份问题”。因此，教练的一项重要任务就是帮助高管有效地创建一个有意义的工作环境。为了做到这一点，教练应给予高管时间和支持，让他们专注于其岗位上的有意义的事情，并对此进行反思。有些领导者可能会觉得这部分教练话题很陌生，他们以前从来没有探索过自己的意义构建。有些领导者可能在之前的教练活动或领导力发展研讨会中接触过这些领域，因此也是他们持续发展自我的一部分。无论教练对象处于什么发展阶段，教练都要了解和适应教练对象，这一点很重要。

鉴于教练对象是教练过程的一部分，因此，如果教练对象在价值观和意义方面很有经验，就有必要重新审视高层领导者的价值观及其他可能随时间而改变的元素。教练对象的职业或个人生活可能已经发生了变化，这就需要从新的视角去看待早期的价值观或意义。也有可能教练对象已经有了一份新工作，在以前的工作中难以被融入的技能或价值观，现在可以被重新审视并采纳为新战略的一部分。这样做也可以帮助教练对象审视在新的环境下，幸福感意味着什么；这时，可以运用不同的幸福感研究模型来探索影响意义创造的不同元素。

在实践中，当对个人开展关于意义和身份的教练活动时，有人认为，教练通常会等待这些议题在教练过程中自然地浮现。我们认为，越来越多的教练对象开始为了创造有意义的工作和有意义的生活而主动寻求教练的支持，因此，教练也越来越有必要对这些话题做好充分准备，然后和教练对象开诚布公的讨论。但是，我们要给教练们一个建议，意义是一个非常敏感的话题，不能操之过急或者敷衍了事。在教练关系的早期阶段建立强大的工作同盟就可以对意义和目标进行更深入、也可能更充分、更有挑战的对话。

在变革过程中，教练需要不断地觉察教练关系中的情感转移和权力平衡。想要意识到这一点，教练就应该定期接受督导，以探究自己的情绪和情感转移。在教练过程中，教练对象与教练的关系是塑造积极教练体验的一个核心要素。教练对象喜欢与有同理心、值得信赖、不带偏见的教练打交道。特别是在探索价值观和意义这样的敏感领域，这些教练品质尤为重要。这使教练对象能够放心地持续探索其自我发展中的重要问题。

自我意识的提升一直是、也将继续是教练活动的目标和过程的一个核心组成部分，特别是意义这样的话题，会促使教练对象深入地反思和探索其核心价值观、真实的自我，以及自己的“存在方式”。有些领导者可能曾在不同的领导力类型和提升公司经济效益的方法方面接受过广泛的培训，但这类培训可能没有对领导者的核心价值观产生任何影响或起到任何作用。这意味着当在教练过程中探索意义时，即使是经验丰富的高层领导者，他们的起点也可能各不相同。

我们认为，发现和创建工作和生活的意义是成为一名真正的领导者以及掌握“真我领导力”的核心部分。富斯科（Fusco）、帕尔默和奥赖尔登（O’riordan）指出，一位真正的领导者是具有自我意识并能够按照自己的价值观行事的人。这种觉察也有益于那些想要改善沟通的高管。此外，韦斯特 – 洛伊尔（West-Leuer）指出，如果高管认识不到或无法反思自己的价值观和情绪反应，他们往往无法改善与员工的沟通。

对身处全球化的 VUCA 世界中的团体和个人而言，当不断变化成为日常生活的一部分时，意义的概念将会成为核心。领导者通常在团队中工作，团队对其成员、团队身份，以及团队价值观的共同理解的能力，对其团队成员的幸福感及团队实现共同目标的能力起着重大影响作用。当公司实施变革时，员工和高管们经常发现，变革会引发出一系列与个人和团队的意义和身份相关的问题。在这类情况下，教练可以帮助高管明确如何在企业内部就新战略进行沟通。如果高管想要留住公司员工，那么这一意义构建的过程将是重中之重。与此同时，研究还指出，意义是促使个人改变职业的因素之一。接下来我们会对以上这些观点进行详细阐述。

为了促进意义和身份的发展，布什等人指出了四个存在的“拐点”。在组织变革的过程中，教练可以利用这些拐点通过教练活动去支持和引导高管的关注点。

第一，教练可以帮助高管评估各种变化，并了解这些变化将如何影响组织的身份。在这一阶段，高管可能需要得到支持，摆脱先前的组织愿景和身份的束缚，以便能够制定与变化相符的新的意义和身份。

第二，教练可以帮助高管们推进符合组织新愿景的新结构或者更完善的结构，然后通过沟通让组织中的重要人士了解组织的新身份。这种沟通同样可以支持高管帮助组织内的员工明确其新的工作身份。

第三，教练可能会使高管更加了解自己的行为，从而支持高管随后采取符合组织的新愿景、新身份的更有益或更合适的行为。

第四，教练可以支持高管反思如何在公司内外倡导和代表工作模式上的变化。这样做将有助于高管和员工创造意义与身份，同时培养归属感并收获成为团队有价值一员的体验。

通过这四个方面的工作，经由“沟通、庆祝成功、巩固新身份的合理性、明确变革的意义和原因”，新的组织身份得以确立。

此外，教练的目标应该是让高管相信自己是有主见的、有决断力的。高管如何处理情绪对其自身的成长发展、员工的幸福感，以及双方的工作成果都有非常重要的作用。因此，教练应该致力于帮助客户在探讨意义、目标和身份的过程中感知并处理自己的情绪，这使得教练的自我意识成为一个重要方面。

教练活动中用于探索意义、人生目标和优势的工具和技术

我们认为，除了上文提到的教练对象的自我意识，在开展基于意义的高管教练活动之前，教练需要投资于自己的个人成长，需要探索的课题包括价值观、优势、愿景和广义上的意义的概念，特别是在对高层领导者进行教练时，高管会期待教练有足够的成熟度，并且在相关发展性任务方面有充足的经验。

模型

可以在专注于意义发展的高管教练活动中直接运用的模型有很多。下面我们要重点阐述的模型或直接聚焦于人生意义和目标，或聚焦于人生意义和目标在广义的幸福感或者丰盛人生方面所发挥的关键作用，而幸福感或者丰盛人生可能就是以意义为中心的教练活动的终极目标。当就意义这个话题对高管开展教练活动时，很重要的一点就是要及时说明引入教练活动的模型的理论依据，并说明模型的某些方面可能与教练过程无关。

塞利格曼的 PERMA 模型（2012 年）

塞利格曼对幸福的多维度定义构成了缩写词“PERMA”。塞利格曼认为，人们如果在五个领域计划采取积极行动，就会收获更强烈的幸福感，这五个领域包括积极情绪（positive emotions）、投入（engagement）、关系（relationships）、意义（meaning）和成就（accomplishment）。在教练活动中使用 PERMA 模型时，教练应该强调意义在创造高水平的整体幸福感方面的重要性。教练对象也可能会认为，如果他们已经达到了职业生涯的巅峰，那么“成就”就无关紧要了。然而，教练与教练对象讨论的重点可以是如何让成就变得更有意义，或者让成就造福后人而不仅仅是成就自己。

里夫的心理健康模型（1995 年）

里夫（Ryff）和凯斯（Keyes）开发了一种多维心理健康研究方法，定义出人类自我实现的六个不同方面：自主性、个人成长、自我接纳、人生目标、精通和积极关系。人生目标指的是一个人有不同的人生目标和方向感。这个模型既可以

用来探讨人生目标的重要性，也可以用于与教练对象就幸福感进行广泛的讨论。关于里夫模型中的其他五个维度，教练和教练对象可以探讨其在创造有意义生活方面有什么影响。例如，教练对象在“积极关系”方面表现如何，以及对于一直努力应对各种工作 / 生活问题的高管而言，“积极关系”在其意义创造方面发挥着什么样的作用。

斯蒂格的 SPIRE 和 CARMA 模型（2017 年）

图 6–1 中概述的工具为循证高管教练提供了一个框架，以帮助教练对象找到途径，获得更有意义的工作；并基于研究数据，协助高管所在的组织，制定相关策略，为员工提供有意义的工作。鉴于高管教练不仅关注高管的工作和个人成果，同时还谋求团队和更广泛的组织成果，这两个模型在教练的情境中可能都很有用。

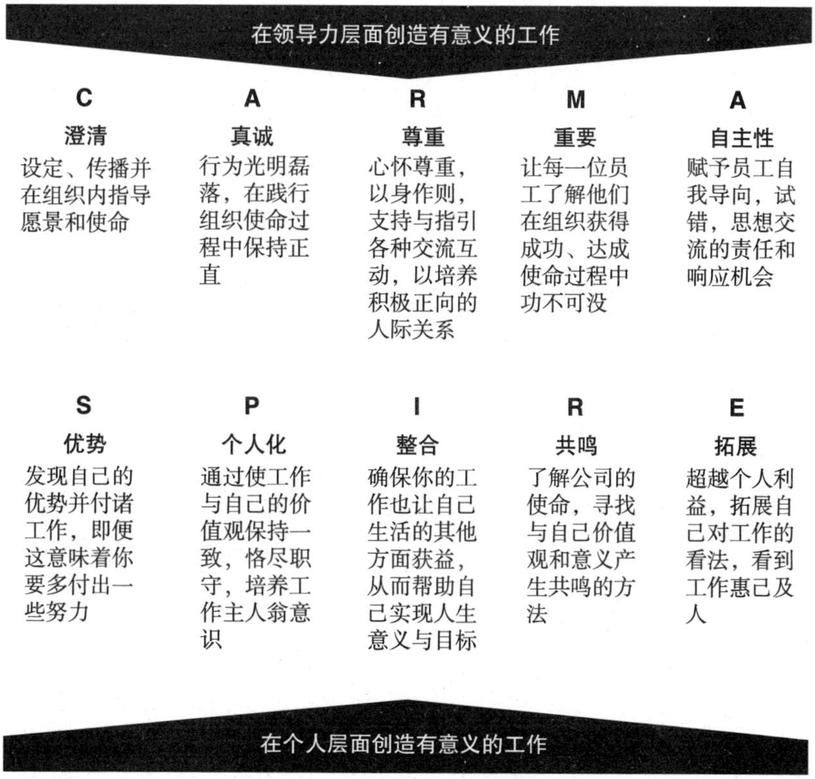

图 6–1　SPIRE 和 CARMA 模型

工具

有许多价值观卡片和清单可以在线免费获得或购买（如 www.thepositivityinstitute.com.au）。积极组织中心（Center for Positive Organizations）提供了一个工作重塑的练习。

测评

- 工作和意义量表（WAMI）——斯蒂格、迪克（Dik）和达菲（Duffy）。
- 人生目标测试——克伦博（Crumbaugh）和马霍利克（Maholick）。
- VIA 性格优势测评——彼得森和塞利格曼。
- 优势档案—— www.strengthsprofile.com
- 盖洛普优势识别器——拉思（Rath）。

结论

在本章中，我们试就高管教练相关的意义这个主题提供一个概括性的介绍，并概述了当前的研究基础。我们阐述了教练在探索意义时可以采用的三种关键方法：（1）基于价值观的方法；（2）基于愿景的方法；（3）基于优势的方法。我们还提供了相关的模型和工具，这可能有助于在这一领域针对高管开展教练活动。

随着关于生活意义和工作意义的研究不断增多，职场中员工和雇主的兴趣也与日俱增，教练将越来越多地被邀请开展与价值观、优势、情感、意义和人生目标相关的教练对话。我们认为，教练需要在这一领域持续发展自己的专业性，同时致力于对个人成长和对意义的探索。

我们希望通过对循证教练活动场景（现阶段明显缺乏）的进一步研究，可以进一步激发人们对于开展基于意义的高管教练活动的兴趣。这个领域能够蓬勃发展，支持个人创造更大的工作意义，并支持创建既有意义又欣欣向荣的工作场所。我们同样强调了在提升工作场所的整体意义感方面，高层领导者可能发挥的重要作用。

第7章　为组织带来价值

道格·里德尔

在一家大型工厂的办公室，也可能是一家专业机构的办公室，我们看到两个人正在房间里全神贯注地交谈着。也许他们正身处世界的不同地方，通过电话交谈，或者正通过视频会议的蓝光屏幕交流。当我们谈到高管教练时，通常会想到两个人。如果是高管教练或领导力教练活动，我们就会想象有一位教练熟练地探索、挑战和支持另一个人，也就是教练对象或客户。

教练对象所在的公司为高管们提供了这种教练活动，但我们该如何确定这种活动给组织带来的价值呢？

现代形式的教练活动的根源可以追溯到各种助人专业，包括埃德加·沙因（Edgar Schein）的过程咨询以及其他团体和团队过程。在大众乃至教练对象心目中，这种二元结构——一位教练帮助一位客户，一直占据着主导地位。在绝大多数情况下，这样的系列对话是由教练对象的雇主出资购买的，并被认为对组织是有价值的。从组织提供的教练活动数量以及这项优质干预活动的相关成本来看，显而易见，对赞助这种活动的组织而言，高管教练活动具有很高的价值。在这一章中，我们将探讨教练可以做些什么，使教练活动为组织带来的价值更加显而易见、直截了当，而不用通过难以梳理、更难以举证的因果关系来证明。

理论与实证

在本节中，我将就系统观有益于教练对象和教练活动的观点，回顾一些理论框架和证据。高管教练活动声称对组织有间接效益，但想要衡量这些结果却困难重重。我认为，以组织本身为目标的系统方法可以使教练活动的价值主张更可见，也更可靠。我们将组织视为所有领导力教练活动的客户，最终把组织当成我们的目标。这样做对与教练活动相关的流程，包括签订教练合约、启动教练关系、开展教练活动、调整分配给教练对象的任务类型，会有哪些影响呢？

个人教练活动的组织效应

个人高管教练活动或领导力教练活动有价值的基本前提是，更好的领导者会造就更好的组织。对教练活动的价值进行量化的尝试，一直受方法论和逻辑问题制约而难以展开。大多数情况下，人们只是认为教练活动有价值，却说不明白到底有什么价值，于是就有一些逻辑模型提出了合理的机制。例如，关于教练活动益处的主张往往集中于一系列可靠的胜任力，特别是绩效 / 技能、幸福感、应对方式、工作态度和目标导向的自我调节。不幸的是，这些因素通常是由整体主观改善评级来衡量的。众所周知，这会受到社会期望的强烈影响。同样重要的是，将教练对象在技能、能力或态度方面取得的进步视为其改善的机会，更符合教练对象的利益。当组织为教练活动投入了大量的时间和资金时，要表现出有所改进的压力也就更大了。教练协会指出，个人教练活动对组织有以下好处：

- 赋能个人，并鼓励他们承担责任；
- 提升员工敬业度；
- 改善个人绩效表现；
- 有助于识别和发展高潜能员工；
- 有助于发现组织以及个人的优势和发展机会；
- 有助于激励并赋能个人，助其成就卓越；
- 展示组织对人力资源发展的决心。

这些特征与提升组织效能或绩效之间存在因果关系的证据有多确凿呢？例如，承担个人责任对组织绩效至关重要，这难道不是显而易见的吗？然而，糟糕的绩效表现可能有多种潜在的原因，而且低绩效员工的个人责任心比较低，也并不是显著的因果关系指标。也可能只是低绩效员工缺乏必要的技能或准备，或者他们与直线经理的关系不好，工作没有成效导致他们对工作不投入。我们的工作中充斥着各种关于“什么是因，什么是果”的假设，这些假设深深地植根于我们的文化假设之中，以至于很少有人会对它们提出质疑。

高管的保留

尽管我们的经验表明，人们会因参与教练活动后自我意识得到提升、自我效能感得到改善、个人责任感 / 自主性得到增强而离开组织，这并不罕见，但人们经常声称高管教练活动有助于高层领导者的保留。教练活动的一种营销方式就是将替换高管的成本与教练成本进行比较。这种分析很复杂，尤其是相比保留一个不快乐的高管、或个人风格与组织的主流或期望的文化不一致的高管，换一个高管可能会带来更好的结果。让一个对组织或其他领导者不满的人继续工作，最后很可能得不偿失。由于许多教练活动的结果缺乏对霍桑效应[①]的控制，我们几乎不可能区分哪些主张是有科学依据的，而哪些应该被视为市场宣传的噱头。

领导者对团队绩效 / 氛围的影响

我们有大量证据表明，团队领导者对其领导的团队的工作绩效和氛围有着重大影响。团队似乎是个人改变和团队绩效之间的逻辑桥梁。那么什么样的领导方式会对团队绩效产生最好的影响呢？答案还是“看情况”。如果领导者真的因为教练活动而更好地成为敏捷学习者，可能会有可衡量的效果。其中的难点在于，团队类型的多元化、绩效衡量方式的多样性，导致无法形成清晰的因果模型。库克（Cooke）和希尔顿（Hilton）的提醒是：

> 这项研究一贯的主题思想是，没有任何一种单一的领导风格或行为能被

① 霍桑效应（Hawthorne effects）指被研究对象因受到研究人员的关注而增加自身的产量或提高成绩。——译者注

判定为对科研团队的有效领导和管理，需要组合使用各种方法。这种组合包括：共享领导力和层级领导力；权变和动态领导力，认识到团队随着时间的推移而在不断发展和演变的过程中产生的各种周期性和临时需求；目标的一致性；以及管理团队内部和团队之间表现为冲突的分歧，包括能驱动创新的冲突。

（库克和希尔顿，2015）

也就是说，如果高管教练活动能够让领导者持续而灵活地适应团队环境中不断变化的需求，就有可能给组织创造非常高的价值。

然而，关于领导行为与团队绩效之间关系的研究仍缺乏统一的结论。伯克（Burke）等人在针对团队领导力研究的一项大型元分析中发现了几项举足轻重的领导行为。例如，团队领导者的赋能行为会使团队的学习效果产生 30% 的差异。另一方面，伊内兹·马卡斯克（Inez Makaske）发现，当将观察数据纳入分析时，积极的领导行为、团队氛围和团队绩效之间并没有相关性。这让我们再次感到这样一种关切，即引入与证明成功无利害关系的观察员有可能会破坏我们的各种乐观假设。为什么这会是一个问题？

改善观察员的评估问题

在组织干预活动（包括教练活动）中，谁才是合适的变革观察者？这是许多社会科学研究的一个基本问题。由于许多研究的积极效果都无法重现，就导致了这些问题在过去 10 年中引起了广泛的关注。270 名合作者提供了 100 个这种现象的例子。反复研究的效果往往比原始的研究效果要弱得多。

针对偏见在项目评估中产生的影响，威廉·沙迪什（William Shadish）的总结是恰当的。改善的观察者或评估者同时也是那些已经选择了高管教练项目的人。这一动力因素影响了对教练活动效果的预测，而这些预测都主张教练活动会收获巨大的投资回报。教练组织经常会宣扬其投资回报率是最初投资的 7 ~ 30 倍。鉴于上述原因，我们应该谨慎对待这些预测。

用个体模型来确定教练活动对组织的影响所产生的问题

很有可能，关于高管教练活动对组织的影响，我们问错了问题。高管教练活动很少把组织当成直接的干预重点，所以，我们不妨先将个人教练活动会对组织产生什么样的影响放到一边，转而专注于教练可能通过什么方式对组织产生更明确而直接的影响，这种影响对决策者们而言是可见的，而且能让他们愿意投身其中。这就需要我们具有系统导向思维，并改变我们关于谁是客户的惯有看法。

为什么我们要放下对个体的关注？基于谁是客户这个问题，聚焦于个体会给高管教练活动带来一些特别的麻烦。如果我们关心教练活动能带给组织什么价值，就要向组织敞开大门，让组织拥有监督其投资的权利和责任。我们已经看到，关于应该向组织提供哪些信息，以及如何在涉及教练对象的职业发展或就业能力方面的决策中应用这些信息，组织的想法和期望都发生了巨大的改变。对于那些受美国心理学协会或类似专业团体的道德准则约束的心理学家而言，这会给他们带来重大挑战。从那些可能正在签订教练合约的人力资源领导者的角度来看，并没有明确的理由说明他们不应该接触教练过程中产生的所有信息。在世界的许多地方，员工们在工作空间、电子邮件、产品开发或电话等方面并没有隐私预期。事实上，那些使用公司提供的手机的人往往受公司信息技术政策的约束，这些政策明文规定手机所含数据为公司所有。为什么对教练活动就要区别对待？从人力资源领导者的角度来看，在人才的关注、发展和机会这些他们应该管理的领域，透明度更高一些肯定是有价值的。

这样的思路可能会让教练们望而却步，这也说明了强化我们的概念框架的重要性，这样就不会导致我们对教练活动的价值妄下断言，从而导致对这项人力发展活动的阻挠。特别是，关于个人教练活动对组织有益的说法，是基于一些未经检验的泛泛假设而做出的推测。

个人视角带来的伦理和实践问题

让我们更深入地研究一下系统视角的基本原理。例如，我在前面提到过，高管教练活动经常对组织承诺的一个好处是可以提高员工保留率。众所周知，一次充分的教练活动可能带来的一个并不常见的结果——教练对象决定另谋出路。从个人角度来看，只要优先考虑教练对象的利益，那么员工另谋出路就不是问题。然而，几乎没有组织会聘请教练来帮助一位有才华的领导者去意识到他应该去别的地方工作。由于教练们很少会宣称"让合适的人离开"的好处，教练们不得不凭借一个无法验证的假设而给出一个自圆其说的结论——我们只是暴露了一个"人岗不匹配的问题"。

正如其他助人职业已经发展出各种复杂的哲学体系，以证明每一个可能的结果都事出有因（通常是通过指责被"帮助"的人，即"阻抗""没有准备好""没有治疗意识"等），通过培养一批"绝对正确的传教士"，高管教练活动可以轻易地宣扬其精髓。更重要的是，要将教练所付出的努力与组织的使命和目标，以及代表股东、领导者、员工 / 工人和客户的整个生态系统所取得的成功联系起来。我们必须通过承认和解决所有纷繁复杂且相互竞争的利益冲突来计算教练活动的价值，同时就如何管理这些张力做出明智的选择。

目标和过程：提升教练对组织的价值

为提升教练对客户组织的价值，教练需要在以下五个方面体现系统视角：

- 认识到工作中的多种力量，认识到一个人在更大的企业中所扮演的角色；
- 将组织作为教练的客户时要慎重选择；
- 在高管个人教练活动中，运用系统导向的干预措施（网络效应、权力动力学等）；
- 与组织中尽可能多的参与者开展战略性沟通；
- 拓展教练的角色。

认识到各种力量和利益复杂的相互作用

在大多数高管教练活动中，教练提前与人力资源或学习与发展经理开会，并与教练对象的经理或老板举行某种形式的校准会议，已经成为行业的标准做法。然而，与会双方通常对这些会议没有预设相关的期待，这会导致人们很轻易地误以为这些会面只是帮助教练对情况有所了解。但是，具有系统思维的教练会认识到，在这些会议中需要相互分享信息，会议的成果必须包括在这些方面达成的协议：教练活动的目的；后续遵循的信息共享模式；预期教练活动会对教练对象的行为或观点产生什么样的改变；对他可能领导的团队以及他与组织中其他人的关系会产生什么影响。拥有系统框架的教练将识别所有受教练对象的领导力影响的关键利益相关者，以及将会对教练活动产生影响或被其影响的不同组织因素。教练关注的是教练活动应该如何贡献于组织的继任管理计划，以及成功的教练成果会为组织带来什么商业利益。

也许，教练会有一个人际关系和动力的视觉模型，并以此作为影响力地图来帮助自己制订教练干预计划。至少，教练需要牢记引发并持续贯穿于这次教练活动的那些在组织活动中发挥作用的各种力量及其造成的影响。这足以让教练对自己在教练过程中所扮演的角色保持谦虚谨慎的心态。了解系统动力学的高管教练会意识到，自己是组织的发展性文化中的一个但非唯一的重要元素。他也会意识到，自己的影响力在很大程度上取决于与教练对象以外的其他人的关系和对话。他将与教练对象周围的人合作，帮助他们做好准备，以适应教练活动带来的改变。在设计教练活动的时候，他还会把更广阔的政治和社会背景纳入与教练对象的会谈当中。

慎重选择把组织作为客户

对于高管教练活动而言，我们明智的做法是将组织视为主要客户，而非教练对象。教练对象之所以参与其中，是因为组织相信让这个人接受教练符合组织的最佳利益，并愿意为此投入时间、金钱和其他资源。所有这一切背后的假设是，高管教练活动有一个合理的商业理由，这一理由为高管教练活动建立了道德背景。

为什么这一点很重要呢？ 高管教练活动继承了心理治疗的某些假设。心理治疗师通常可以自由地、不受他人干预地将自己所有的注意力放在病人或客户身上。就伦理层面而言，这意味着，除非强制报告虐待事件，治疗师和患者之间的所有沟通交流的私密性均将得到保障。第三方作为心理治疗的付款人，可能会要求得到一个诊断和治疗计划，但绝对要限制其获取其他内容。正如布赖恩 · O. 昂德希尔所指出的，这类似于公司需要了解教练活动（教练与教练对象之间的私人沟通）的发展目标和教练活动计划。

在高管教练活动中，教练会谈中讨论的内容是不受法律保护的，而活动的赞助组织可能会直接参与到教练活动的目标、可接受的结果，以及教练对象需要表现的承诺水平等事项的议定当中。或许，更重要的是，秉承这样一个道德信条，坚信教练活动是一项合理的业务支出。虽然完全可以坚持教练应当全心全意致力于教练对象的福祉或进步，但当个人利益和组织利益发生冲突时，心理治疗的实践在这方面几乎不能给教练活动提供任何实际可行的指引。因此，在教练活动方面拥有成熟经验的组织通常拥有复杂的规范要求，以便在隐私限制和确保教练活动给业务带来直接价值之间保持健康的平衡。它们“干涉”对教练的选择、教练与教练对象的匹配过程、定义可接受的结果、设定教练活动的数量与适当目标，并坚持获取关于教练活动的目标、进展、参与度和结果的重要报告。被教练的人永远不是唯一的客户。

在对高管进行教练时，我会明确地告诉我的教练对象，从道德层面来讲，我是在与身为组织领导者的他们开展合作。虽然触及的都是个人问题，但那些被领导者管理的人们的福祉才是最重要的。一位高管曾感谢我提供的教练活动，我提醒他：“我这么做并不是为了你。”看着他震惊的表情，我再次提醒他，我们是为了在他办公室之外的成百上千名依靠他维持生计的员工而做的这一切。“我们是为了他们、他们的家人还有你的客户而这么做。”我希望我的教练对象能够功成名就，但不是以损害组织健康为代价。

将组织纳入教练活动：在高管个人教练活动中采用系统导向的干预措施

系统思维对于为开展教练活动而发起的对话和实验具有实际意义。如果我们想要提升在组织内的影响力，教练会谈过程中的提问、会谈之间的“作业”或阶段性目标的设定与达成，就提供了一系列宝贵的机会。具有系统观的教练会经常使用网络分析和跨界领导力的各种工具。

如何在人类组织中更好地处理政治问题？首先，教练可以鼓励客户从战略角度建立自己的人际网络。当一名高管参与到发展性教练项目时，组织就为其敞开了与他人建立联结的不同机会，而这在其他情况下会显得生硬突兀。例如，我们可以假设，要鼓励一个教练对象发展更具战略性的思维或企业家思维，很显然，让他有机会去访谈那些以战略敏锐度著称的高管，或者访谈那些擅长领导整个组织的高管、那些在某个职能领域拥有骄人业绩的高管，对他的成长是大有裨益的。因为参与了教练活动，教练对象现在可能有机会与拥有特别技能或担任特别重要岗位的不同领导者展开对话，并发展关系。

事实证明，发展教练对象的专业人际网络，让其结识不同性别、年龄、种族或文化群体的人，可以提升领导者的影响力。安排一系列的访谈，让教练对象去访谈组织内更高层级的领导者或者不同部门 / 地区的领导者，可以增加教练对象的曝光度，也可以促使高管们关注教练对象所关心的各种问题。

同样，如果需要扩大教练对象的领导影响力，那么，发展一个多元化的跨界网络显然是非常重要的。使教练对象关注建立联盟的价值，以创造战略性价值的教练干预措施，是对组织产生影响的另一种途径。教练的提问，比如“你打算让谁来帮助你制定创新的解决方案？”可确保把领导力的集体属性，以及集体参与和行动的重要性置于首要位置。总之，我们鼓励教练对象思考并努力扩展一对一关系以外的群体环境。

可以说，在高管教练活动的图景中，中介角色和目标角色都在发生变化。作为高管教练，我们希望摆脱专注于“确定的患者”或个人的改变与成长目标的治疗模式，而朝着这样一个模式迈进：教练对象是组织内促进变革的人，而教练是与教练对象协作的人。的确，教练对象将学习到新的态度、行为和能力，但他们应该在组织中发挥更大的影响力。

我经常提醒我的教练对象，教练活动是他们更好地发挥战略和跨界影响力的催化剂。他们可以利用与教练合作这一事实，采取行动，接触其正常影响力范围之外的决策者和实施者。一位教练对象说："我被要求针对战略执行的重点去采访三位高管团队的成员。"就像研究生课程的学生很可能会去拜见某个领域的领军人物一样，一位教练对象也会利用发展承诺与整个组织的人建立联系，获得不同的学习机会。

与组织中尽量多的人开展战略性沟通

因为教练的客户是组织，那么，期待与教练对象发生互动的其他人的高度参与也合情合理。现在，教练通常会坚持在教练活动早期与教练对象的经理、人力资源业务伙伴或客户方的高管教练活动负责人召开联席会议。这些会议往往只关注教练对象的改变目标，而错失了与其他人（例如直线经理、发起人或更广泛的网络）约定要采取什么具体行动的机会。作为教练，我可能会询问这些群体和个人会对教练过程做什么贡献，并要求就每个人将采取的实际行动步骤达成协议。

最简单的要求应该是在教练活动过程中定期向教练对象进行反馈。这为教练对象提供了担责的机会，也创造了一种机制，让影响教练对象领导力的环境因素可以得到有效关注。缺乏继任者计划或忽视基本的职业发展指导都可能导致不确定性，并削弱教练对象的信心。此外，关注这类组织实践和各种内部系统，也可以刺激关于更有约束力的措施是否不仅会对当前的教练对象，也会对更大的领导者群体产生有益的影响的检验。通过了解教练活动将如何契合组织内部的各种系统（无论是否存在这些系统），教练将提出一些重要的问题，涉及组织在发展方面有多大的决心，以及是否准备好支持教练对象（以及其他领导者）的成长。

同样，通过与人力资源业务伙伴磋商，教练对象的上司是指导教练对象拓展其专业网络的完美人选。作为上司，他可以帮助教练对象找到机会，接触到领导力方面的榜样人物。他可以向他人介绍教练对象，以减少对教练对象可能在组织中“手伸得太长”或“越界”的顾虑。同时，这两个人（以及其他需要的人）的参与，可以让组织朝着发展方向采取联合行动。通过让这些人参与到教练活动的过程，教练设定了一种期望，即发展是组织领导者的核心义务，而且，为了组织的利益，以这种方式开展协作是很重要的。

作为教练活动探索过程的一部分，我们经常要求并受邀与组织中更高层级的领导者一起开会，近年来，我还带着教练对象和人力资源业务伙伴一起参加了这类探索性会议。在一定程度上，这让我得以示范如何以恰当的方式提出挑战性问题，也为我们的客户创造了曝光的机会，并让他们的工作更受重视。通常，高层领导者很乐意对当前和未来需要什么样的领导力阐述自己的想法，并愿意就实现组织文化和组织氛围目标方面提供反馈或传达他们的观点。

拓展教练的角色

在为组织客户工作的过程中，如果高管教练只愿意充当一个“外援帮手”，搞定有问题的人或培养有前途的人，那么他就忽视了促成重大直接改变的机会。过去人们认为，咨询师是分析问题并提出解决方案的人，而教练是发展过程中的伙伴。如今，这一区分不是那么有效了。那些运用教练的方法开展咨询的教练，其实是在做咨询的工作，他们应该准备好扮演咨询顾问以及其他一些角色，从而为组织贡献更高的价值。

教练可以承担哪些额外的角色呢？最明显的是在组织内将教练与其他发展过程和计划整合起来的咨询顾问角色。在订立合约阶段，教练总是会问教练活动该如何对组织内现有的各种发展流程产生贡献。教练对象有导师吗？如果有，有一位还是多位？ 他是否被认定为获得了特定发展机会的高潜领导者中的一员？组织已经为他提供了哪些领导力发展项目？教练活动将如何融入组织的其他人才管理过程？如果教练发现对方对这些问题的答案显得茫然无措，那教练就可以建议与决策者进行对话，以增加教练活动的影响力，并确保其融入现有的人才和领导力举措当中。学习和发展方面的专业人士或人力资源领导者很少会有意选择一些碎片化又可能相互矛盾的流程。

作为教练活动方面的专家，高管教练也可以支持组织内部的教练们提升能力和效果。大多数大型组织（以及许多小型组织）都会投资发展内部专业人士教练库，他们可能是兼职教练，也可能是全职教练，负责教练特定级别的领导者和某些类型的发展活动。这些内部教练项目充满了挑战，比如谁会是内部教练活动支持的合适对象。在组织面临重大变革或处于市场动荡时期时，与内部教练有关的道德和角色混淆问题可能会非常突出，并且当情况变糟的时候，人们很容易失去对他们的信任。外部高管教练可以为内部教练的持续培训提供重要支持，就棘手问题向内部教练项目的管理者提供处理意见，并改进用于确定内部或外部、导师或同侪支持等方面的选择准则。

提升组织价值的工具和技术

在探讨组织价值的案例时，我已经提到了许多具体的技术，在这里，我将集中概述几个最有效的技术。如前所述，如果要让这些技术在组织内部获得接纳，通常需要在订立合约阶段就引入这些技术。否则，它们可能会对现有流程造成极大的破坏。

- 与经理、人力资源业务伙伴、教练对象和教练一起开校准会议时，我更倾向于让会议成员——要么是人力资源业务伙伴，要么是教练对象本人——来主持这些会议。我总是让每位参加者提前做好准备，这样，他们就能做出恰当的贡献，并确保以组织价值为核心。我的角色就是在必要的时候进行澄清，并确保对教练活动目标达成某种协议。
- 教练对象要主持探索过程。考虑到我在会谈中提出的干预措施会推动教练对象的实践，这种实践可以在没有我参与的情况下持续进行，因此，我会尽量避免在教练对象不在场的情况下访谈他人以了解他的情况。我比较喜欢和教练对象一起拟订访谈的提问清单，明确访谈的目的和结果，然后让教练对象自己去做访谈。如果我有理由相信，他的防御以及自我意识受损的程度已经到了他没办法自己去做访谈的地步，那么，我会陪他一起去。关键在于，让教练对象提出这些问题，会使人际关系朝着积极的方向发展，并让受访者对教练活动的成果承担明确的责任。一旦教练对象能够提出一些挑战性问题并用心倾听，就更有可能针对棘手的问题开展进一步的对话。这使得教练会谈始终围绕组织中其他人表达过的顾虑和观点展开，降低了教练活动受制于教练对象自我膨胀的主观臆断的可能性。

- 将教练活动聚焦于具体的组织人才流程上。支持明确的组织需求的教练活动有可能会被视为对组织更有价值。许多教练制订了具体的教练计划，以应对学习和发展部门的领导者在整个工作过程中面临的挑战。例如，为入职高管提供的教练活动、为需要转型的领导者提供的教练活动，以及针对问题情景的咨询。在被提拔的领导者当中，失败或脱轨的现象之多，对每个人来说都是当头一棒。然而，我们知道，许多因素有助于提高领导者的成功率。
- 设计探索流程以便更好地接触决策者。如果我们相信高管教练活动和教练的各种方法可以对组织的氛围和文化做出有价值的贡献，那么，让更高级别的高管参与教练活动就是一个明智的做法。在咨询了客户方负责管理教练服务的对接人之后，我会设计探索的流程，确保要访谈的领导者比教练对象至少高两个级别。之后，教练对象就会准备好问题，去了解组织更宏大的领导力愿景，这也是与更高层级的领导者建立支持性关系的机会。特别是对于女性和其他边缘化群体而言，这些机会对于在组织内创造更公平的环境来说至关重要。

案例研究

我和一位同事受一家市值 60 亿美元的公司董事会的聘请，帮助首席运营官做好准备，成为首席执行官（CEO）。触发这次教练活动的原因很常见：这位高管是一位杰出的战略家，在该领域广受尊敬，负责这个组织的日常管理工作，成功应对了几次重大市场变化的挑战。在他的领导下，该公司在其所在领域收购了多家小型区域性公司，并在一个重要的地区拓展了业务范围，成为该市场领域第二大的公司。然而，有人怀疑他是否有能力转变思维和行为，满足 CEO 角色的需要。有人抱怨说，他过度沉迷于工作，对人不耐烦，让他周围的人感到受伤、疲惫不堪并备受打击，而这些抱怨让董事们很担心。公司决定为他提供深度的教练辅导，来处理那些与他的领导力相关的互相矛盾的观点。

教练活动是成功的，最终增强了董事会对他的信心，他也当选为首席执行官。从一开始，我们就认识到，组织是我们的客户，并根据组织的期望签订了教练合约。这一点在与董事会领导层以及教练对象的谈话中都得到了明确表达。作为这种伙伴关系模式的一部分，我们与该组织的人力资源和人才管理领导者建立了例会制度，以确保教练活动与他们的目标和使命保持一致。这样做的原因是为了让这些领导者发挥更重要的作用，并确保他们在组织领导力发展过程中的作用清晰可见。我们对这次教练活动长期成果的期望是，新的 CEO 与这些人力资源领导者的关系会越来越好，这样一来，我作为外部教练的工作就可以画上句号了。

通过探讨这次教练活动的系统性背景，教练对象很快就明白了，他的执行团队需要帮助，以跟上组织的步伐及其所面临的不断变化的市场环境。于是，我们对高管团队也进行了教练，而且，由于我们致力于提升内部资源的价值，人才管理部门的负责人也应邀在团队教练活动中担任联合教练角色。在过去的几年里，该高管团队经历了一系列的发展性活动，以使他们能够应对市场中动荡而复杂的变化。

在此期间，与前任 CEO 和董事会主席进行的探索访谈和校准会议，促使董事会主席就董事会关系和继任管理寻求我们的建议和咨询。董事会的构成是组织早期的产物，当时该组织还是一家区域性的小公司。在我的鼓励下，董事会主席认识到，公司董事会需要改变现有的董事会成员构成，之后，提名委员会通过了未来董事会构成的新计划。

在以上案例中，通过与赞助教练活动的组织建立恰当的关系，并明确与教练活动相关的各方关系人的不同角色和义务，高管教练活动的价值问题得以解决。一位采用系统性手段、并明确认为组织是教练活动的第一客户的高管教练，在提升其教练对象的领导能力的同时，也可以为整个组织带来很多价值。

结论

高管教练活动能够对组织产生重大的影响，但这需要高管教练在思维和实践方面做出一些重要的转变。这些转变包括，要树立这样一种心态——坚持在教练和组织之间建立更强大的伙伴关系，这种伙伴关系是基于双方都认识到：如果领导力是重点，那么组织必须被视为客户。因此，订立合约、探索、教练活动本身的方式、与组织的关键参与者持续互动的模式会反映出一种系统观。这也需要教练勇敢地扩展自己所承担的角色及其为客户提供的服务。现在是高管教练行业茁壮成长的时候，让我们抛弃过去固有的狭隘的个人主义，转而在组织成功中发挥强大的影响力。

第8章　通过跨文化团队教练传递价值

菲力普·罗辛斯基

将文化视角融入高管团队教练之中至关重要，不仅仅是因为高管团队本身在文化上越来越多元化，还因为当团队隐藏的跨文化潜能被激发时，它们会更具创造力，也更有成效。

然而，到目前为止，能够将跨文化理念和教练技术整合得很好的高管团队教练寥寥无几。

在本章中，我将以我之前在这一领域的工作为基础，介绍一个专注于高管团队的跨文化团队教练流程（教练 10 步法）。最主要的是，我想让资深实践者们更系统地利用文化差异。为此，我提供了一个实用方法，即文化取向框架（cultural orientation framework, COF）测评。特别是案例研究，它能让你了解到如何进行跨文化教练实践，以及文化是如何丰富高管团队教练过程的。

我会谈及对于多样性的传统理解（即外部 / 内部多样性），并介绍显性 / 隐性多样性的概念。我想说的是，所有团队在文化上都是多元的，顶多是表现得不明显罢了，因此，团队教练一定要成为跨文化团队教练。我同时也认为，要使对高管团队的教练成果具有持久的影响，意味着要接纳全息的 / 有机的 / 复杂的范式，并从多个相互关联的角度（从身体到精神）来应对高管团队面临的复杂性。将文化视角与其他视角相结合能达到最佳效果，它们共同构建了一种强有力的、整合性的、全方位的团队教练形式。

理论与实证

作为一名早期的团队教练，团体动力对我的教练实践影响至深。当时，关于团队的文献都寥寥无几，更不用说关于团队教练的文献了。在过去 10 年间，终于有若干书籍问世，披露相关的最佳实践和研究成果［参见萨拉斯、里科（Rico）和帕斯莫尔 2017 年的著作，该书提供了关于团队和团体过程的广泛文献综述］。

团体动力

团体不是简单的个体成员的总和。它有着自己的特点：在最好的状态下，团体能充分利用个体的贡献，实现统合综效；在最坏的情况下，它会导致人云亦云或两极分化。这些如今团队教练们耳熟能详的概念，在团体动力学出现之前并不为人熟知。团体动力学被定义为“在团体内部和团体之间出现的有影响力的行为、过程和变化；以及对这些过程的科学研究”。库尔特・勒温（Kurt Lewin）创造了“团体动力”一词，他被广泛认为是 20 世纪 40 年代这一领域的先驱。勒温把团体成员的行为解释为其个性特质与环境因素共同作用的结果。心理学家、社会学家、社会心理学家进行了调查研究，揭示了团体的隐患以及改善的方法。例如，肯尼斯・贝恩（Kenneth Benne）和保罗・希茨（Paul Sheats）关于团体内角色和功能的研究；罗伯特・贝尔斯（Robert Bales）关于对团体产生正面或负面影响的行为研究；所罗门・阿希（Solomon Asch）关于从众压力的研究；马文・邓尼特（Marvin Dunnette）、坎贝尔（Campbell）和杰斯塔德（Jaastad）关于团体创造力的研究；伊万・斯坦纳（Ivan Steiner）关于不同任务中团体与个体生产力的比较，等等。

“团体”的定义可谓五花八门。多纳尔森・福赛思（Donelson Forsyth）把团体定义为“处在社会关系中，并通过社会关系相互联结的两个或多个个体”。团队可以被定义为“在一起工作的任何一群人”。在实际工作中，团队可以被更清晰地定义为一个小规模的、有凝聚力的、专注于达成特定目标的团体。然而，人们也不总是对这两者加以区分，因此，“团体”和“团队”这两个词有时是互换使用的。

例如，在运转不良的团队里，可能缺乏凝聚力和 / 或关注点。此外，对福赛思来说，凝聚力、目标，以及互动、互赖、结构不仅仅是团队也是团体的特征。

有时团队和团体是相对立的。乔恩·卡岑巴赫（Jon Katzenbach）将团体和团队进行了对比，他认为，在团体中，“绩效是由成员各自取得的”，而团队绩效则“既需要个体的，也需要相互的责任担当”。这个观点与福赛思的上述观点相左。然而，作为一名实践者，重要的是不要被定义上的学术分歧所困扰，而是要关注作者的实际解决方案。对客户来说，重要的是教练帮助他们取得可持续的高绩效，并为其利益相关者提供有影响力的服务。

团队教练

我会与个人和团队合作一段时间（通常是一年），帮助他们明确目标、克服挑战，并利用自身资源来实现目标。我所开发的教练方法似乎是经典培训和团体会议引导的自然延伸，也是获得持续影响的新方式。客户并不是孤身一人去弄清楚如何将他们在培训工作坊上学到的东西付诸实践；相反，他们在整个旅程中都会得到支持，这样一来，他们就不会轻易地回到老路上，而是在前进的过程中得到赋能，从而克服挑战。

没有接受过专门的团队教练培训的一个好处或许就是我可以一直借助不同学科领域的研究成果来丰富我的实践，质疑假设，并整合多样化的视角来服务于我的教练对象以及他们的利益相关者。

与拥有特定领域的学术素养同样重要的是，你必须得有个人成长，才能成为个人教练，更不用说成为团队教练了。拥有健康成熟的自我（自信而不傲慢，谦逊而不自卑）和全然接纳的态度，对于和客户建立建设性的、亲和流动的关系来说至关重要。要发展这种内在状态，可以有不同的途径。接受心理治疗能带来持续而重大的影响。参加由大师带领的团体治疗可以让你获得成长，同时还能了解团体动力。而请人对自己进行教练或督导也是不错的方法：团体督导可以成为为团队教练做准备的试验场。

尽管我此前已经做了多年的团队教练，然而，直到 1998 年，欧洲才有了第一次教练大会。在会上，我和百特瑞纳尔医疗部门的业务总监彼得·莱兰（Peter Leyland）做了题为“高绩效团队教练”的演讲。我很荣幸在 1997—1999 年间对彼得和他的团队进行了教练。他们的成功故事在 2000 年被帝国理工管理学院的教授桑德拉·梵得莫夫（Sandra Vandermerve）收录到其在《斯隆管理评论》（*Sloan Management Review*）上发表的文章中。彼得·莱兰在前行的路上得到过诸多支持，但他认为，事实证明，他之所以能实现辉煌的业务转型，团队教练是最重要的助力。大会召开时，他的业绩提升了 50%，团队士气也显著提升。

我在 1998 年的那场大会上分享的几个“有效团队教练的原则”——服务于多个利益相关者、采用系统观点、将团队教练干预作为一个获得高绩效的过程而非孤立的事件等，在随后几年中被不同的作者加以阐述。例如，彼得·霍金斯提出的“层级 3：系统性教练”的概念并不新鲜（“我让团队成员设身处地为他们的各利益相关者着想，在活动挂图上涂鸦，表达出每个利益相关者群体的希望与挫败”），但它的好处是鼓励未来的团队教练们选取一种“由外而内”的方式，系统性地考虑“团队与其更广泛的系统环境之间的动态关系”。而且，彼得·霍金斯提出了层级 4（生态系统团队教练）的概念，将团队教练带到了一个新的高度。

除了极少数例外——尤其是我后来发现的隆金发表于 1998 年的作品，几乎所有关于团队教练的著作都是在过去 10 年中才出现的。克里斯特·洛（Krister Lowe）给出了一个包括五本推荐书目的阅读清单，强调了每本书给他带来的特别价值。这五本书分别为《领导团队教练》（*Leadership Team Coaching*）、《教练工作团队》（*Coaching the Team at Work*）、《从 1 到多》（*From One to Many*）、《高绩效团队教练》（*High-Performance Team Coaching*），以及《团体及团队教练》（*Group and Team Coaching*）。

洛提出了一个重要观点，要成为一名成功的团队教练，光靠看书和参加一个“为期三天甚至一年的团队教练认证项目”是不够的；最重要的是，它需要“躬身实践，和真正的团队实打实地开展工作”。理想状态下，还要接受教练督导，以及和其他团队教练开展同侪学习。

文化视角

如果说团队教练（尤其是高管团队教练）还不够难的话，可以多考虑一下另外两个复杂因素：文化多样性与地理距离。奇怪的是，关于跨文化团队教练，依然鲜有相关文献，更不用说深入研究了。

《跨文化教练》（*Coaching across Cultures*）是第一本系统地将教练与跨文化结合起来的书。它建立在包括弗洛伦斯·克卢克霍恩（Florence Kluckhohn）和弗雷德·斯多特贝克（Fred Strodtbeck）、爱德华·豪尔（Edward Hall）、吉尔特·霍夫斯塔德（Geert Hofstede）、弗恩斯·特朗皮纳斯（Fons Trompenaars）等人在内的人类学家、沟通专家和跨文化顾问的研究基础之上。《跨文化教练》主要针对个人教练和团队教练，尤其是针对高管的教练。我把教练定义为"一种促动的艺术，它释放人们的潜能，使其达成有意义的重要目标"。跨文化教练能够通过跨文化方法释放根植于文化多样性的额外的人类潜能。

"跨文化教练"有以下双重目标：

- 正如你所期待的那样，促使跨文化的工作更有效（不仅仅是国际化的概念）。
- 从根本上提供更具创造性和完整性的教练方式。这种方式挑战了各种情形下的文化假设。它推动身为教练的你，以及你的教练对象超越原有局限。它让你们有了新的选择，可以用与以往不同的方式来思考、沟通、管理时间以及参与各种活动。

在另外一些著作中，也有相关的讨论。

文化多样性

文化多样性概念有一个重要难点，那就是在这一主题下存在着五花八门的内容。

文化多样性可以是外在的（诸如种族、性别或年龄等明显差异），也可以是内在的（例如在时间管理、沟通、思维、组织等方面的文化偏好）。这种二分法源于大家熟知的表层 / 深层差异性区分。

这种区分的价值在于，它使我们能够描述和拓展我们的内在。通过扩展我们的世界观，我们就有了新的外部选择，也变得更加有效。然而，这种区分显然不现实，事实并非如此简单。它比我们想象的更为错综复杂。为与全息 / 复杂 / 有机的范式保持一致，超越时下依旧流行的机械论世界观，同时也不排斥它，我提出了一种补充的二分法：文化多样性是外显的（即明示的）或内隐的（即隐藏的，但对团队是有潜在影响的）。换句话说，一个团队可能是相对趋同的，并在通常的定义下不会被认为具有多样性（指可见特征，或内在 / 认知多样性）；然而，从全息的视角来看，这个明显趋同的团队依然会被看作具有多样性、各不相同，尽管这种多样性是内隐的，是被包藏起来的。全息的视角解释了卡尔·荣格（Carl Jung）的集体无意识概念，以及教练所相信的人类有着尚未被开发的巨大潜能。

跨文化团队教练适用于各种形式的多样性。因为多样性总是存在的，我认为，所有团队教练都应该成为跨文化团队教练，以获取最高效能。系统地将文化视角融入团队教练中是一个绝佳的机会，让人们在其丰富的文化多样性中发挥潜能，即使这些文化差异仍然是潜在的、尚未外显的。

成败皆因文化多样性

文化多样性是一把双刃剑。兰德尔·彼得森（Randall Peterson）根据研究结果得出结论：团队的绩效水平与其（外显的）多样性水平无关。彼得森认为，这种关系更加微妙，具体取决于如何管理多样性。如果处理不当，它就会成为一个问题，导致绩效下滑。如果处理得好，它就会成为进步的源泉。在其 2017 年 6 月 26 日写给我的信中，彼得森提到了多个支持他这一观点的参考信息和资料，包括鲍尔斯（Bowers）、法尔莫（Pharmer）和萨拉斯，韦伯（Webber）和当纳休（Donahue），哈里森（Harrison）、普里斯（Price）、加文（Gavin）和弗洛里（Florey），霍维茨（Horwitz），斯塔尔（Stahl）、迈兹涅夫斯基（Maz-nevski）、福伊特（Voigt）和约恩森（Jonsen），贝尔（Bell）、维拉多（Villado）、卢卡西克（Lukasik）、贝劳（Belau）和布里格斯（Briggs），以及克莱恩（Klein）等人的论述。

达娜·费尔赫芬（Dana Verhoeven）、库伯（Cooper）、弗林（Flynn）和舍弗勒（Shuffler）也得出了相似的结论：

> 实证研究将文化多样性的各个方面与团队成果联系起来，以评估绩效的提升或下降。团队有效性研究包括了团队多样性的积极和消极方面。确切地说，团队的多样性增强了创造力、创新性和灵活性；反过来，文化多样性的增加也造成了沟通困难、误解、凝聚力下降、冲突加剧，最终会导致绩效下降。

米歇尔·休姆斯（Michelle Humes）和安妮·赖利（Anne Reilly）也有类似的发现：

> 当跨文化团队的多样性成为团队的资产和生产资源时，这个团队就有可能成为组织中最高效、最有生产力的团队。在完成一项任务时，运转良好的跨文化团队会有更多的视角和解决方案，同时也会增强对完成这一任务的承诺。然而，由于潜在的误解、沟通不畅和冲突，管理不善的跨文化团队也有可能成为组织中生产力最低的团队。跨文化团队中的团体动力可能既复杂又耗时，会对团队的生产力产生不利的影响。信息过载和团队成员之间的地理距离等沟通问题也会对团队绩效构成挑战。

卡斯·桑斯坦（Cass Sunstein）和里德·黑斯蒂（Reid Hastie）发现，个体的认知偏见在团体或团队中常常会被放大。他们认为有办法减少这些影响：

> 我们的中心议题之一是多样性的至关重要性，这种多样性不一定是人口统计学范畴的，而是指想法、观点方面的。我们讨论的重点就是认知多样性。
>
> 领导者可以通过创建合适的文化以及雇用合适的人才来大大增强多样性。

多样性和不同意见带来的一个特殊优势是，它们提升了组织所需的两个要素：创造力和创新性。

当少数派的声音被听到，运转良好的团队很可能会打破常规，新的解决方案甚至是高度的创新也会随之而来。

当团队内部存在不同意见和多样性，且其参与程度较高的时候，团队很可能会做得更好。

这些学术研究显示了利用不同文化视角的好处，跨文化教练则提供了一种实用的方法来挖掘这个宝藏，以提升创造力和统合综效。

两极分化与从众压力

当我们拥有更多（外显的）多样性时，误解、冲突等因素导致的两极分化的风险就会更大。此外，一种更微妙的现象，即所谓的确认偏差，强化了这种两极分化：我们倾向于更多地关注那些与我们的认知相一致的信息，而忽略那些与我们的认知相矛盾的信息。仅仅给团队成员一个表达不同意见的机会，并不足以帮助他们走到一起，也有可能会让他们更为疏离。

更重要的是，当团队成员趋同时，可能会表现为形式上的一致，而没有形成思想上的真正统一。长期以来，社会心理学家一直在研究“阿比林悖论”（团体成员不表达自己的偏好 / 有所保留，不反对最终无人满意的行动方案）和“群体思维”（倾向于形式上一致，便于通过审查）等陷阱中表现出来的从众压力。

考虑到所有团队都存在不同程度的多样性，跨文化教练可以在将团队多样性转化为资产方面发挥巨大价值。向相对同质化的团队注入 / 展现不同的视角也很有帮助，因为相对同质化的团队有可能忽视当前明确和有限的世界观之外的富有成效的可能性。

不同层级和视角

在多个层级上工作（个体 – 团队 – 组织 – 社会）使教练能够发现复杂的相互

关系并产生更大的影响。这种系统性的方法促进了协同一致，同时消除了因信息冲突而产生的僵局。

根据我的经验，高管层不同于运营管理层之处在于，其所面临挑战的复杂性和多面性更高。对于运营团队来说，难处理的挑战并不一定是错综复杂的（例如，所有挑战都是相互关联的，继而形成错综复杂的关系）。当然，这并不是说只有高管团队才面临复杂的状况。

我开发了一种整合性的多维度团队教练方法，适用于应对复杂性。它立足于六个相互关联的（即身体的、管理的、心理的、政治的、文化的和精神的）教练视角，并采用更适合处理其“乌卡”（VUCA：易变性 – 不确定性 – 复杂 / 混乱性 – 模糊性）体验的有机 / 全息的现实观。鉴于变化的速度越来越快、连通性越来越强、资源越来越少等因素，高管层级面临的压力也越来越大。

我们该如何帮助他们照顾好自己，使他们能够持续面对这种高要求？身体视角是关于促进身体健康的，这一点在团队教练中往往被忽视。继而，我们也会帮助高管团队将促进组织成员身体健康作为一个目标，并作为其他一切的基础。

另一方面，精神视角有助于高管团队成员有目的地管理他们的组织和他们自己的生活，并辨别什么才是真正重要的。这使他们能够向他人散发正能量，传递意义感，鼓舞他人和激发真正的参与。

有一些高管可能会成为过度关注自我（如自恋、强迫）的牺牲品：那些让他们升到高位的品质（如驱动力、自律）有可能成为他们的负面影响因素。关注心理视角可以促进建设性的关系和健康的合作。我们希望保护领导者的自我，同时鼓励他们拥抱自身的阴影，这样就能形成一个更完整的自我。从另一个角度来看，心理因素激发了心流，也可以称之为神驰。当高管们专注于他们所做的事情时，他们会感到精力充沛，并能几乎毫不费力地实现高绩效。

管理视角通常更为人所熟知。它促使团队专注于取得成果和提升价值。它包括设定正确的目标、衡量进展、调整领导风格以适应不同的情境。

从团队的角度来说，政治视角有助于高管们有步骤有方法地从各个利益相关者那里获取必要的支持，从而使得团队和团队成员都能实现其目标，同时为各利益相关者服务。我曾教练的一个研发管理团队精心设计了它想要传递的信息，强调了它为组织和客户创造的价值，并在此基础上和公司的相关高层人员接触，获得了以前未能成功获取的额外资源。

接下来，我将重点介绍文化视角。在实践中，各个视角是结合在一起的，并在适当的时候被调用。能够处理不同的视角，并且灵活地为高管团队提供当前最有助于其向前发展的干预，是优秀的全视角团队教练的特征。

全视角的教练将团队教练带到了一个新的水平。它使得团队教练跨出自己的专长范围，向各个不同的领域学习，并以跨学科的方式与团队合作。

跨文化团队教练的目标和流程

高管团队教练能帮助团队实现可持续的高绩效：完成目标，开展高质量的工作，为多个利益相关者（他们自己、他们的团队成员、内外部“客户”，以及整个社会）服务。跨文化团队教练能通过综合多元化的文化视角，帮助团队取得更丰硕的成果。

每个团队教练项目都会有更为精准的目标，但它们通常包括帮助团队成员：

- 在合作中促进相互理解、信任和获得快乐；
- 提升他们对当前团队绩效的认知；
- 意识到各个成员的优势、劣势、偏好及其对团队合作的影响；
- 提高其沟通和人际交往能力；
- 培养创造力，利用多元化的视角有效应对复杂的业务挑战；
- 结合整体愿景和战略、外部环境的力量、内部文化、能力、组织架构和系统，阐明他们对组织的贡献；
- 更广泛地阐明他们的工作将如何为各利益相关者服务，以及如何为子孙后代创造一个更美好的世界（社会的、环境的以及和经济效益相关的）；

- 围绕共同的远大目标和具体行动计划做出承诺；
- 增强合作能力（包括跨文化和远程合作）。

当我反思自己用于高管团队教练的流程时，我发现可以用 10 个步骤来描述它，而且每一步都可以用一个以“co”开头的单词来表示。这似乎特别合适，因为“co”（在拉丁语里表示“和……一起”）完美地表达了团队合作的核心理念“团结”。

“complexity”（复杂性）这个词里也包含“co”，它体现了高管团队面临的挑战特征；当然，其他团队（例如解决复杂的社会挑战的多学科专家和研究人员团队）也面临着同样的挑战。虽然这 10 个步骤是以一种线性方式来描述的，但它实际的运用是复杂多变的，这样才能有效。这个过程必须灵活地进行调整，以应对新出现的威胁和抓住新的机会，“感知事物的发展方向以及如何最好地适应它们”，充分了解团队教练进展过程中正在发生的事情。教练是一门超越技术的艺术，不能把它简化为一个固定的处方。

10 步法适用于高管团队，并能根据他们的实际情况进行调整（例如，有的团队只需要短期存在）。尽管团队成员总是处于动态变化之中，不断有新人加入，也会有另一些成员离开，但我希望其具有一定的稳定性，这样对团队教练的投资才会有回报，正如本章所述，可以即时并持续产生效果。

高管团队教练 10 步法

1. 订立教练合约

经常会有团队领导者，或者是把我介绍给团队领导者的人力资源负责人，与我联系。即使他们想请我来教练他们的高管团队，我也要先搞清楚这个团队教练项目的相关因素，以及使这项投资对他们和他们的利益相关者有价值的各项条件。文化取向在这方面已经发挥了作用：与其出于文化习惯行事（有时是好事，但有时也会更糟)，还不如做最好的选择，即使这意味着要走出你的文化舒适区。

你为什么要首先建立你的团队？在《跨文化教练》一书中，我分享了一个例子：有一位总裁，他负责的区域很大，他的每位团队成员都是负责某一特定区域的高管。由于相互协同、统合综效的机会有限，鼓励自主性，甚至鼓励成员间的良性竞争，就变得有必要了。团队成员间的合作不多，而且事实上也无此必要；因此，可能不值得投资于团队教练。另一方面，该总裁也认识到，必须加强公司总部的直接下属之间的团队协作。他们必须更加团结，才能推动整个业务向前发展。团队教练在这里更有意义。

你的团队组成是否合适，或者至少是可以接受的？在大多数情况下，领导者所带领的团队都不是自己组建的。我们通常不能期望每个团队成员都具有高超的技能，并全力以赴致力于团队的成功，但我们要求团队成员要有足够的任务熟练度以及开放、建设性的态度也是合乎情理的。如果一个团队成员缺乏基本的情商，对来自其他文化的同事表现出蔑视的态度，或者挑动没有价值的冲突，团队领导者需要第一时间处理这样的情况。例如，他可以提出明确的期望，要求在一定的时间内实现行为改善，并提供支持。如果这还不够，那么下一个选择就是解雇该员工。在团队教练中，我们不希望把时间花在这类问题上，从而分散团队对其真正优先事项的关注。

以下是团队领导者在开启团队教练之旅前需要检视的一些有用的问题：

> 你是否从组织的关键决策者那里得到了足够的支持，他不仅会投资于团队教练项目，而且为后续的成功创造了条件？这个团队教练项目将如何融入整体的愿景和战略？
>
> 你希望从团队教练中获得什么？你如何判断它是成功的？你的各方利益相关者是谁？他们将从这个团队教练项目中获得哪些收益？

考虑一下你的目标，你是否已准备好投入必要的时间进行团队教练？这里的危险在于，让文化上的“时间是稀缺的”观念得以延续，试图在太少的时间里塞进太多的东西，而忽略了慢下来的潜在好处。如果秉承“时间是充裕的”观点，你就创造了一个在团队中建立关系的机会，并能清晰地识别出你应该优先考虑什么，什么才是真正重要的。跨文化教练致力于提高效能（从日常事务中抽身出来，选择做正确的事）和效率（用正确的方法提升生产率）。如果教练没有注意到这些文化差异，他们可能只是在遵循主流文化规范，而不是去挑战它。

最后，作为一名团队教练，我希望从事对我而言有意义的项目。理想的情况是，我可以帮助一个团队完成一些超越其直接利益相关者的工作，服务于社会和整个世界。我很幸运有机会从事这类项目。但在这个不完美的世界里，每当我们帮助一个团队为人们带来欢乐，或是促进某些进步（特别是经济、环境和社会的进步）时，我们也在做出有意义的贡献。

2. 背景环境

一旦订立了教练合约，列出了目标、步骤、范围、条件和时间安排，教练就会更深入地研究背景环境，要求团队领导者及其同事提供背景信息，包括愿景、战略、价值观、产品和服务、组织架构，以及各利益相关者的关系图谱等。

教练不是顾问，但他们仍然需要了解背景情况，以便识别威胁和机会，帮助教练对象找到成功的途径，或选择可实现持续高绩效的道路。

3. 联结

与团队领导者建立密切和互信的关系至关重要。团队领导者需要在分享个人愿景、愿望和担忧时感到舒适自在。文化意识和悟性是与多元文化的领导者建立这种联系的必要条件。例如，2016 年，我曾在海地为“无国界医生”的医疗主管提供教练辅导。那段时间对我更好地了解情况并开始建立信任关系来说至关重要。在一对一的交流中，海地的这些领导者们会经常用暗示或是非言语的方式与我一起试水。这通常意味着他们想要分享微妙的信息，或者正面临困境。关注这些信号当然是必要的，但我也确保自己表达了真心的尊重和钦佩。这些人致力于在困难的条件下拯救人类生命，做了出色的工作。我相信他们看到了我深深的尊重，并开始信任我。为了让这一过程更轻松，我会把他们含蓄的表达重新组织一下，并亲切地打趣道："如果我没理解错的话，你的意思是……"然后用更明确的说法把他们的意思表达出来。他们随后的微笑表明我听懂了！

在任何情况下，我都会向每位团队领导者表明，我希望为他本人服务（当然，也为整个团队及其利益相关者服务）。

4. 顾问

我采用测评与访谈相结合的方法来获得对形势清晰的看法，这样我才能设计出一个客户认为和他们的情况相关的、有价值的、并聚焦于重要问题的量身定制的方案。

其中一项测评旨在将团队在对其可持续成功来说至关重要的各个领域的表现可视化。克里斯特·洛推荐了一份测评清单。我通常会用一个不在他的清单上的方法——坎贝尔-哈勒姆团队发展调查（Campbell-Hallam Team Development Survey™，TDS™）。

另一项测评专门关注团队文化画像。我采用的是文化取向框架测评（COF），这是我专门为跨文化团队教练设计的。一般的团队测评虽然不错，但是缺少文化的视角，需要通过文化测评加以补充。

TDS 和 COF 的测评结果是严格保密的。每位参与者都会拿到自己的个人结果，但这个结果不会与其他任何人共享。我们将仅呈现和讨论总体结果。

如果可能的话，我希望在访谈前先看到测评结果。不过，测评和访谈也可以同步进行。

我会与每位团队成员进行一对一访谈（访谈时间每人 45 分钟至 1 小时）。访谈也可以通过电话或者视频的方式进行。

访谈是开放式的、保密的。目的是了解激励因素、问题、机会领域和存在的阻力。这些访谈使我能够澄清期望，同时厘清哪些因素会有助于项目成功。访谈的性质使参与者能够开放、坦诚地谈论他们的需求和关切。

访谈是一个与每位团队成员建立良好关系的机会，并传达以下信息：该计划旨在为多个利益相关者服务，包括整个团队和其中的每位成员、组织及其利益相关者，当然也包括整个社会。

5. 构想

根据商定的目标、背景信息、与团队领导者（如有可能且合适的话，还包括人力资源主管）的个人讨论、TDS 和 COF 的测评结果以及访谈情况，教练将设计干预方案：具体目标以及各种活动的大纲及流程。幻灯片和工作表通常在后期建构阶段准备，期间还将准备好各项材料。

6. 教练辅导和共同设计

这个一对一会谈的过程总计需要花费 2 ~ 3 小时。首先，团队教练向团队领导者展示他的发现，重点关注访谈和测评中呈现的关键主题。这是个微妙的时刻，尤其是当 TDS 显示出团队绩效低于标准（与某一基准相比），以及对于团队领导的反馈不是很积极正面的时候。我试图把团队的结果用这样一个视角来呈现，即重要的是你和团队将如何处理这些结果。有时团队的低分可以作为一个警钟，我也提到我曾亲眼见证了非凡的团队转变。反过来，团队得分高并不能保证其长期的成功：当团队想要躺在功劳簿上时，确实会出现自满和退步。对团队领导者个人来说亦是如此。

在这个反馈过程中检视团队集体的 COF 结果以及团队领导者的个人 COF，有助于了解可能促进或阻碍团队成功的文化倾向。

团队教练将介绍其对团队教练流程的初步设计，特别是第一次团队教练会议 / 离岗活动。团队领导者则建议可能的改动，这是一项双方共同设计的工作。

重要的是，他们要讨论团队领导者将如何根据收到的反馈采取行动，以及如何通过改变领导者自身的行为，鼓励团队成员走出舒适区，实现个人成长。

他们还会讨论在整个过程中双方各自的角色。教练通常充当引导者并管理过程。团队领导者则在一个更宽泛的背景下确定教练干预措施，设立参数（例如，澄清团队可以决定什么，以及哪些超出其权限），并充当贡献者（就像其他团队成员一样）。

我可能会让团队领导者做一些准备工作。例如，清晰地阐明团队愿景，作为团队讨论的起点。

我们将就项目计划达成一致，以确保所有组织工作管理得当。

我们还会商定一个时间表。我的团队教练活动通常包括至少两天的启动工作坊以及一天的后续跟进工作坊。

7. 建构

这个阶段需准备幻灯片、工作表、订购及收集各类活动用材料，以及详细的大纲。

我还会跟客户协调，他们需预订场地（如果还没订好），负责差旅（如有必要），并组织特别的额外活动（例如开卡丁车，或者只是共享美妙的晚餐）。

8. 在一起

团队离岗工作坊的实际流程会按照预先的设计进行，并在进展过程中灵活调整。

离岗工作坊通常包括三部分：提升团队意识，让他们知道要实现可持续的高绩效，他们拥有哪些资产，面临哪些障碍（同时也会挖掘团队成员的经验和创造力，以确定如何最大限度地利用资产和克服障碍），通过教练反馈和体验式活动建立特定的能力（取得进展最需要的能力），并产生出清晰的共同愿景、行动计划，且获得团队成员实实在在的投入。

9. 承诺

至关重要的是，要确保团队成员带着有利于团队及其利益相关者的具体承诺离开工作坊，这些承诺越多地反映出为有意义的共同目标服务的真实愿望，团队成员就越容易兑现承诺。

这些行动还应利用团队中的各种多元互补的、同时也是团队成功所必需的技能。

10. 持续

有时，尽管团队成员的初衷是好的，但他们却忙于日常事务而忽视了他们所承诺的行动。团队领导者需要宣导必要的纪律、严谨、勇气和毅力，以保持（如果不是扩大）势头。

团队成员也要积极主动。高绩效团队的一个标志就是团队成员对他们的成功相互负责。

如果需要，可以跟外部团队教练约定安排几场跟进工作坊。当因团队市场情况发生变化，必须应对一系列新的挑战时，他们可以安排新的离岗工作坊。

跨文化团队教练运用的工具和技术

在与团队合作时，可以运用多种工具，具体取决于背景情况、问题和个人。这些工具可能包括体验式活动、行动学习团队项目、小组讨论、团队活动录像，加上后续的自我剖析和相互反馈、个人反思、同侪教练以及团体引导等。

对于经验丰富的教练，我将介绍三种技巧。第一种就是我在前面提到过的“用图像 / 涂鸦捕捉不同利益相关者的声音”。除了团队成员本身也是利益相关者的一个类别外，利益相关者主要来自团队外部。

第二种技巧包括归纳性的活动，如绘画、看明信片，或者创作拼贴画。但是，这些艺术表现都是关注内在的。它们构成了揭示个人文化特征和团队共同文化主题的有力方式，能够使团队成员团结起来。

我来详细说明一下第三种技巧，它是演绎性而不是归纳性的，重点在于运用文化取向框架™测评（COF™），让大家意识到团队成员的行为所表现出来的文化取向，同时也邀请大家考虑其他的文化视角以获得更多收益。也有其他的文化测评工具，但它们的主要关注点是建立国家文化画像，并将个人的偏好与一系列的国家文化进行对比［例如：霍夫斯塔德洞察力文化罗盘™（Hofstede Insights Culture Compass™）、全球聪 GlobeSmart®（GlobeSmart®）、文化取向指标®（Cultural Orientations Indicator®）］，而不是从各种文化差异中学习，从而帮助个人成长。

COF 测评可以从 www.COFassessment.com 网站上获得，它的底层模型（见图 8–1）在罗辛斯基的书中有详细说明。在这里我将重点介绍高管教练如何运用该工具来帮助团队提高他们的变通力、创造力和有效性。潜在的动态和包容性文化观使我们能够利用文化差异，在多样性中建立统一性。它和传统的二元及静态跨文化方法形成了对比，后者有时会无意中强化模式化的刻板印象。

凯瑟琳·卡尔（Catherine Carr）和莉莉·塞托（Lily Seto）写道：

> 我们选择罗辛斯基的 COF 作为概念框架和主要测评工具有几个原因（包括：用文化类别超越了典型分类，团队画像可在将来用于其他项目，成本效益……）。我们也考虑了其他模型，但是 COF 框架似乎是为教练进行教练对话而特别设计的，它有助于利用文化差异和创造新的可能性。
>
> （公共部门教练的文化意识行动研究，2013）

对于每个文化维度，COF 测评会检视以下两个方面（见图 8–2）。

- 你的取向（例如，在“控制 – 谦逊”这个维度上呈现明显的“控制”）是没有好坏之分的，它只是反映了你的偏好。每个维度都可以用在横轴上的位置来表示。所有的取向都有其优点，然而，它们有时可能会被过度利用或利用不足。

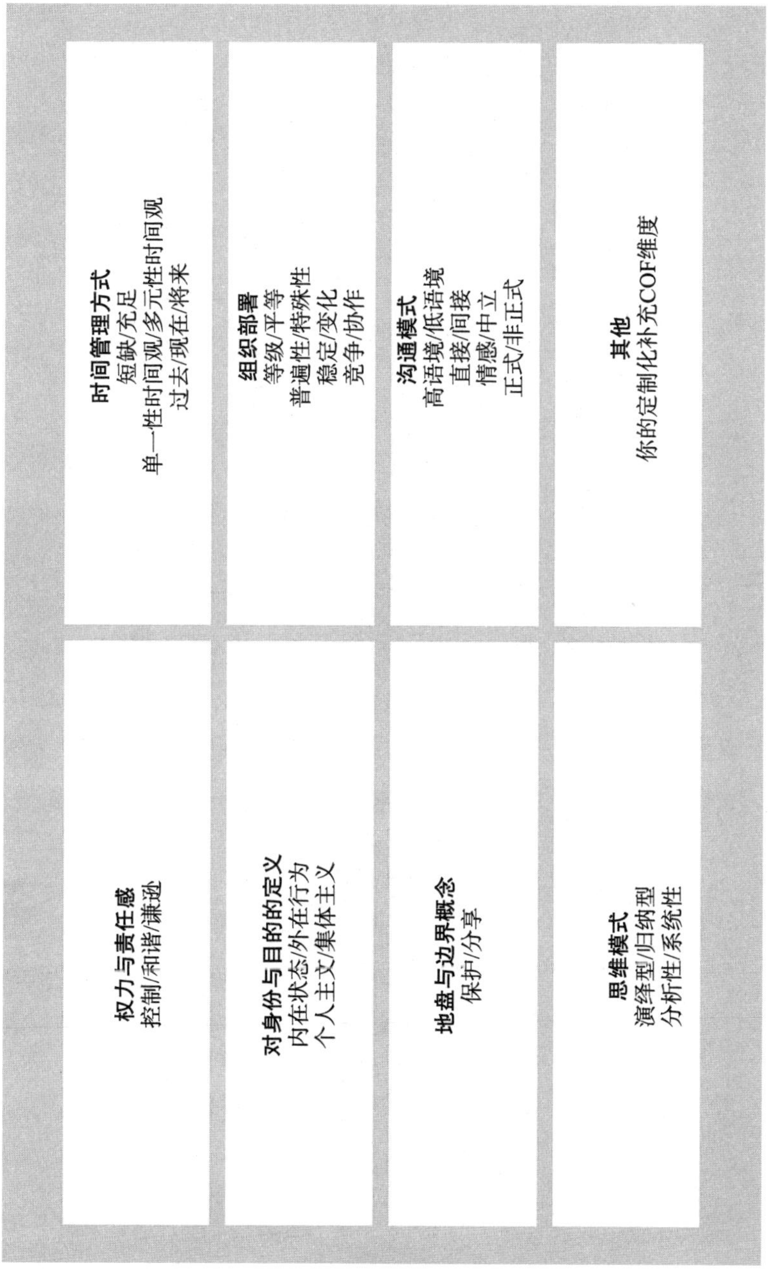

图 8–1　文化取向框架（COF）

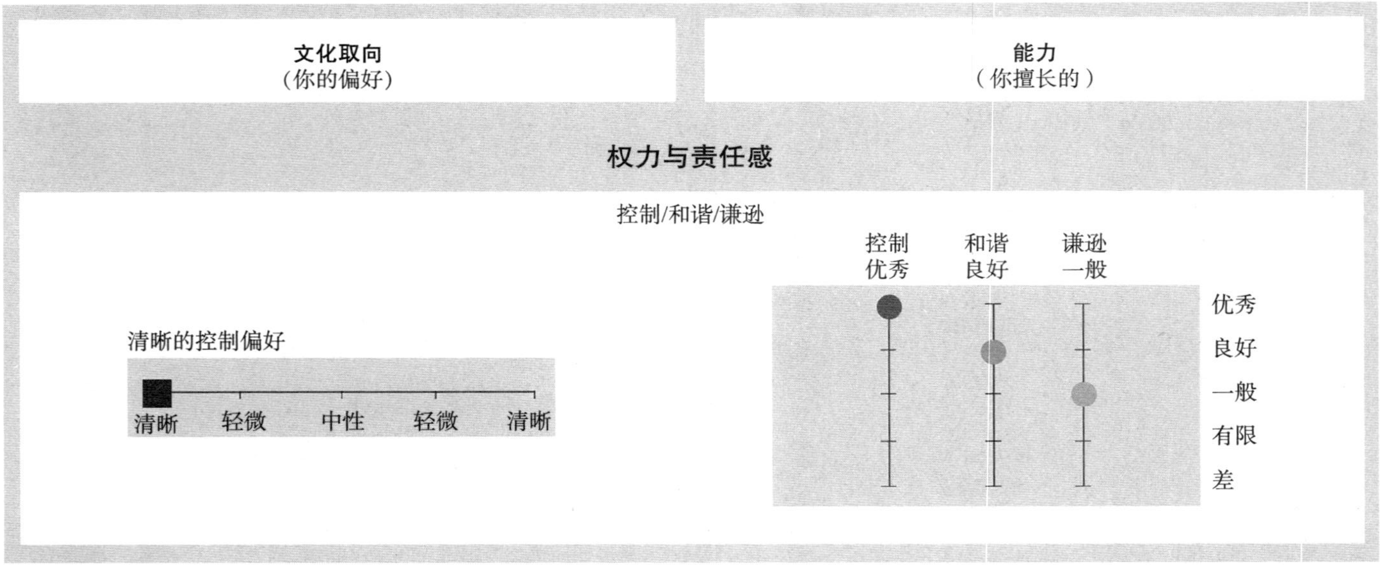
文化取向
（你的偏好）
能力
（你擅长的）
权力与责任感
控制/和谐/谦逊
清晰的控制偏好
清晰
轻微
中性
轻微
清晰
控制
优秀
和谐
良好
谦逊
一般
优秀
良好
一般
有限
差

图 8–2　取向与能力

- 对于每个可能的取向，其能力是通过在纵轴上的位置来体现的。它反映了你当前运用这一特定取向的能力。

结果是通过自测得出的，它有一定的局限性，但它仍然是教练对话的有用基础。结果本身并不重要，重要的是，富有成效的交流提高了参与者的自我意识，为他们开辟了新的选择。

在团队层面，COF 测评将以柱状图的形式汇总个人结果。团队成员可以直观地看到每个文化维度的团队画像（见图 8–3），并查看其本人和团队其他成员的得分对比。

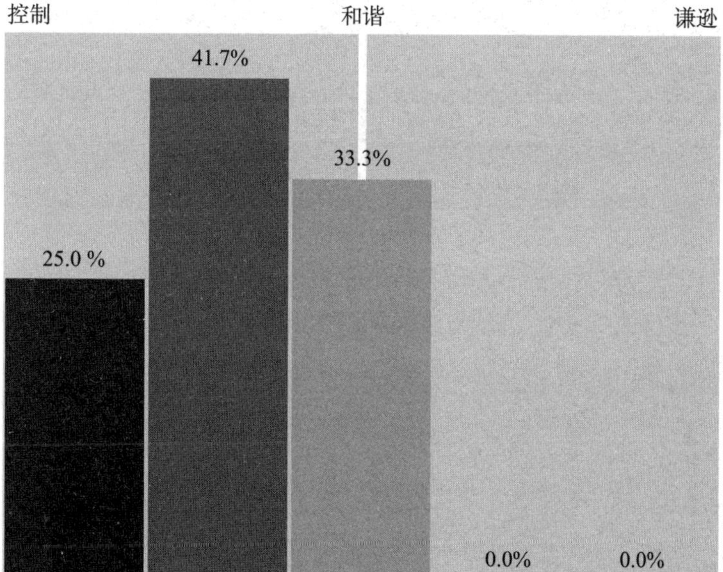

图 8–3　文化取向偏好

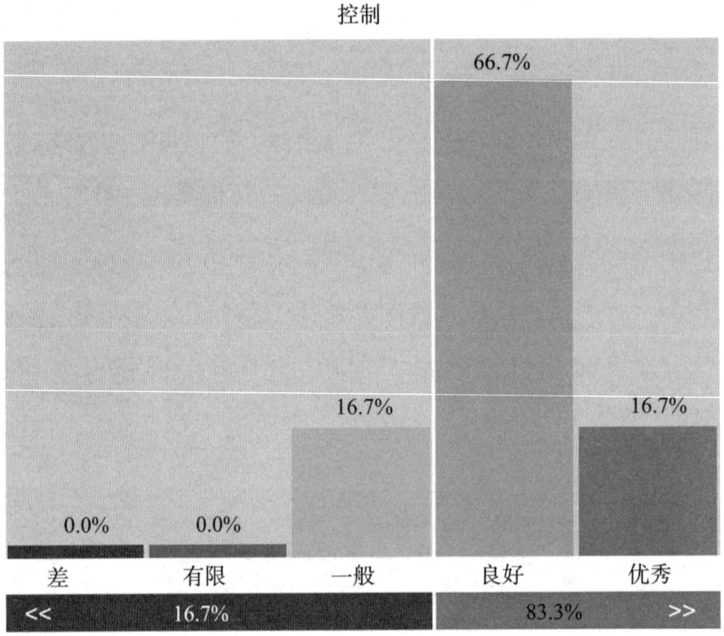

图 8–3a　各项取向上的能力体现——控制

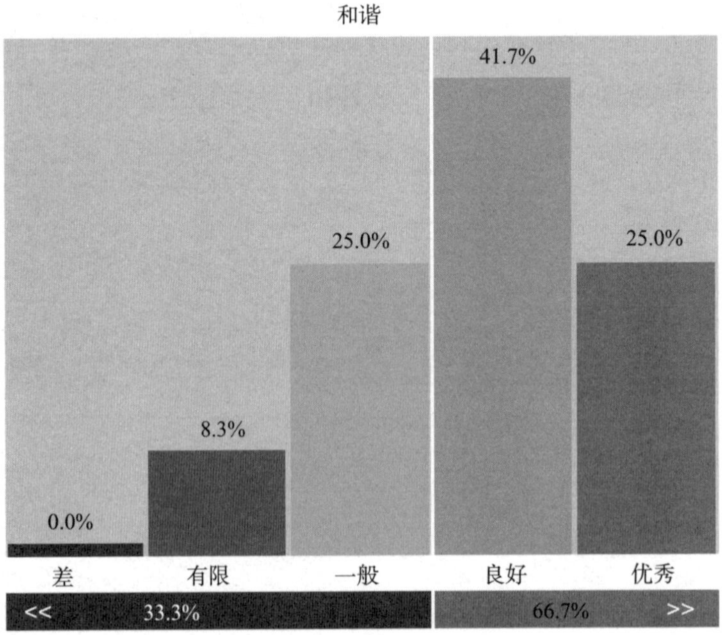

图 8–3b　各项取向上的能力体现——和谐

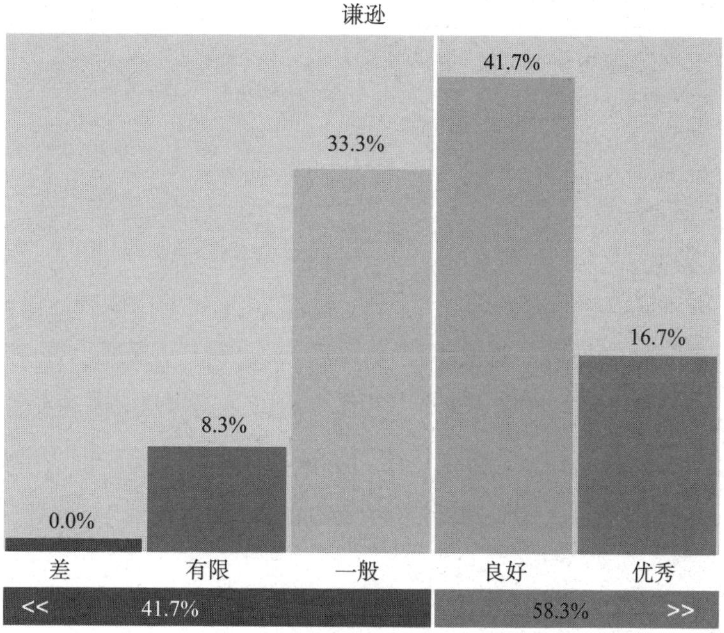

图 8–3c　各项取向上的能力体现——谦逊
COF 汇总结果——对一个国际性欧洲高管团队的教练（总人数 =12）

这个欧洲的高管团队被视为其组织中的模范高绩效团队。值得肯定的是，它的团队领导者并不认为这一成功是理所当然的；相反，他引入了团队教练程序。控制 – 谦逊维度的结果显示出对控制的明显偏好（反映出团队成员的信念，即从根本上来说，他们掌握着自己的命运）及控制的能力（使事情发生的能力）。该团队确实很有抱负，也相信自己有能力实现宏大的目标。但是，他们觉得团队成员缺少一些谦逊（认识到他们也有力有未逮的地方，认识到他们有不可避免的局限性，以及接受这些局限性并放下的能力）。这清楚地表明了他们面临的危险：一切都挺好，但有一些成员已经认识到，他们目前快节奏的工作状态是不可持续的。已经有一些人开始感觉精疲力竭了。

另一张幻灯片显示了他们对多元时间（即同时做几件事）的偏好：他们会同时进行很多项目。把这两张幻灯片结合起来看，解决方案就显而易见了：减少非必要的项目，这样他们可以调整自己的节奏，让他们按个人产能的 80% 而不是

120% 来工作。在我们团队离岗工作坊的最后一天，他们确定了优先事项。这使得团队成员接下来能够更好地照顾自己，专注于最重要的事情，并保持团队的整体高绩效。

案例研究

以下案例研究改编自我对另一个国际高管团队（主要由欧洲人组成）的实际教练经历。出于保密原因，我就不提及该组织的名称以及它具体的背景情况了。由于篇幅有限，我也不具体描述整个过程了：它就是通常意义上的高管团队教练，并遵循前面“目标及流程”一节中概述的步骤。我将重点关注将文化视角融入团队教练所带来的附加价值，这通常首先会为团队领导者，然后为整个团队带来突破。

等级 – 平等

团队成员都有能力、有干劲，并致力于实现组织的崇高目标。团队领导者分享了团队的主导文化：平等主义而不是等级森严。在访谈中，他的领导风格被一致描述成“不干涉主义”，尽管用的不一定就是这个词。这对团队中大多数资深的成员来说效果很好，他们觉得被充分授权了，没有受到不必要的干涉。另一些人很高兴有了主动行动的自由。然而，有一些人抱怨领导者缺乏对下属的指导，不愿意果断处理冲突（“他回避冲突”），对未能达到期望的人缺乏足够的面质挑战（“他从来不会让我们难堪！”）。

在团队离岗工作坊之前，我在对团队领导者进行个人教练的时候与他分享了这个反馈。他意识到有必要在不同的情况下灵活调整自己的领导风格：走出“平等主义”的文化偏好，在有些时候有意识地采用更“等级化”的指令方式。

此外，虽然团队的使命对他来说似乎很清楚，但 TDS 显示，只有 31% 的团队成员明了他的观点。还有，团队缺少优先级设定：组织的重要项目经常因紧急情况的发生而被搁置。他决定开始反思团队使命和长期优先事项。在团队的离岗工作坊上，尽管仍鼓励表达各种观点，但他在设定未来规划时发挥了更强的主导作用。他选择不把这部分完全开放讨论。

由于不喜欢等级制，团队成员在与同事交流的过程中也不愿意起主导作用：不仅是因为他们没有等级制的偏好，还因为 60% 以上（总人数为 11）的人在这么做的时候颇为不自在。在离岗工作坊中，他们决定交替担任领导者和跟随者的角色，学习在团队中发挥主导作用，同时也接受在其他时间和其他场合由他人来主导。他们开始对自己和彼此的行为承担更多的责任。总之，团队通过在平等（民主）和等级（指令）之间找到平衡而变得更有效了。（见图 8–4 和图 8–5）。

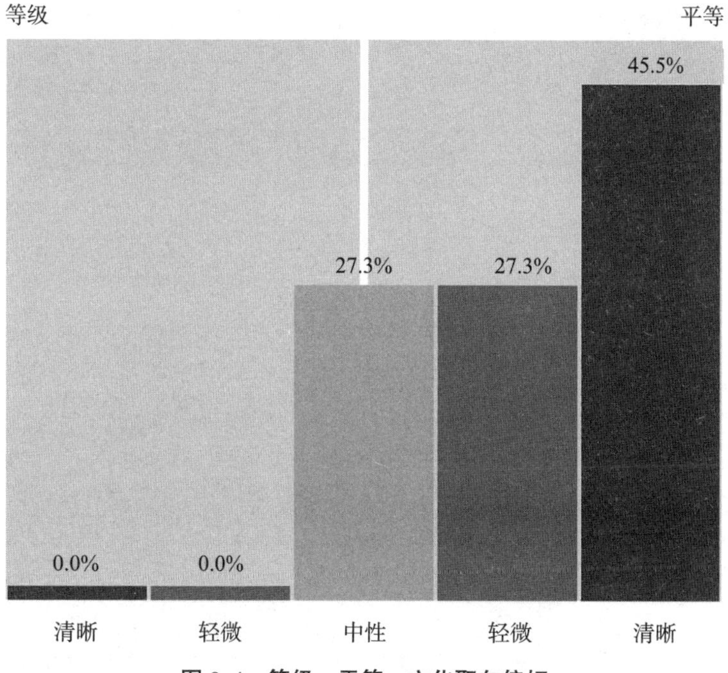

图 8–4　等级 – 平等：文化取向偏好

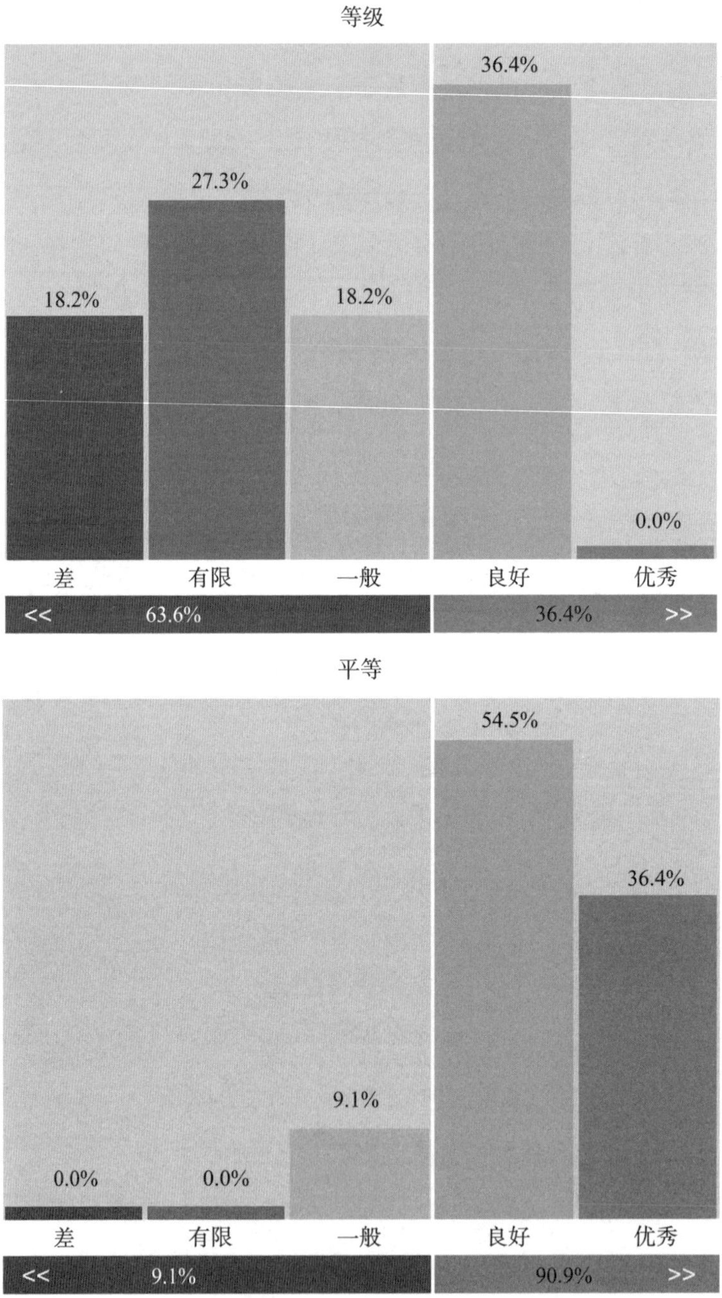

图 8–5　等级 – 平等：各项取向上的能力体现

普遍性－特殊性

在这个维度上，团队也显示出了一边倒的特征：他们更偏好特殊性（喜欢灵活性和定制化的解决方案），而不是普遍性（喜欢一致性、共同规则和流程）。

很大程度上，这个画像挺符合团队的特点：有创造力的团队成员不会受那些不必要的条条框框的限制，角色的模糊性使他们能够在其主要领域之外做出贡献（事实也证明，这么做对这些人来说具有激励作用，同时对团队也有帮助），灵活性允许团队成员自由地为跨部门项目做贡献。

然而，通过可视化他们的集体画像，他们现在也可以更清楚地看到其中的陷阱：由于缺乏明确的规则（谁决定？谁提供支持？谁对项目负责？），有的人因为觉得不公平（例如，"一些人比其他人干得多""有些人在一线的时间比其他人更多"）而颇为沮丧。更重要的是，团队成员意识到，他们对"普遍性"的集体不情愿导致他们将这些问题搁置了。这张柱状图让他们明白了解决方案：发掘未被充分利用的普遍性！其中的挑战在于，在不牺牲灵活性的前提下，将两个极性整合起来。团队通过建立新的基本规则实现了这一点，而这些规则依然为敏捷性留出了空间（见图 8–6 和图 8–7）。

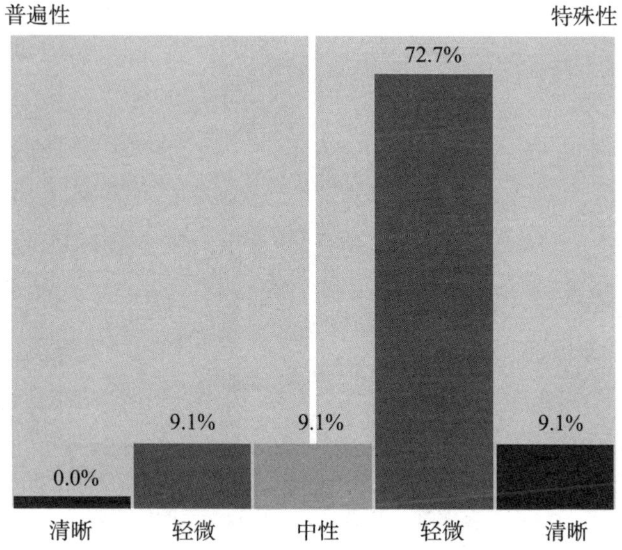

图 8–6　普遍性－特殊性：文化取向偏好

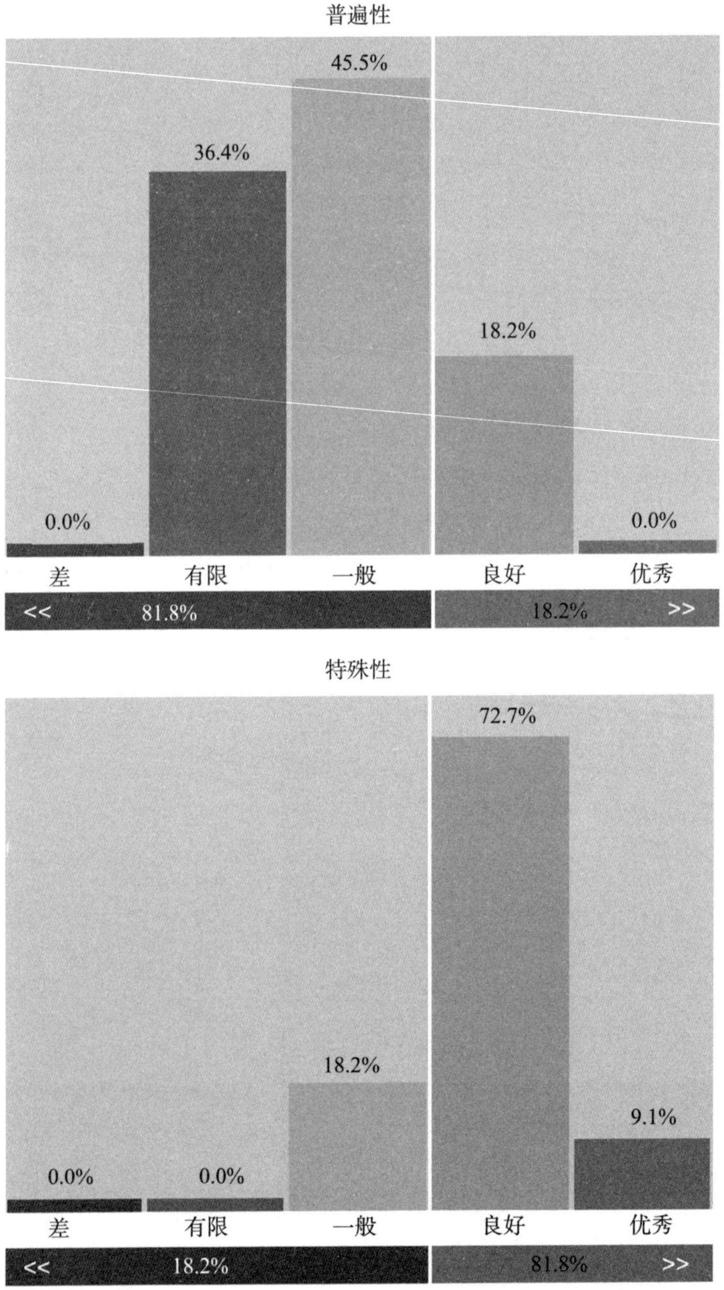

图 8–7　**普遍性 – 特殊性：各项取向上的能力体现**

直接 – 间接

该文化维度的团队柱状图更具异质性。一般来说，虽然同质性有助于团队成员之间的相互理解（所有人都志趣相投），但它增加了“群体思维”的风险，因为团队成员更有可能忽视其他观点（可能是一个共同的盲点）。反过来，异质性也是一把双刃剑：如果不加以关注，它会导致误解、沮丧和冲突；但如果用好了，则会成为创造力的源泉。

这个团队中既有偏好直接沟通的成员（他们认为当传达一个不好的消息时，清晰明了最重要，即便有冒犯或伤害他人的风险），也有偏好间接沟通的成员（他们认为敏感度最重要，即便有误解的风险）。此外，超过 60% 的人在直接沟通能力方面得分不佳，近 50% 的人在间接沟通能力方面的得分不理想。如你所料，访谈证实了这个问题。一些人抱怨某些成员过于直截了当，这在他们看来有些咄咄逼人。另一些人尽管对同事不满，但因担心会造成同事间的隔阂，就被动接受这种情况，而不去直接面对他们的同事。

展示这些结果使团队成员可以把已个人化的问题重新定义为文化误解，并为他们提供了一条弥合差距的途径：当你对内容清晰且对形式敏感时，你就可以统合运用直接和间接沟通模式。团队学会了善用这两种文化视角的优势，而不会牺牲任何一种（见图 8–8 和图 8–9）。

以上这些只是我们讨论的部分例子。COF 为团队成员提供了一个谈论文化的词汇表。它提供了一种提升个人和集体的文化意识，并利用文化多样性实现协同效应的有力方法。

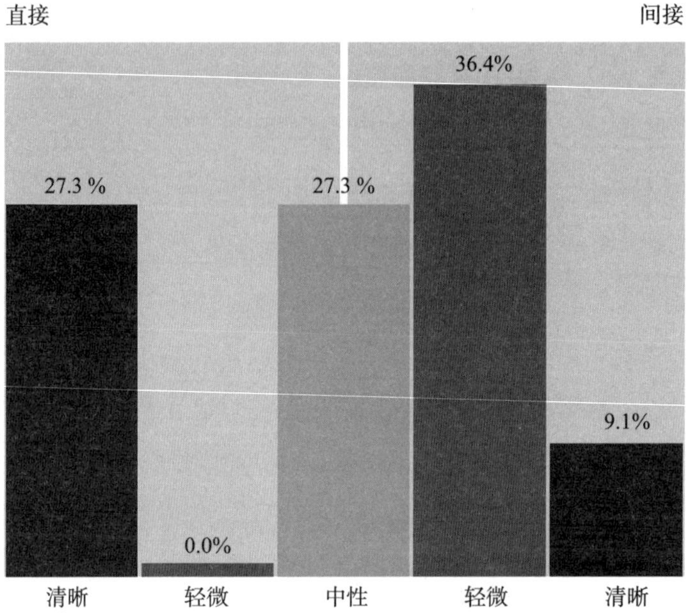

图 8–8　直接 – 间接：文化取向的偏好

你会发现，文化偏好的起源在这里并不重要。那么，它是一个关乎种族、代际、职业或者 / 以及他们所属的某些其他文化群体的问题吗？ COF 测评允许用户按种族、代际等因素来汇总数据。但实际上，团队只需处理团队中存在的文化偏好，而无须探究其形成原因。换句话说，多重文化起源所固有的复杂性并非障碍。

推荐大家参考《全视角教练》(*Global Coaching*) 一书，了解更多关于该主题的信息，特别是团队教练可以运用的提问清单，它能帮助团队成员分析他们的 COF 团队结果并据此采取行动。

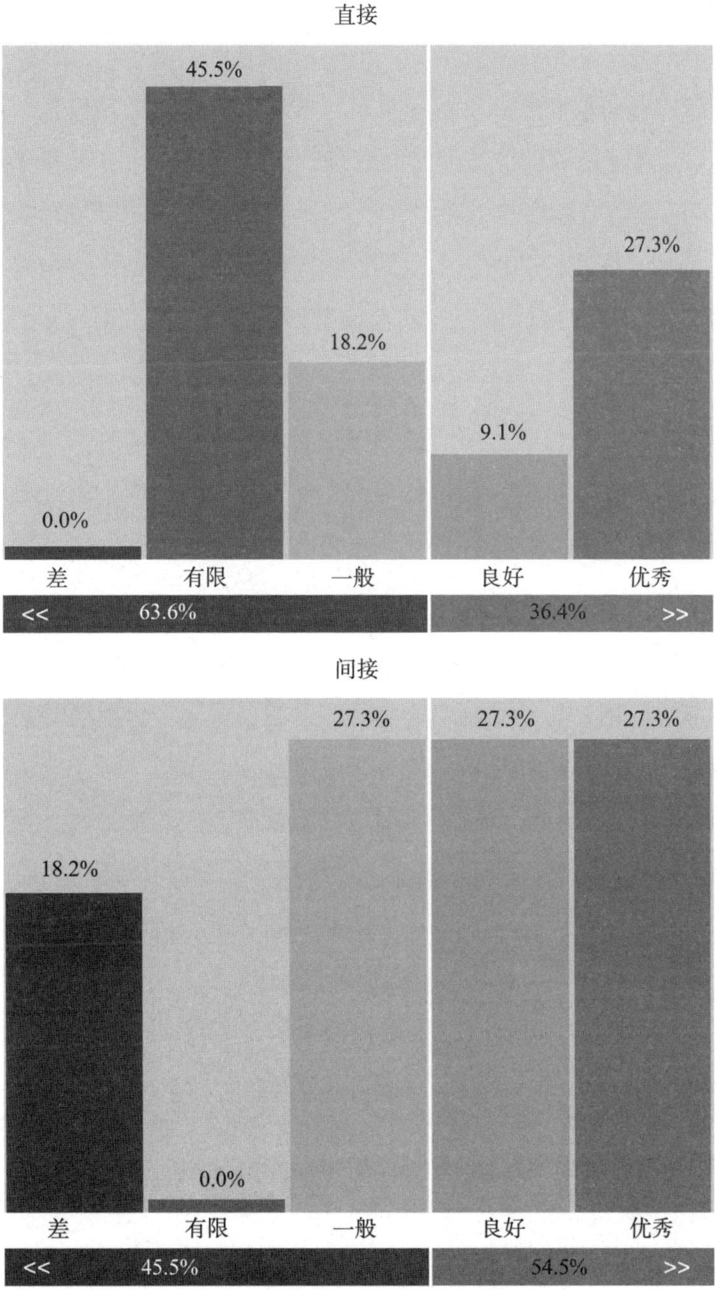

图 8–9　直接 – 间接：各项取向上的能力体现

结论

所有团队都是跨文化的。文化多样性可能是外部的（即种族、性别或年龄等明显差异），也可能是内部的（即时间管理、沟通、思维、组织等方面的文化偏好）。文化多样性也是显性的（例如，团队中存在直接或间接等不同的沟通模式）或隐性的（例如，在我们的例子中，即使这个团队看上去是同质化的且一边倒地呈现出特殊性而不是普遍性偏好，其未被充分利用的文化取向——普遍性——仍然可能存在）。

系统性地把文化视角融入团队教练中代表着一个在丰富的文化多样性中发挥人类潜能的绝佳机会，即使这些文化差异仍然是隐性的，而不是外显的。哈佛大学最近的研究揭示了当文化多样性被很好地利用时，可以如何提升创造力与创新力。更多的研究证实了它是如何同时提升团队绩效的。

在本章中，我探讨了如何在实践中利用差异，展示了过去 25 年来我是如何进行跨文化团队教练的，特别是针对高管团队。我还提到了全视角的教练活动如何使团队教练更有力量，尤其是在处理复杂性方面。我希望本章能鼓励教练从业者和学术界拥抱这一激动人心的领域，赋能高管团队，使其更有效、更可持续地服务各利益相关者。

当我们在多样性的基础上促进团结一致，帮助高管团队实现有意义的目标时，我们便发挥了自己的作用，让世界变得更美好一些。

这一旅程从我们自己的文化发展开始。我们渴望从其他文化中学习，超越自身的文化局限，并终身成长。这也将激励我们的同仁和客户进行自我拓展。

MASTERING EXECUTIVE COACHING

PART 3

当前的挑战

第 9 章　内部教练

大卫·克拉特巴克
科尔姆·墨菲

“内部教练”一词可用于各种情境，通常是指采用教练式管理风格的直线经理以及组织内接受过与外部教练同等水准的训练（在某些情况下，甚至超过外部教练所接受的训练水准）的认证教练。内部教练的辅导重点通常是提升个人绩效。然而，近年来，人们越来越重视教练整个工作团队，并在团队内部创建教练文化，从外部教练到内部教练的转化也时有发生。在本章中，我们回顾了这些领域的文献和实践。最后，我们提出了有关整合内部和外部教练的问题。

个人绩效提升教练

内部认证教练

针对教练的趋势研究表明，由经理和组织内的其他人担任内部教练的情况与日俱增，他们通过认证教练培训机构和 / 或某个专业协会获得与外部教练相当的资质。比如，里德勒报告发现，79% 的公司期望增加内部教练。外部教练似乎更有效、技能更纯熟的说法并未得到我们能够确定的任何实质性证据的支持。实际上，琼斯、伍兹（Woods）和纪尧姆（Guillaume）的研究发现，内部教练被认为比外部教练更有效。外部教练可能会服务于来自不同组织和情境的更为广泛的客户，或总的教练小时数更多，但这并不一定意味着他们就是更优质的教练。在教练测评中心，我们找不到任何有关教练小时数与教练质量之间存在显著关联的证据。作为雇主，很多组织都投资于专业教练机构所要求的持续的专业发展与督导。关于外部教练的调查表明，接受合格的教练导师督导的教练比例相对较低。但是，我们并没有关于内部教练与外部教练接受督导的比较数据。

内部高管教练的挑战

相关文献一致认为，内部高管教练面临着一些重大挑战。这些挑战可以归为以下三大类。

1. 角色澄清。大多数内部教练都在努力在教练身份与日常工作角色之间求得平衡。这会给他们带来时间压力和内疚感，因为他们感觉没能给任何一个角色合理分配时间。还有一个挑战就是，在作为教练时的所说所闻与担任职能角色时的一般反应之间寻求平衡。对于担任内部教练的人力资源专业人员来说，这个问题尤为突出。

2. 保守秘密。所有的高管教练都在试图通过精心管理信息流来平衡个人教练客户的需求和付费组织的需求。同在一个组织中，并且与内部客户及其关系人经常接触，对于内部教练来说，什么该说，什么不该说，就更具挑战性。

3. 责任界定。直线经理可能将内部教练视为问题解决者——解决与绩效相关的问题或帮助团队内部成员。因此，内部教练可能会遇到“甩手掌柜”式的直线经理，他们会将取得“良好”结果的职责加诸内部教练。如果直线经理的级别比内部教练更高，这种做法看起来就合情合理，却往往会使情况更加复杂。

外部教练，尤其是与非常高级别的管埋人员一起工作的教练，更少受到源于职位状态的权力距离对行为的影响。然而，他们同样可能或者更易出现类似的“客户嫉妒”问题，也就是教练觉得自己不如教练对象成功。而内部教练更容易适应组织文化和风俗习惯，因而更能因地制宜地进行教练辅导。必须指出的是，这些比较还没有经过严格的证据研究和分析——还需要进行更多的研究！

直线经理作为下属的教练

关于直线经理作为教练的文献在直线经理是否可以真正成为教练，还是仅仅拥有一种教练式的管理风格上存在着很大的分歧。一方面，瓦格曼（Wageman）、努内斯（Nunes）、伯鲁斯（Burruss）和哈克曼（Hackman）将教练视为直线经理的关键素质和职责之一，这一观点也得到了谷歌研究的支持。

另一方面，研究发现，直线经理和教练的角色与职责之间存在着重大障碍和利益冲突。斯蒂芬·费拉尔（Stephen Ferrar）的一项研究发现了直线经理及其团队的一系列会加剧这些问题的行为和习惯，其中包括以下几点。

- 经理和直接下属在任何谈话中都有落入“家长 – 孩子”角色的倾向。
- 感觉双方可能都有秘而不宣的事项（例如，经理有关于重组团队的计划，下属有关于在公司服务多久的打算）。
- 员工渴望对某些事情保密，而经理要对整个团队的福祉和绩效负责，二者之间有冲突。
- 达成短期任务目标的压力与团队成员长期发展的需求之间的冲突。
- 群体思维。一起工作的人往往会对周围的世界采用相同的过滤器，有着相同的盲点。麻烦的是，直线经理与其教练的下属之间的关系越好，这种情况就越有可能发生。
- 得到教练的机会不平等。时间压力通常意味着管理者会将教练辅导的重点放在团队中特定的个人或小组上，这可能是因为他看出教练对象有更大的绩效问题或者更大的潜力。对于前者，人们通常会抱怨被“挑刺儿”；对于后者，其他人则会抱怨被忽视。在这种情况下，直线经理 / 教练两边不讨好！

团队文化的中介作用

我们对于这些对比观点的看法是，它们导致了简单化的思维。例如，当前的重新审视绩效管理及评估流程的浪潮主要是关于用学习对话取代机械性的流程，这是教练的本质。30 多年来，有关领导与下属之间沟通的文献表明，许多管理者在由任务导向转向更加以人员为导向时面临困难。

在一些未公开的组织实验中，包括一家全球零售连锁企业的英国子公司、一家公用事业公司和一所大学的管理职能部门，我们团队的一位教练进行了焦点小组访谈，以了解直线经理参加课程、学习如何教练团队时发生了什么。这些记录一致表明，管理者的善意和热情很少能支持其在行为上发生显著而持久的变化，他们往往在短短几天之后就放弃了教练辅导。我们从理论上推断，这是一个系统行为问题。当一个复杂系统的一部分发生变化时，系统的其他部分会试图将其拉回到原来的状态。当直线经理是唯一懂教练的人，并试图对团队中的个人进行教练时，他会遇到有意或无意的抵触就不足为奇了。（两个人才能跳出优美的探戈！）

在这些实验中，团队及其管理者们一起学习了教练的理论和实践。在定期的团队会议上，他们会花时间分享学习，并一起考虑如何将所学融入他们的工作中。对这些小组的观察结果包括：

- 心理安全是团队用以创建教练文化的开放对话的必要基础；
- 团队中的每个人都需要知道如何教练他人以及如何被教练（包括直线经理）；
- 团队中的每个人都对业绩表现和彼此的学习负有共同责任；
- 团队共同创建并实施团队发展计划，将个人发展计划与团队目标相结合。

这些试验在一定程度上表明，直线经理可以有效教练其团队，只要他们能够建立一个安全的教练文化和氛围。在针对另一家网络巨头的一项未发表的研究中，我们团队的一位教练在全球范围内开展了焦点小组活动，参加活动的几个组织内部团队都被认定为高绩效团队（基于高美誉度、员工意见调查的高分、其他人想加入的好声誉，以及持续超越目标等综合因素）。一个反复出现的主题是领导者的角色，领导者通过保证自身的安全性创造了一个安全的教练环境。该环境包括以下特征。

- 领导者不觉得需要控制。他们信任他人，因为如果发生错误，他们有足够强壮的肩膀来分担责任。

- 领导者表明其关切——既关注团队目标，也关心每个团队成员。他们会为人际交往腾出时间。
- 领导者不是试图管理团队，而是支持团队成员自我管理。
- 领导者鼓励团队决定他们需要告知领导者什么，以及应该承担什么样的沟通责任。
- 领导者保护团队不受外界干扰。
- 领导者确保每个人都理解团队的总体目标并与之保持一致，同时相信团队会找到实现这些目标的最佳方式。
- 领导者鼓励团队成员的反馈。他们拥有“成长型思维”——对自身以及团队的发展给予同等的关注，并将自己视为“半成品”，而非“成品”。

系统性教练

无论是内部资源还是外部资源，直线经理的教练辅导都面临一个两难的问题，即需要教练辅导的问题只是问题的一部分。《哈佛商业评论》对高管教练进行的一项调查发现，几乎所有人都表示，随着客户逐渐深入了解自己的价值观、需求以及周围环境，任务的初始目标都发生了变化。事实上，所有的教练活动都是一种对话，它将更好地理解内部和外部环境联系起来（见图 9–1）。可以说，所有有效的教练本质上都是系统性的——要改变个人，你就必须考虑到对他们有影响的因素及其周围的世界。

在最简单的层面上，直线经理作为教练所面临的困境是如何处理系统仅由他们和他们的直接下属组成的这个部分。直接下属的业绩在多大程度上取决于经理的行为和假设？直线经理将重点从上下级教练转到共同教练，这既是审视绩效评估新方法的基础，也为更系统的观点奠定了基础。

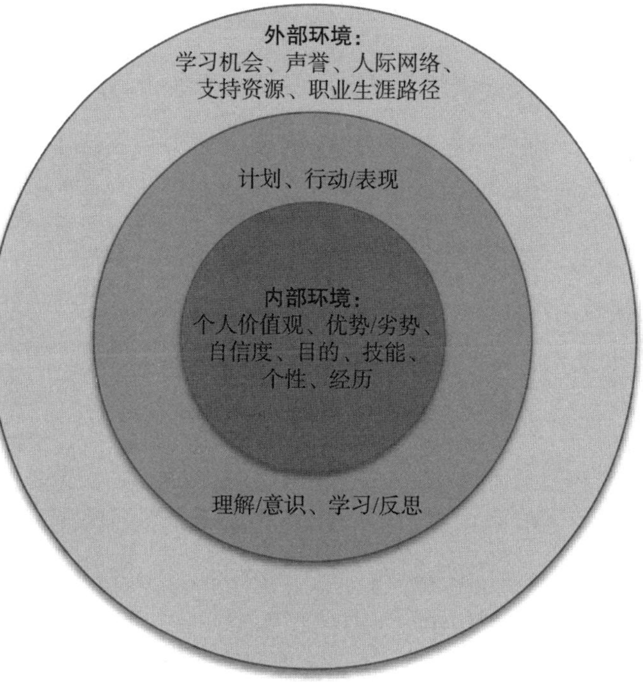

图 9–1　内部环境：外部环境

团队绩效教练

由于工作复杂性的增加和全球化的发展，以及工作从以个人为中心的组织结构转向以团队为基础的结构，组织对团队的运用在迅速增加。团队被认为是现代组织工作的中心，被称为个人和组织之间的重要纽带。

可以说，拥有教练文化的团队更有能力从更广泛、更复杂的角度来观察与对待绩效和功能障碍背后的系统动力。

把团队当作一个整体来教练的方法取决于团队领导者与团队的关系。他们是在团队外部，由外而内审视团队吗？或者他们是在团队内部，与团队其他成员执行相同或类似的任务，但“职权最大”？或者两种情况都有？这三种定位的系统动力可能有很大的不同，并且可能对教练的性质和效能有不同的影响。再强调一次，我们用以阐明这些不同情形的相关研究还寥寥无几。

从组织的角度来看，无论是从内部还是外部获得资源，从团队外部视角进行团队教练的最终目标都是使团队能够发展自我教练的能力。在发展自我教练能力的进程中，解决具体的绩效问题是团队进行学习和转化的一部分。有时它需要一个外部（对团队来说）教练来让团队开启这段旅程。

关于团队绩效的广泛文献在这方面没有太大的帮助。它们主要倾向于关注团队必须做什么才能获得高绩效或者团队功能失调的原因。然而，绩效和功能失调并不是对立的，更准确地说，我们处理的高绩效或低绩效，其实是高功能或低功能的结果。最常被引用的团队功能障碍模型来自兰西奥尼（Lencioni），他提出了团队的五大功能障碍：缺乏信任、惧怕冲突、缺乏投入、逃避责任、无视结果。在这个模型中，一种功能障碍可以导致另一种功能障碍。然而，似乎很少（或没有）证据支持这一论断，而且要举出因果关系可能更加随机的例子也不难。这个模型假设所有的绩效破坏因素都是团队内部的，但情况显然并非总是如此（例如，哈克曼和瓦格曼已经证明了组织结构、规模和资源的重要性），而且它在很大程度上忽略了领导者行为和能力的调控作用。例如，当团队领导者在社会情感或认知的任一方面，或两方面都不如团队成员成熟时，会出现什么样的复杂性？

表 9–1 提供了一种方法，通过 PERILL 模型将功能障碍团队和功能良好的高绩效团队的指征进行了对照，而表 9–2 将这些与领导力的调控作用结合了起来。

表 9–2 说明了这些情境相互作用进而影响团队绩效（LQB 斜线右上部分）及功能障碍（LQB 斜线左下部分）的方式。LQB 则表示领导者的特质和行为的调控作用。

表 9–1　　　　团队功能正常 / 功能障碍及高 / 低绩效指征

因素	功能障碍指征	高绩效指征
目的与动机	• 目的太含糊 / 员工有不同的解读 • 目的未得到上层支持 / 缺乏上层指示 • 与人们坚定持有的价值观很少或根本没有联系（因此实现目标的能量太低）/ 与其他坚定持有的价值观冲突 • 不同目标的优先级出现冲突 • 个人目标超越集体目标 • 个人和集体的复原力低	• 非常明确的使命，并与更广泛的（通常是社会或环境）目的相连 • 目标清晰 • 角色清晰 • 集体与个人高能量 • 对目标优先级达成高度共识 • 愿意将团队优先事项置于个人优先事项之前 • 快速审视和调整目标的能力 • 以使命召唤利益相关者 • 价值观高度一致 • 从挫折中快速复原
外部： 流程、系统和结构	• 声誉问题 • 缺乏主要资源 • 经营环境政治化 • 未能与利益相关者建立明确的期望 • 环境 / 市场的变化 • 文化影响	• 强大的“雷达”系统，感知威胁和机遇 • 在利益相关者中享有上佳的声誉 • 对利益相关者的需求和志向有清晰的了解 • 强有力的沟通（聆听和信息传递） • 可快速联络客户和供应商 • 高度关注质量
关系	• 冲突得不到解决 / 被否认 • 缺乏心理安全感 • 人们感到自己的价值被低估 / 得不到支持 • 拉帮结派，搞小团体 • 不愿意为集体绩效共担责任（责备） • 沟通问题（关系性的）	• 对的人和对的技能 • 互补的优势和劣势 • 非常诚实的反馈 • 了解彼此的优势和劣势 • 鼓励与珍视良性冲突 • 同事间高度的相互支持 • 心理安全 • 认可多样化的价值
内部： 流程、系统和结构	• 反复出现的质量问题 • 任务和角色不清晰 • 审查系统不健全 • 对当下环境中什么是好的（高）绩效标准不明确 • 决策流程不清晰 • 沟通问题（系统性的）	• 清晰明了的团队组成 • 适当的团队规模 • 共享式领导力 • 强大的决策机制 • 充分发挥各人优势 • 高度重视质量 • 快速革新 • 角色清晰

续前表

因素	功能障碍指征	高绩效指征
学习流程	• “太忙综合症”（没时间反思） • 个人和集体学习不被重视 • 缺乏外部视角和 / 或想法的来源 • 低学习成熟度 / 各人成熟度不同 • 抗拒改变 • 重复错误（不吸取教训）	• 有团队发展计划以支持集体学习 • 对待错误持正面态度 • 与不断变化的环境相联系的学习目标 • 养成反思的习惯：腾出时间驻足思考 • 征询反馈 • 共同教练 / 教练的信念 • 寻求引领变革
领导力	• 缺少或过度控制的领导力 • 权力集中于领导者 • 领导和团队之间缺少开放性对话 • 办公室政治	• 领导者指明道德方向 • 在自我学习和践行价值观上身体力行 • 分担的领导责任 • 领导者是“安全的”

表 9–2　　PERILL：团队绩效和团队障碍的因素

领导者特质和行为（LQB）	目的和动机	外部对接流程	关系	内部对接流程	学习
目的和动机	LQB	团队和关键利益相关者价值观一致	为实现共同目标而努力奋斗	优先级明确；集体优先项高于个人优先项	积极寻找整合与拓大团队优势的途径
外部对接流程	利益相关者不清楚你的立场	LQB	与利益相关者之间形成强合作关系	对质量问题快速有效反应	快速的产品与服务革新
关系	人们追求达成个人所需	与利益相关者有冲突，不尊重利益相关者	LQB	高度的心理安全感支持持续思考：我们能做什么	人们主动担当，支持彼此的发展
内部对接流程	无效重复和浪费精力	质量问题不予重视，得不到解决	人们避免“干涉”彼此的领地；对“房间里的大象”视而不见	LQB	形成持续过程改进的文化
学习	专注个人学习而不是集体学习	变革缓慢	人们吝于分享知识和专长	抗拒改变	LQB

注：大卫·克拉特巴克及国际教练与导师协会版权所有。

萨拉斯、舍弗勒和塞耶（Thayer）试图通过找到直接或通过相互影响对上述PERILL 模型所概述的五种团队绩效情形产生最大作用的六个关键流程，帮助实践者理解和实际运用有关团队流程的大量的且往往相互矛盾的文献。表 9–3 列出了领导者可以与自己的团队一起实施的实际步骤。

表 9–3　　**领导者实用步骤**（6C）

关键考量	定义	领导者实用步骤
合作（Cooperation）	• 团队合作的激励因素包括团队定位、心理安全感、信任和集体效能	• 早期的成功有助于发展集体效能 • 人们容易信任与自己相似的人，因此，分享与团队任务相关的个人过往经历有助于建立信任
冲突（Conflict）	• 一个或多个成员在利益、信念或观点上的不一致，可以是任务导向的、关系导向的或是流程导向的冲突，其中一些关系性的冲突最具危害性	• 可通过采用诸如托马斯–基尔曼冲突管理模型之类的冲突管理策略，来制定团队应如何处理冲突的规范 • 优秀的团队会通过建立心理安全感和允许团队成员畅所欲言来处理和面对冲突
协调（Coordination）	• 相互依赖的次序和时间线	• 明确团队角色和职责，以指导对协作的期望 • 明确了角色和职责的高质量团队章程对团队绩效有正向影响 • 利用关键交付成果后的总结分享对协作的积极和消极方面进行回顾
沟通（Communication）	• 团队成员间发送和接收信息的互动过程，形成及改变团队的态度、行为和认知	• 信息共享可积极且显著地预测团队绩效。这是指共享信息的独特性，而不是数量 • 制定规范，以便所有团队成员在需要时能获得信息，并确认收到预期信息
教练（Coaching）	• 界定领导行为，以确定目标，设定方向，识别问题。这些行为是团队内外部人员的共享行为	• 在团队中创造共享领导力的环境可以促进有效的团队合作 • 领导者的关键角色是在团队和个人层面诊断和解决团队问题
认知（Cognition）	• 团队成员之间的互动达成相互间的共同理解	• 建立对高绩效团队和特定团队运作清晰的共同理解 • 了解其他团队成员的角色

资料来源：墨菲和塞耶，2018。

哈克曼和瓦格曼的建议更为聚焦。他们建议团队领导者只关注三个绩效过程（团队成员执行团队任务的努力程度、团队执行团队任务时其绩效策略的适当性，以及团队成员为完成任务所具有的知识和技能水平），具体取决于其与团队任务和团队生命周期相关的程度。他们认为，在团队生命周期的开始阶段，专注于努力是最有意义的；中期注重绩效策略；只有在最后阶段，才有可能专注于学习和知识，因为没有了完成任务的焦虑，团队这时更能定下心来进行反思。

可以说，一对一教练和团队教练是相辅相成的。例如，希望在其团队中创建教练文化的直线经理可能会受益于就如何带来这种变化而进行的一对一强化教练。通过接受教练辅导，他们在教练团队成员时可能会变得更有效。随着信心的增强，无论是在外部团队教练的支持下，还是通过培养集体自我教练的技能，团队及其领导者都会准备好开始集体教练。这也增加了团队内部出现多重领导来源的可能性，因此，随着团队的发展和进步，共享 / 共担责任式领导力也在发挥作用。

团队领导者教练自己团队所面临的挑战

对于任何想教练自己团队的领导者来说，最明显的两个挑战是：（1）他们是否获得了整个团队的信任来创造诚实对话的空间；（2）他们是否有情商能力（自我意识、自我管理、理解和管理他人），能够做出恰当的回应，并且意识到，作为领导者，他们自己将成为影响团队绩效的因素之一。

根据我们的团队教练经验，要有一位具有一定成熟度、能平衡好权威性和脆弱性的领导者与外部教练一起支持教练过程。如果领导者希望创造空间，让团队能够真正自主地成长，对领导者自身的要求也会随之倍增。但是，领导者仍然可以设置条件（如表 9–2 和表 9–3 所示）和创建文化，使团队尽可能做到最好。

内部团队教练面临的挑战

根据我们在英国和爱尔兰开办团队教练研究生课程的经验，我们发现，内部团队教练面临着四大关键挑战。这些挑战外部团队教练也会遇到，而且与内部一对一教练面临的一些挑战相呼应。

第一，保密性。团队教练的一个基本原则就是客户是团队整体。这就造成了一种情况，即需要重新审视全面教练保密的常规。团队教练需要在团队层面上有明确的保密合约（所说的一切仅限于团队内部，不得外传），同时要明确说明，如果教练判断确有必要，他会将任一团队成员对他表达的意见与团队其他成员分享。这就减轻了团队教练的压力，否则会出现一种情况，就是因为要遵循对所有团队成员全面保密的要求，当团队教练被告知与团队成功息息相关的关键信息时，他却无法分享这些信息。

对于内部团队教练来说，情况就更棘手了，因为他们可能在此之前已与团队中的某些成员建立了某种关系，或者可能通过内部渠道听到了一些情况。清晰的约定和重新约定始终是必要的。

第二，角色清晰。另一个需要清晰约定和重新约定的领域涉及明确内部团队教练和团队的角色及期望。无论是有意还是无意，团队都可能会为团队教练设置陷阱。常见的角色陷阱包括：

- 把教练当作专家，团队将责任交给团队教练，让他来教导他们，而不是让他支持团队自主学习；
- 把教练当作问题解决者，邀请团队教练来解决问题或处理有问题的人，而团队则在一旁观察；
- 把教练当作领导者，即团队在团队教练身上而不是在团队领导者身上看到和感知相应的权威和方向这些特性。

由于内部教练是组织中的一员，因此，团队特别容易将其视为问题解决者和领导者。如果陷入上述任何角色，团队教练就失去了作为团队系统客观访问者的价值。

第三，系统性压力。内部团队教练可能也会体验到更广泛的组织系统对其扮演上述角色的期望。当教练是系统本身的成员时，保持对系统的觉知将会是一个持续的挑战。

第四，工作的突现性。团队、团队领导者和发起人已经习惯于这样一种促进发展的培训方法——其内容和结果是可预知的，也是熟悉的。内部团队教练需要面对并管理自己的期望，知道团队教练的本质是突现性的，并且更多的是关注对话而不是流程。

作为组织内部成员，这些挑战又具有特殊的细微差别。为内部团队教练提供督导的原因之一就是减轻这些挑战。

整合内部和外部教练

整合内外部教练可以使我们避免从内部或外部教练的单一角度出发。其中的一种可能性是可以将外部和内部教练召集在一起，进行联合教学或督导会议。

发展内部教练库

另一个让人感兴趣的领域是内部教练库的管理。因为目前还没有这方面的大量研究文献，我们就只能依靠观察性证据来说明在创建和维持内部教练库时所面临的挑战。内部教练应具有足够的可信度和能力，以满足公司的部分或全部教练需求。我们从一系列对人力资源专业人士的访谈中发现了一个基本问题，即内部教练很难长期保持对教练活动的兴趣。部分答案似乎是需要建立一种进阶机制，教练可以以此增加他们的技能组合，并获得更高级别的认证。英国国家卫生服务领导学院（National Health Service Leadership Academy）已经有所行动，并重新激发了教练的热情，例如，为他们提供额外的培训和支持，使他们成为“道德导师”——帮助其他员工以不损害自身或组织的方式克服道德困境。这些新增的技能包括从心理学角度对道德伦理的理解，以及帮助人们做出更好的基于价值观的决策的相关工具。

其他问题包括组织高层缺乏教练榜样；最有效的教练负载过重，以至于他们的主要工作受到了影响；以及需要有一名专门人员监督内部和外部教练质量，以保持其连续性。

这些都是普遍存在的挑战。如果要实现建立教练和辅导文化的战略，那么，这些挑战需要得到解决。

结论

随着组织力求更多地创建教练文化，以成为更加灵活、更好的工作场所，并提高个人和集体绩效，对外部教练资源的依赖会变得越来越弱。今后仍然需要外部教练，但重点已经转向发展内部教练并保障其供给。教练和被教练的技能在组织的各个层面都是必需的。事实上，是否在进入职场之前，就应该在潜在员工的教育过程中培养这些技能，还有待探讨。

第 10 章　教练服务供应集中化管理

布赖恩·O. 昂德希尔

高管教练行业的一个新兴趋势是高管教练服务的集中化管理，主要有两种形式:（1）通过一个集中的组织职能部门来监督和管理整个企业的教练项目;（2）由集中化的外部合作伙伴为企业提供教练服务。在我们的全行业教练研究调研中，组织教练实施经理被问及未来 3 ~ 5 年内可能的趋势。"组织集中 / 精简到少数几个高管教练服务供应商"在 14 个最有可能的趋势的选项中被选为第四位，高达 78% 的人选择了"可能"或"最有可能"。

随着高管教练以及其他类型的教练活动（如内部教练、教练型领导者培训、围绕领导力发展的教练项目等）的兴起，组织在教练活动全面管理上的负担越来越重。以前，企业在这方面的管理是无序的和各不相同的，现在企业越来越多地试图建立一个"卓越教练中心"（Coaching Center of Excellence），以实现为所有的任务提供更高的能见度和更好的质量控制，并为内部客户提供更一致的体验。

随着教练活动的兴起，市场上个人教练和教练服务供应商的数量也在迅速增加，这通常意味着较大的组织需要同时监督约 30 ~ 100 名教练和教练供应商，产生数百个潜在的个人教练活动。将教练项目集中在更少的合作伙伴（甚至单一的供应商）之下，可以极大地提高教练项目的整体能见度、大幅减少组织的行政工作量、并让接受方获得可能更优惠的价格以及一致的体验。

本章将研究教练供应集中化管理的快速发展趋势，从这一实践的历史开始，然后展望其现状和未来趋势。教练集中化的优势和担忧也将被探讨。最后，文中将提出一个“教练成熟度模型”，组织可以借助这个模型规划其进度并探讨可能的后续步骤。

理论与实证

在过去 20 年里，高管教练行业经历了不可思议的增长。ICF 估计 2016 年整个行业有 53 300 名教练，高于 2012 年的 47 500 名。世界大型企业联合会[①]（Conference Board）在该行业 10 周年研究报告中宣布：在过去 10 年里，组织中对高管教练的应用经历了显著的增长。

自 2004 年《哈佛商业评论》的一篇文章将教练行业描述为“西部荒野”以来，这个行业已经有了巨大的发展。期间，越来越多的公司采用了高管教练项目，增强了内部教练的使用，也进一步标准化了国际认证要求，并随之出现了更多有关该行业的实证研究。教练项目已经成为一种身份的象征，教练对象已经由早期的“问题儿童”转向了企业中最优秀和最聪明的人——从 2013 年到现在，针对绩效问题的教练活动减少了 10%。

然而，这一成功现在带来了一系列新的挑战。最明显的是，组织越来越难以应对这一实践快速发展所需要的管理和监督的投入。例如，我们认识的某个大型组织的一位博士学历的教练实践经理，他发现自己每天都要花费大量时间来处理采购订单、分析教练费用报告和审批公司项目付款（一个行政管理人员就可以完成所有这些任务），这妨碍了他去做自己所胜任的高层级战略工作。2006 年的一项研究显示，大多数的教练项目管理都是在业务部门层面进行处理的。到了 2010 年，84% 的组织报告指出，教练项目管理已经归属于一个集中的职能部门。

早在 2000 年左右，我们已观察到了这一管理挑战。我们所了解的第一例这样的情况是在 2000 年初，安捷伦科技（Agilent Technologies）公司从惠普公司剥离

① 世界大型企业联合会创立于 1916 年，是一个全球性的企业会员组织及研究机构，因定期发布美国消费者信心指数及美国和其他八个国家的先行经济指数而享有盛名。——译者注

出来，成为当时硅谷历史上规模最大“初创公司”的 IPO（首次公开募股）。安捷伦公司的领导者的快速成长成为其 CEO 的一个迫切需求。

虽然高管教练项目在惠普公司取得了令人瞩目的成果，但它并没有从战略上与领导力发展联系起来。不同教练使用的方法迥异、定价差异也很大，并且缺乏监督和协调。而安捷伦公司则选择与单一供应商合作，设计了一个“企业推荐”的解决方案来提供经过资格预审的全球教练精英（与安捷伦公司位置相匹配）、让领导者有统一的体验、企业对任务的可见性、后续指标，以及优惠的折扣价格。在过去几年里，通过一家供应商协调一个超过 60 人的教练团，已有数百名领导者接受了教练服务。

其他大型组织也跟随其后，对类似目的发布了建议邀请书（RFP）：2001 年是思科公司，2003 年是戴尔公司，2008 年是微软公司。在 2010 年前后，每年都会看到类似组织发布的多个招标书［参见书中第 18 章的基因泰克（Genentech）的案例研究］。

早在 2003 年就有证据表明，各机构开始对教练的收费设定上限。在过去的许多年里，聚焦于高管教练全面管理的出版物和会议也开始出现。

各组织也在越来越多地使用内部教练，这些教练也须进行协调和管理。2016 年，世界大型企业联合会的一项研究发现，69% 的公司受访者在使用内部教练。根据我们最近的研究，72% 的组织实施经理预计，在未来三到五年内，内部教练的使用将增加。因此，更好地管理教练这一需求变得前所未有地强烈。

组织设计的趋势

自近代以来，人们就已经注意到组织在集权和分权之间摇摆不定的现象。人们可能会想到的一个例子就是通用汽车（General Motors）公司的阿尔弗雷德·斯隆（Alfred Sloan），在 20 世纪 20 年代其建立了庞大的分权结构。但是，一个组织的某个部门如果发现完成某件事的最佳实践后，就可以在整个组织中加以利用并以一种集中的方式进行协调。这样可以减少重复工作，提高整体质量，并节省成本。在安捷伦公司的例子中，一个部门大量使用高管教练服务引起了人力资源共享服务部门的兴趣，然后开始研究如何在企业范围内利用这些经验。

到目前为止，本章已经介绍了教练服务集中化管理的许多好处。最主要的好处是组织可以获得企业中所有与教练相关的活动的可见性。组织可以为所有领导者建立并保持一个标准化的教练方法，建立内外一致的教练筛选标准。这样一来，就可以在整个系统范围内收集满意度和影响力的指标。组织的行政管理负担可以通过外包而减少。整个系统的教练可以更容易地聚集在一起进行团体交流。组织甚至可以通过将教练工作整体移交给更少的供应商，从而获得更优惠的定价。

然而，集中化管理并不总是最好的解决方案，也可能带来潜在问题。集中化并不适合所有组织。那么，其中的问题是什么呢？

首先，并不是所有的组织在结构上或文化上都适合集中化。有些组织的权力天然地就非常分散——例如控股公司（如美国的伯克希尔哈撒韦公司或印度的塔塔集团公司）。它们的中央总部可能只是一个非常小的内务处理办公室，绝大多数的决策都是在它所拥有的各个业务公司内部完成的。如果总部开始强制执行一种官方的教练方法——并要求提供所有与教练活动相关的信息——这可能会被认为是过度控制而适得其反。

其次，将教练服务集中于少数几个（或一个）供应商也可能带来负面影响。一旦供应商在项目的任何方面提供的服务表现低于标准，组织可能会在数年中受制于这个安排。此外，外包教练管理活动通常还需要考虑额外的成本（教练服务成本的大头）。组织必须决定谁来支付这笔费用——是中心职能部门，还是实际使用教练服务的业务部门。

在集中化安排下还存在许多与教练团有关的问题。组织可能受限于选定供应商的教练，而无法保障项目所需的教练数量。而在集中化之前与组织合作的关键教练也可能选择不与新的供应商合作。如果这些教练对高管们有很高的影响力，他们可能会削弱集中化的努力。组织的各个部门，或者是重要高管，都可能有自己“最喜欢的教练”，但他们可能不符合新标准的要求，进而引发潜在的冲突。此外，一些供应商支付给教练的费用过低也会导致教练的流失。最终，有些组织只是简单地倾向于从不同渠道寻找教练，避免对任何一个供应商的过度依赖。

转向教练成熟度模型

就在过去几年里，教练大会上开始讨论“教练成熟度模型”的概念，即组织在教练部署方面的先进程度。有些组织可能很少或根本没有教练，教练的整体管理被认为是自发的或临时的。而有些组织在多年里有意识地逐步发展出了一套强大的教练实践，其中可能包括完整的集中化管理、内外部教练精英、标准化的服务包、严格的评价方案等。人们通常认为，拥有集中化教练管理的公司在成熟度进程中会领先一筹。

斯托弗（Stover）基于他在领英的教练管理以及在教练培训学院担任导师的经验，在他的博客上发布了一个早期成熟度模型。这个模型包括五个阶段：（1）偶然的（教练活动零零落落，领导者自己寻找教练）；（2）集中的（专人负责教练相关工作，建立了预算 / 成本中心，明确并跟进流程）；（3）基于指标的（教练服务的增加导致衡量投资回报的期望增加）；（4）战略性的（教练活动更好地与公司的战略联系在一起，并在更多层级发生）；（5）世界一流的（组织中的绝大多数人都知道教练活动的合理用途）。

这类渐进式模型的一个挑战是，一些公司的教练实践可能在某方面是“世界一流的”（如融入整个组织的教练对话），但在另一个方面（比如衡量）只是“偶然的”。然后就很难确定该组织应处于哪个具体阶段。同样，随着组织内的教练实施经理——以及整个人力资源领导链条的变换交替，组织对各种教练实践的投入可能会出现波动。新 CEO 或首席人力资源官的到来，可能会导致一些公司立即加强教练活动，而另一些则可能完全停止教练活动。为此，稍后将提出一个替代性的教练成熟度模型来解决这些问题。

建立教练文化

在行业中越来越流行的是希望在特定的组织里创建一种“教练文化”。尽管定义有差别，但根据我们接触的从业人员的观点，教练文化的概念都包含一个基本元素：教练对话渗透于整个组织。有证据表明，教练文化能给组织带来高于其他同行组织平均水平的财务业绩表现。

教练文化可能包括：领导者在绩效讨论中使用教练对话；员工整体在日常讨论中使用教练技巧；内部教练与某些特定层级的领导者合作；外部教练与其他层级（通常是更高层级）领导者合作，基于教练能力要求的胜任力模型和 / 或绩效考核系统，等等。

人力资本研究院和 ICF 的一项研究将教练文化的关键元素定义为：

- 组织有强大的教练文化；
- 员工重视教练活动；
- 高层管理者重视教练活动；
- 教练是组织中的一个固定项目，有专门的预算；
- 经理 / 领导者（和 / 或内部教练实践者）每周在教练活动上花费的时间高于平均水平；
- 经理 / 领导者（和 / 或内部教练实践者）接受过正规的教练培训。

尽管定义如此，根据我们的经验，大多数企业通常会尝试通过为领导者（或全体员工）提供 1 ~ 2 天的教练技巧培训课程，去创建组织的教练文化。这一趋势可能仍会持续，因为在组织实施经理预测的 14 个未来趋势中，教练型领导者培训（向领导者传授教练技能）排名第二。

可是，要想真正改变一个组织的文化，单凭这项干预措施无异于天方夜谭，有效的文化变革通常需要一个重大的危机或其领导层的持续干预才能实现。来自无限潜力（Unlimited Potentia）l 的教练文化专家蒂姆·霍克斯（Tim Hawkes）预计，真正拥有教练文化的组织屈指可数。人力资本研究院和 ICF 的研究发现，只有 13% 的公司反馈，自己有很强的教练文化。

霍克斯和哈登（Haden ）提出了一个全面的教练文化九步模型（见表 10–1）。该模型考虑了与组织中每个层级的员工（非管理者、初级 / 中层管理者、高层管理者）相关的教练元素。然后，对每个层级都从“知道”“成为”“做”的角度进行了考虑。最终目标是让员工在正确实现创建教练文化的目标之前，先进入实践阶段。

表 10–1　　　　　　　　　教练文化九步模型

	知道	成为	做
高层管理者	使用高管教练	教练大使	自维持的教练体系
初级 / 中层管理者	教练培训	内部教练团	内部教练体系
非管理者	有资源可用	提高员工的教练能力	从教练对象到教练

在成熟的教练文化中，高层管理者们通常会使用高管教练。他们愿意担任教练活动的大使，帮助建立一个其他领导者愿意追随的自我维持的教练体系。初级或中层管理者可能愿意参加教练培训课程，内部教练团就得以建立，正式的内部教练体系也就很好地发展起来了。非管理者也可以获得学习教练的资源，他们愿意被教练，甚至可能教练其他人。

主题领域的目标和过程

为平衡本章内容，我提出了一个全面的“4C 教练成熟度模型”，目的是在斯托韦最初想法的基础上，为组织提供额外的机会，使其能在不同类别的考虑因素中沿成熟度曲线上下移动。（见图 10–1 和表 10–2）。

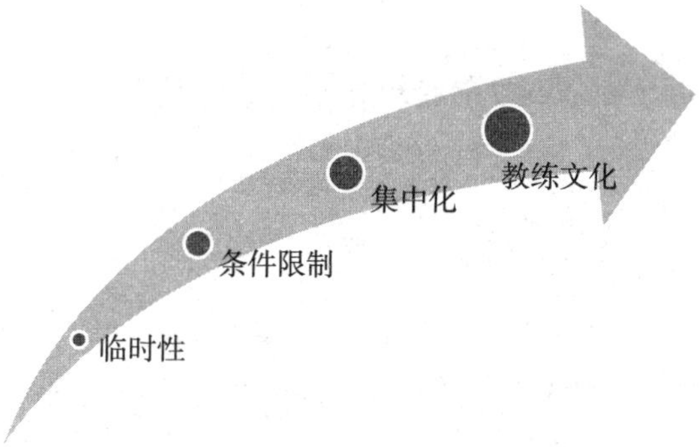

图 10–1　4C 教练成熟度模型

表 10–2　　4C 教练成熟度模型

类别	临时性	条件限制	集中化	教练文化
营销：如何理解教练活动	• 组织对教练活动缺乏足够认识	• 教练活动被认为是帮助陷入困境的领导者“解决问题”的方法	• 视教练活动为一项积极投资	• 各种形式的教练活动都受到了广泛重视
选项清单：有哪些与教练相关的供给	• 没有正式的教练服务	• 高管教练 • 教练型领导者培训	• 高管教练 • 教练型领导者培训 • 内部教练项目 • 配有全面教练的领导力发展项目	• 高管教练 • 教练型领导者培训 • 内部教练项目 • 配有全面教练的领导力发展项目 • 团队教练 • 团体教练 • 同侪教练等
管理：如何监督教练活动	• 分散式的、临时性的教练任务	• 教练活动由业务部门 HR 管理或集中管理。部分任务 / 管理的执行在中心职能部门的管理范围之外 • 用 Excel 电子表格来跟进管理	• 使用集中式联络点 • 教练管理软件跟踪任务和教练	• 建立“卓越教练中心”

续前表

类别	临时性	条件限制	集中化	教练文化
评估：采用什么评价指标	• 没有	• 询问教练对象是否认为通过教练活动，他们得到了提高	• 教练满意度调查 • 领导者发展的多方评估	• 全公司汇总的教练项目看板 • 追求投资回报
成员：谁是教练	• 管理者 /HR 寻找自己的教练	• HR 个人决定标准	• 针对教练成员的公司统一标准 • 在任务开始前与教练介绍情况 • 教练成员定期会面 • 公司从对教练成员的观察有所收获	• 对所有教练实践者进行持续评估和提升 • 在公司总部定期举办会面论坛

4C 教练成熟度模型提出了成熟度的四个阶段：临时性阶段、条件限制阶段、集中化阶段和教练文化阶段。每一个阶段都从营销、选择清单、管理、评估和成员五个类别来审视。这让我们认识到：一个组织所处的成熟度阶段取决于考虑的是教练项目的哪个方面。因此，一个组织可以在某一领域处于临时性阶段（例如，临时使用内部教练），而在另一个领域处于集中化阶段（例如，所有外部教练完全集中化管理）。

这五个类别被分别从四个阶段的视角来考虑。

1. 营销。在组织中，对教练活动的整体认知如何？也许在组织中没有人真正充分地了解教练活动（临时性阶段），或者在少数几次使用教练活动后，有了一个负面的印象（条件限制阶段）。在集中化管理的组织中，教练活动通常被定位为一种积极的投资，可能会供不应求。在教练文化阶段，整个组织都高度重视教练活动。

2. 选项清单。这个类别与组织中提供什么教练产品相关。在临时性状态下，通常没有官方的教练供给。即使实施教练活动，也往往是非常临时性的。在我们的经验中，我们通常看到，随着组织在这个阶段的发展成熟会增加以下供给：（1）条件限制阶段（增加高管教练，教练型领导者培训）；（2）集中化阶段（增加内部教练活动，并且教练活动与领导力发展项目联结）；（3）教练文化阶段（包括所有之前的项目，同时增加其他形式的教练活动，比如团队教练、团体教练、同侪教练等）。并非所有组织都必须提供所有这些服务，它们也不必按照建议的顺序来行动。

3. 管理。这一类别关注的是如何监督教练活动，随着组织的成熟，这个问题会变得更加复杂。在临时性阶段，几乎没有教练活动，管理通常是由申请教练服务的各个业务部门来完成的，除此之外，它们几乎不需要额外的教练管理。在条件限制阶段，可能是集中化管理也可能不是，有时候由一个集中的部门管控，有时候则由各个业务部门管控。通常，这个集中的部门无法了解公司中发生的所有教练活动，并且在当前也无此必要。项目跟进通常是借助电子表格完成，表格汇编了关于谁被教练、由谁教练、关键里程碑等信息。

随着成熟度的发展，管理方面的挑战也随之增加，处在集中化阶段的组织从一个区域开始，监督所有的教练任务。这个部门拥有对所有教练活动的可见性，并且会要求所有的任务和教练团管理路径都要通过这个部门。渐渐地，开始采用教练管理软件（而不是现在的难用的 Excel 电子表格）追踪所有内外部的教练活动。最后，成熟度达到“教练文化”阶段的公司通常已经建立了一个卓越教练中心，对教练活动的方方面面进行监督，而不仅仅是一对一的互动。它是一个全面的中心，专注于在整个企业中深化教练收益。

关于评估，如果有评估教练活动这个环节，各个组织的评估方式可能不尽相同。临时性阶段的教练任务，除了体现教练活动成功的轶事报告外，通常不一定包含评估。当成熟度达到条件限制时，可能会包含或缺少某些评估方式。被教练的领导者会被问及他们是否因为教练活动而得到了提升，或者他们的老板和 / 或人力资源部门会被问及他们的提升。集中化阶段的教练实践往往倾向于更加严格的评估——在我们所见过的最佳实践中，他们会在活动结束后对领导者进行满意度调查。同时，通过对与领导者共事的人的快速调查，对领导者的提升进行多方评估的收集。对两种调查的汇总结果进行集中存储和分析。成熟度达到教练文化的组织对其教练活动的各方面有一个深度的报告看板。他们还可能致力于评估教练工作的投资回报，也会分析员工敬业度调查的结果，寻找可用于支持教练文化的趋势。

4. 成员。这个类别聚焦于教练——外部的、内部的、教练型管理者，甚至所有的员工。在临时性状态下，通常通过个人申请者或者他们的 HR 支持对外部教练进行按需采购。采购过程有点随意（例如，“有谁碰巧认识匹兹堡的教练吗？”），且反复依赖同一个 / 多个熟悉的教练。在一些处于“条件限制”阶段的公司，HR 领导者个人开始确定他们最期望合作的教练标准，但未必在公司内达成了一致。而集中化的公司已经针对内部及外部教练建立了公司统一的标准。所有新进入这家公司的教练都应符合这些最低标准。教练精英可能提前了解任务的情况，定期通过网络研讨会聚集在一起，并将其所获得的通用经验分享给公司。在教练文化组织中，这些方面看起来并无差别，但有些公司已经投资将其教练精英在线下聚集在一起，进行几天的相互学习、技能发展和更进一步的情谊培养。

集中化的工具和技术

在集中化教练供应中，组织的第一步是确定哪些任务需要集中化，以及哪些任务可以外包给外部供应商。有些组织实际上会进行一次内部教练审计，以确定哪里需要教练活动及所需数量，并了解教练正在与组织中的哪些人合作。此时，有些组织会向潜在的教练供应商发布招 / 投标信息——而另一些组织可能已有了首选的合格的供应商来进一步实现集中化供应。

在本节中，我们将首先定义各方在集中化项目中所扮演的关键角色。然后，我们将概述实现集中化需要考虑的各种管理任务。此外，在集中化供应之前，还将考虑保留现有教练（遗留教练）的其他考虑因素。

角色定义

在所期待的未来集中化供应状态下，哪些任务将由组织执行，哪些任务将由外部供应商执行？

表 10–3 展示了组织如何基于未来期望的状态，确定这种分工的组合形式。当然，每个组织都可以自行决定希望保留哪些责任，而哪些责任会要求其供应商去监督。

表 10–3　　　　角色：当前和未来状态示例

活动	职责	
	当前状态	未来状态
全球教练流程的设计和质量管理	组织	组织 / 供应商
内部咨询 / 流程问题	组织	组织
接收 / 确认教练申请	组织	组织
推荐教练供客户选择	组织	供应商
跟踪和监控教练活动	组织	供应商
进行期中和期末影响调查	组织	供应商
生成指标和报告	组织	供应商
开具发票和付款	组织	供应商
维护教练团（增加 / 移除教练）	组织	组织 / 供应商
教练社区会议（如果适用）	组织	组织 / 供应商

在确定期望的未来角色之后，有必要进一步定义每个角色要完成的实际任务。

管理任务

我们编制了一份必须通过教练管理解决方案来完成的、全面的管理任务清单。它建立在组织已经聘请了一个外部供应商来协助管理的前提下。清单如下：

引入现有资源团。组织应向现有（遗留）教练介绍新的工作安排。供应商需了解现有的高管教练精英，并将他们的信息输入到集中的资料库中。此外，需根据新的组织标准，建立一个是否将现有的教练从修订后的教练团中移除的决策流程。

寻找额外的教练。供应商需要为那些当前“网络内”的教练无法覆盖的关键地点寻找额外的教练。组织应提供一份全球主要站点的清单，以及每个地点符合条件的潜在的教练对象人数，以帮助决定哪些地方可能需要额外的教练。

接收新任务。供应商（或组织）就新的教练申请，与人力资源业务合作伙伴（HRBP）或其他人员进行合作，收集每个新申请的所有相关信息。组织或供应商也可以通过建立在线教练申请表来实现上述工作。

推荐教练。根据需求推荐教练。确保客户的领导者最终选择一名教练或者决定不继续。确保选定的教练收到开始任务所需的 360 度报告和其他调查数据。完成开始任务所需的所有行政工作。

活动追踪。追踪所有的教练活动（通常借助在线资源）。在商定的基础上生成报告，报告可以按部门、地区、领导级别或其他客户期望的维度进行查看。教练可在线追踪他们的关键里程碑活动（如果需要，可提供确切的耗时）。

结果指标。基于事先达成的共识，采用合适的结果指标（例如，通过领导者满意度调查评估领导者对教练体验的看法）；使用影响力调查评估领导力效能的变化。汇总并与组织分享结果。

教练社区。推动虚拟的和 / 或现场的教练社区会议，进一步提高教练网络的能力。考虑利用年度教练论坛将所有世界各地的教练聚集在总部。

教练活动营销和教育。安排演讲、电话会议等类似活动，使 HRBP 以及其他社群进一步了解和学习公司首选的教练方法的可用性和好处。

计费和费用收取。集中处理和协调计费程序，以减轻教练客户和教练的负担。这也便于更好地了解教练的总体支出。

关于这个列表，每个组织可能有不同的需求，可以根据需要自行修改。

将现有教练转移到新解决方案中

综上所述，将现有教练（遗留教练）引入新的解决方案时必须考虑一些额外的因素。现有教练通常与整个组织的核心管理人员有着深厚的关系，可能意外地帮助制定或破坏新的解决方案。如果处理不当，这一关键环节就可能会事与愿违，导致关键教练的流失或教练和领导者之间潜在的幕后协议交易，破坏集中化的根本目的。

不同组织处理这个问题的方法可能各不相同。我们的一个客户采取了一种非常合作的方式：向教练们介绍概念，聆听他们的反馈，在六个月内逐步推出新的解决方案，持续通过教练聚会来评估他们的情绪。然而，另一个客户就简单地在某天发了一封电子邮件说："我们正在转换到一个新的教练管理解决方案中（包含了一些细节）。新方案从周一开始生效，你将根据这个新的解决方案框架开展工作。否则，你将离开这里。"理所当然，第一个例子收获了更高的教练保留率（接近 100%），但其花费的时间也更长。

首先，组织需要决定哪些教练应该在新的安排下继续工作。有些教练可能已经多年不在公司服务了；还有一些教练，组织对他们的评价相对一般。那么应该邀请哪些教练加入新的解决方案呢？

其次，组织和外部供应商应该制订一个邀请和引入现有教练到新的解决方案的变革管理和沟通计划。教练们应该能够了解变革背后的逻辑，以及加入这个解决方案最终将如何对他们更有益。大体来说，在新方案中，他们的行政负担会减轻，这自然是一个巨大的好处。

再次，现有教练的薪酬也是他们最迫切关心的问题。我们建议：只要有可能，保持现有教练的薪酬不变，任何额外的管理费用都应由公司承担。

最后，这些教练还会关注任务的分配方式，以及他们的参与机会是否会比以前更少。需要就此问题确定解决方案并与现有教练进行沟通。

案例研究

2004年，戴尔电脑公司发布了一份招投标，这是当时业界所知的最大的教练集中化计划之一。几年前，戴尔公司意识到不断成长的领导者是公司扩张的关键，必须吸引和保留最优秀的人才，于是实施了一个流程，以加强对领导力发展的关注。在这方面，公司已经采取了多项措施，包括开发新的领导力素质模型、360度工具，以及扩大教练活动。

然而，到了2003年，教练活动已经变得难以控制，方法、工具、测量、定价等也各不相同。教练们的背景不同，也没有任何适用全系统的质量标准。教练活动与公司的人才管理或领导力发展的方法没有关联。戴尔公司预计其对教练活动的使用必将增加，这使所有挑战的难度更大了。每年有200名高管（3年600名）可能会使用教练活动。

公司决定寻找一个单一的供应商来监管教练活动的所有方面。供应商带来了一致的方法论、与戴尔办公地匹配的经筛选的教练精英、教练行业的最佳实践知识，以及非常优惠的批量定价。多年来，这家供应商已经使用在线教练管理系统监管了数百项任务，定期提供项目各个方面的报告看板。供应商协调了一批戴尔专属的教练精英并定期开会。戴尔受益于供应商、教练和公司之间的最佳实践共享。戴尔公司在继续享受全球优惠价格的同时，取得了可测量的成果。

结论

事实上，由于本章中相对缺乏关于集中化教练供应的适当参考文献，这恰恰证实了这是教练领域里一个非常新的领域。教练行业经历了令人难以置信的成长，已远远超越“拯救问题儿童”的时代，转而开始积极地、专注于培养最优秀最聪明的人才。正如我们所提到的，更新的教练形式正在进入组织。这个职业的前景看来是光明的。

然而，“我们成功的受害者”是各组织要为妥善监管教练项目而承受的更大的管理负担。事实上，这种情况在大型组织中并不少见—— 一个（或几个）受过高水平教育的博士，其全职工作只是简单地管理与教练活动相关的日常活动：寻找教练、了解他们、创建推选名单、跟踪进度和衡量结果，以及推进采购订单和工作说明、费用报告，甚至是 IT 合规文档。这纯粹是大材小用！

基于上述所有原因，集中化教练供应减轻了组织的负担，让那些全职员工能更专注于高层级的战略活动，并将日常任务外包给他人。

《哈佛商业评论》在 2004 年曾写道：“这一领域就像过去的西部荒野一样是混乱的，基本上未经探索、危机四伏，但却充满了希望。”如今这个“西部荒野”在很大程度上已经被驯服了，尤其是那些在教练成熟度曲线上走得更远的组织，很多希望已经实现了。进一步集中化管理将有助于更好地驾驭这一领域。

第 11 章　教练领导者改善健康和提升幸福感

蒂姆·安斯蒂斯
玛格丽特·穆尔

拥有一支身心健康、快乐的员工队伍是一种竞争优势，因为这样的队伍能支持并实现最佳的组织绩效。就领导者自身而言，良好的个人健康、复原力和幸福感最有可能有助于其实现最佳绩效，并在他们的一生中产生积极影响，同时为他们希望在工作场所中看到的行为树立榜样。

健康水平、幸福感和绩效在某些方面是相互关联的。良好的身体状况有助于良好的情绪和心理健康，良好的心理健康又有助于良好的身体状况。这可能会产生一个身体健康和心理健康相互促进的“良性循环”或“螺旋式上升”。大多数人更熟悉的是这种动态的反面，即身体健康状况不佳会导致心理健康状况恶化，反之亦然，最终导致“恶性循环”和“螺旋式下降”—— 例如，抑郁症会增加一个人罹患心脏病和糖尿病的可能性，而这些病情反过来又增加了一个人患抑郁症的风险。

除了极大地影响身体健康水平外，身体活动及锻炼、饮食、睡眠、压力、酒精摄入和吸烟等这些可改变的生活方式因素，似乎也会影响大脑功能和认知能力。戈麦斯－皮尼拉（Gomez-Pinilla）和希尔曼（Hillman）引用了多项科学研究的证据，包括神经影像学研究，这些研究证明了身体活动在整个生命周期内维护和改善认知健康的有效性。例如，朱（Zhu）等人发现，在 43 ~ 55 岁年龄段，语言记忆更好和精神活动速度更快者明显与 25 年前的心肺更健康相关。健康水平更高者可以减少与衰老相关的脑组织损失，同时增强参与认知控制的高阶脑区的功能。身体更健康、更活跃的人似乎更能够关注环境，并更快地处理某些类型的信息。在分子水平上，运动可以通过刺激脑源性神经营养因子的释放，来影响大脑健康和认知能力，这对新陈代谢和可塑性都有积极的影响。他们发现，这些数据表明，良好的有氧健身可以帮助人们更好地面对挑战。

关于饮食，戈麦斯－皮尼拉引用了一些证据，表明某些饮食模式，特别是高热量饮食的摄入，很有可能是近期神经、情绪和精神疾病发病率增加的重要原因。饮食因素能够在细胞和分子水平上影响大脑中的信息传递和处理过程。戈麦斯－皮尼拉和帝亚吉（Tyagi）认为，饮食和运动对能量代谢、神经元膜脂质成分和其他因素的影响对保持最佳心理健康状态至关重要，并可能抑制疾病或损伤对神经元的影响。卢里达（Lourida）等人在一项系统综述中指出，更多地坚持地中海饮食似乎能减缓认知能力下降，减少罹患阿尔茨海默病的风险。

皮尔彻（Pilcher）、赫夫克特（Huffcutt）和菲利伯特（Philibert）的元分析清楚地表明，睡眠不足的人通常会发生认知能力下降和情绪变化，而阿尔霍拉（Alhola）和波洛－坎托拉（Polo-Kantola）发现，急性完全睡眠剥夺和慢性部分睡眠剥夺都会对人们的注意力和工作记忆产生负面影响，完全睡眠剥夺还会损害其他认知功能。

在对科学文献的全面审阅中，马林（Marin）等人发现，长期暴露于高水平的压力相关激素（如糖皮质激素）下，会影响人的认知，导致各种心理失调和障碍。这并不奇怪，因为这些化学物质能够迅速进入大脑中负责记忆、情绪和情绪调节的区域。与压力有关的大脑和心理健康状况包括认知障碍、倦怠、焦虑障碍（包括创伤后应激障碍）和抑郁症。他们提到，由于压力能够而且确实会影响一个人对下一种情景的感知和评估，慢性压力可能会形成一个难以摆脱的慢性循环。

综上所述，支持高层领导者努力保持（或变得）身心健康是很有意义的。方法之一就是由一位技能纯熟、训练有素的专业人士为他们提供健康和幸福方面的辅导。

理论与实证

瑞安（Ryan）和德西（Deci）在其自我决定理论中提出了人类存在三种基本心理需要或心理营养素，即对自主性、能力和关系的需求。有相当多的研究表明，当其中一个或多个需求得不到满足时，个人表现就不好，帮助个人更好地满足这些需求可以改善健康、提升幸福感和个人表现。凡斯滕基斯特（Vansteenkiste）和谢尔登提出，动机式访谈法（一种有效的教练对话方式，已获得1000多个对照实验以及100多个系统评价和元分析的证据支持）之所以能产生有益健康的结果，部分原因可能是教练对话对这三个变量产生了影响。这表明，在教练高管们改善健康和提升幸福感时，教练也许可以：

- 当涉及行为和生活方式的改变时，强调个人的自主性和选择；
- 不断积累精通和胜任的经验；
- 密切关注重要的循证关系因素，如联盟、目标一致性、温暖、同理心和反馈。

自我效能理论是一个重要而悠久的心理学理论，是社会认知理论的一部分。自我效能理论认为，个体对自身改变能力（自我效能）的信心是决定其是否愿意开始改变，并在面临障碍时能否坚持下去的重要因素。自我效能感的三个主要决定因素是过往的成功经验、间接学习（观察他人的行为）和权威者的说服。教练与领导者一起工作，帮助领导者维护和改善他们的健康，并提升其幸福感，教练会用一些时间来增强领导者的信心，帮助他们相信生活方式和行为的改变是可以实现的。

另一个重要的模型是跨理论模型，它为许多健康改善领域的实践提供了参照。顾名思义，该模型试图整合几种不同的行为改变理论。跨理论模型有两个组成部分：改变阶段和改变过程。该模型假设，行为改变过程包括了人们所经历的以下几个不同阶段：预思考（未考虑改变）、思考（考虑但尚未决定是否改变）、准备（准备改变，但尚未开始）、行动（开始改变）、维持（改变发生后的几周或几个月持续保持）和终止（新的行为是如此巩固，当事人不可能再回到之前的阶段）。除了这些改变阶段之外，该模型还描述了从其他不同理论中得出的几个改变过程。改变中的一个重要过程是复发，即恢复到改变的早期阶段的过程，例如已经戒烟戒酒两年的人又开始吸烟或饮酒。通常情况下，复发过程不会突然发生，而是会分几步完成——例如，小倒退（抽一支烟或喝一杯酒）、倒退（周末吸烟、狂欢），然后复发（再次常态化地吸烟或饮酒）。与高管合作，帮助其维护和改善健康的教练，可能需要根据客户的改变准备情况来调整他们所运用的行为改变技巧。例如，当一个人刚刚开始考虑变得更积极时，不要匆忙地去设定目标和安排日程。

塞利格曼的幸福理论认为，内心丰盈与幸福感由五个不同但相关的“支柱”组成，这些支柱可以用缩写“PERMA”来表示。它们分别是积极情绪、投入、关系、意义和成就。里夫对心理健康要素的分类方法与前者略有不同，包括了自我接纳、与他人的积极关系、个人成长、生活目的、对环境的掌控，以及自主性。这两种理论都可以帮助教练在与客户的谈话中把一部分的注意力集中在心理健康的各个因素或支柱上，并引导他们在一段时间内在一两个领域尝试改变，包括心理学的分支——积极心理学所建议的改变。

关于消极情绪的功能性目的，我们知道的要比积极情绪多得多（我们也得承认，情绪的积极或消极状态取决于背景情境）。消极体验的情绪，如焦虑、愤怒、仇恨、悲伤和孤独等，往往会使人将注意力集中在一两件事上，以应对危险或威胁，或是找到一种方法，与失去的物体或人重新联结。芭芭拉·弗雷德里克森（Barbara Fredrickson）的“扩展和构建理论”揭示了积极体验的情感的进化功能，如快乐、希望、幸福、好奇和接纳。该理论指出，这些情绪与我们注意力的扩展以及重要的人际关系、联结、技能和资产的建立有关，这些人际关系、联结、技能和资产可以有助于培养我们在未来生存和发展的能力。教练可以利用这一理论来帮助客户了解积极情绪对于健康、幸福感和绩效的重要性，并鼓励客户尝试改变。随着时间的推移，他们将体验到积极情绪所带来的美妙变化。

论据

理论能帮助我们思考如何最好地改善高管的健康和提升幸福感、应该关注什么，以及可能的机制（通过该机制，教练就可能有助于取得良好的成果）。但什么才是真正有效的呢？介入性研究有何发现？

该领域的一个问题是如何定义健康教练，因为它没有一个统一的定义。在查阅了284篇关于健康和幸福教练的理论和实证文章后，沃尔夫（Wolever）等人将健康教练描述为：

> 基于行为改变理论的以来访者为中心的过程，由具有不同背景的健康专业人员提供。实际的健康教练过程需要由来访者确定目标，除内容教育之外，还鼓励自我发现，并引入发展健康行为问责的机制。

该定义的一个局限是，它不包括非健康专业人员与非来访者的交谈。奥尔森（Olsen）将健康教练描述为"一种以目标为导向，以客户为中心，以健康为关注点，伴随启发和赋能客户的伙伴关系"。

也许最好是将健康教练和保健教练作为一个总体术语来考虑，包括教练、指导和支持人们改善健康、协调身心和提升幸福感。同样需要注意的是，健康教练可以有一系列不同的形式，包括一对一和团体对话，也可以通过电话和线上进行。

健康教练有用吗？英国医疗教育委员会委托开展了对275项健康教练研究的快速评审。评审的结论是，有一些证据表明，健康教练可以支持人们自我管理或改变行为的动机，以及提升对此方面能力的自信心，也可以支持人们选择健康的行为和生活方式。有综合证据表明，其对于控制胆固醇、血压、血糖还有减肥也是有效的。作者指出，评估健康教练有效性非常困难，因为他们评审的这些研究描述了由不同能力水平的不同从业者提供的健康教练，他们的干预形式、风格和持续时间都不同。

当我们探索一些通常被归为健康与保健教练旗下的不同方法时，我们发现了更有力的证据来证明健康与幸福教练的有效性，这些方法包括认知行为教练、动机式访谈、积极心理学教练、人本主义教练，以及所谓的第三代行为方法。

认知行为教练的重点在于帮助客户改变他们的思维模式、技能和内容，以及他们的行为，从而改善他们的生活。在认知行为疗法的理论和实践的充分指导下，越来越多的证据表明，随着时间的推移，认知行为教练方法可以帮助人们体验到健康和幸福水平的提升。

动机式访谈法是研究最广泛的帮助人们改变健康和幸福感相关行为的方法之一。研究、系统回顾和元分析表明，动机式访谈法可以帮助人们变得更活跃、饮食更合理、体重减轻、血压降低、减少患糖尿病的风险、按处方服药、减少焦虑和抑郁、改变饮酒模式和戒烟。

积极心理学教练采用的是新兴的积极心理学方法，它关注人们健康的一面、积极的情绪状态以及人类的最佳发展。拥有积极心理学知识的教练可以帮助客户厘清和发展自己的优势，培养积极的情绪状态（例如，关注那些进展良好的事情，懂得感恩），品味快乐，练习宽恕，践行善举，多与大自然接触，等等。越来越多的证据表明，通过教练鼓励人们尝试积极的心理干预，可以帮助他们维护和改善自己的健康水平，并提升幸福感。

人本主义教练发展自人本主义心理学家如亚伯拉罕·马斯洛（Abraham Maslow）和卡尔·罗杰斯的观点和实践。它基于这样一种信念：当提供包括社会关系在内的适当的环境条件（尤其是社会关系），人们会慢慢展现出最佳状态，心理咨询（教练）关系可以有助于提供更多这样的有利条件，帮助客户成长为全人、发挥自我潜力以及自我实现。有关人本主义教练可以改善健康和提升幸福感的证据，请参见桑德斯（Sanders）和约瑟夫（Joseph）的著作。

与通常侧重于帮助人们改变思维内容的认知行为方法不同，**第三代行为方法**侧重于帮助人们改变与想法和思维过程的关系。第三代教练方法的例子及其有效性的证据包括接纳和承诺教练以及富有慈悲心的心灵教练。

主题领域的目标和过程

目标

对高管的健康与幸福感进行教练辅导可能会有以下一个或多个目标：

- 帮助他们减少一种或多种不健康行为 / 行为风险因素——例如吸烟、酗酒、吸毒、不健康的应对行为、超速驾驶、不安全的性行为、过量吃零食等。
- 帮助他们采取或增加一种或多种健康或保护性行为——例如，有规律的有氧运动，健康饮食，力量训练，预先筛查，服用推荐的药物，获得足够的睡眠，练习正念，改变对酒精、烟草、咖啡和其他精神活性物质的摄入等。
- 帮助他们采取可能与改善塞利格曼五大幸福支柱中的一个或多个有关的步骤：积极情绪、投入、关系、意义和成就。

当然，教练辅导的确切目的或目标将由客户来决定。如果教练服务是为高管购买的，那委托教练的第三方的偏好可能也会起作用。

过程

过程将输入转化为输出和成果。虽然我们对教练能够带来的健康和幸福的成果有一定了解，但我们对能够带来这些成果的教练过程知之甚少。过程研究有助于我们更好地理解这些内部通路，并提供一个通过不断改进过程获得更好成果的路径。

有一个特别关注过程的教练方法，即动机式访谈法。比尔·米勒（Bill Miller）和史蒂夫·罗尔尼克（Steve Rollnick）阐述了通过对话引导人们改变行为的四个过程。这四个过程是吸引（engaging）、聚焦（focusing）、唤醒（evoking）和计划（planning）。

在吸引阶段，从业者在整个谈话过程中将运用同理心倾听、苏格拉底式提问、建立联盟和无压迫性温暖等方法。他们会避免主动提出建议、说得过多、忽视客户想要谈论的内容、假设客户已经准备好改变、陷入“急于计划”的陷阱等，这些只会导致客户的抵触。

聚焦阶段包括决定要探讨的话题（压力、幸福、吸烟、酒精、运动、饮食、工作与生活的平衡、睡眠等），使谈话在一段时间内集中在这个话题上，如果谈话的内容偏离了方向，就将其拉回正轨（除非新话题明显更重要——例如，婚姻危机、癌症诊断等），随着谈话的进行，将焦点从谈论为什么转移到谈论如何做。

唤醒阶段包括探询对方的希望和担忧、对方改变的理由，以及对方关于如何改变的想法。苏格拉底认为，人类有着与生俱来的知识或智慧，而哲学家的作用就是帮助人们自己去发现它，因此有了“苏格拉底式提问”这一术语，纯熟的健康和幸福教练方式亦是如此。这里的假设是，这个人是没有问题的，也不需要“修理”。他们只是被困住了，他们对改变有着两种不同的、充满矛盾的感觉。在这种情况下，健康和幸福教练的角色就变成了唤醒和引出人们的内心世界。这与自我觉知理论有关，该理论认为：“当我听到自己把话说出来的时候，我就知道我在想什么了。”目的是让这个人说服自己改变并保持改变。

计划阶段增加了人们做出和维持一个或多个行为改变的机会。计划过程中常见的错误包括在谈话中过早开始计划和落入专家陷阱。只有当一个人决定改变时，才应该真正开始做计划。如果你假设人们已经准备好改变，并且匆忙地进行目标设定、日程安排和实施，而他们自己并没有决定是否要改变时，你极有可能会发现其对改变的抵制甚至出现虚假协议（目的是让你闭嘴）。当然，你可能希望和这个人探讨他可能会如何改变，这种探索可以帮助其发展自我效能感，但这与假设他已经准备好改变的情况是不同的。在对改变谈话做好总结之后，问他“下一步你会做什么”，看看他是否准备好改变。注意，这不是一个“你会改变吗”的封闭式提问。专家陷阱是你假设自己知道什么对客户是最好的，并开始告诉和指导他们如何改变。最好是保持“唤醒”模式，首先探询他们的想法，运用诸如“你觉得你会怎样开始行动”和“你认为你必须多久做一次才能养成习惯”这样的开放式问题。

从业者在健康教练中运用的其他方法包括教育、示范、目标设定、同理心、可视化、提供反馈、安排日程和演示。

健康教练的工具和技术

教练高管改善健康和提升幸福感时所应用的工具和技术与其他教练领域中所用的工具和技术类似，只是关注点不同。这些工具和技术可能包括澄清价值观、发现优势、成果导向的评分问题、决策平衡、展望未来、会谈中的技能发展和行为演练、目标设定、个性化规划、实施意图、复发预防、指明方向、数字健康和应用程序、社会支持、提供反馈、鼓励自我接纳、重构和分享信息。

澄清价值观。价值观对一个人来说至关重要，它表明了他觉得自己的生活应该是什么样的。帮助人们澄清价值观，探索他们当前的生活方式在多大程度上符合自己的价值观，以及他们如何才能过上一种更为价值驱动的生活，可以帮助人们发生并保持改变，并体验未来更好的健康和幸福感。

发现优势。优势是人身上好的一面，也是他人乐于欣赏的人们与生俱来的思维和行为模式。帮助人们发现和探索他们的性格优势、他们是如何利用这些优势的，以及将来可能如何利用和发展这些优势，可以帮助他们在重要的生活领域取得进步，拥有更好的生活质量和绩效表现。

成果导向的评分问题。健康和幸福教练的目标不是找出人们的毛病，而是发现他们的优点。我们帮助人们厘清他们当前的资源和资产、他们的优势，以及如何逐步建立这些优势。例如，我们可能会让人们用 0 ~ 10 分的分值评价他们控制自己的饮酒行为的自信程度。假设他们说的是 5，然后我们可能会问："为什么是 5，而不是比它更低的 2 或 3？你为什么认为你能成功？""还有其他原因吗？"然后我们可能会问："怎样才能帮助你变得更自信，让你为自己打 6 分或 7 分？"这样我们就可以从中找到解决方案。

决策平衡。许多人对改变持矛盾态度，既看到了改变的利弊，也看到了保持不变的利弊。决策平衡技术能帮助人们彻底探索他们对改变的复杂感受，从而帮助人们摆脱困境，从思忖阶段进入准备阶段或行动阶段。

展望未来。让人们展望未来数周、数月或数年，谈论他们希望看到的变化、他们希望达成的成就、他们希望多做些什么、少做些什么，等等。这些都可以帮助客户弄清楚他们自己想要什么、什么对他们来说是重要的，以及他们认为需要在哪里集中精力取得进展。

会谈中的技能发展和行为演练。一些可能与改善健康和提升幸福感有关的改变是很容易做到的，只要下决心去做就可以。例如，每天步行一千米，吃早餐。另外一些改变可能需要做一些技能发展才能融入生活。例如，变得更加自信果敢、培养自我关怀、系统性解决问题，等等。

目标设定。目标有助于为一个人的生活以及他们的健康和幸福感的提升提供努力的方向、动力和结构。好的实践包括协作性目标设定、渐近型目标（而不是回避型目标），在不同的生活领域兼有短期和长期目标，以及拥有与人们价值观一致或相符合的目标。在一个人准备好改变或者已经决定改变之前，不要急于设定目标，这点也很重要。

带有实施意图的**个性化计划**。为达成目标制订个性化的计划会增加实现目标的机会，制定详细的“实施意图”，具体说明何时何地以及实施能够带来成功的各种行为和行动的频率，也会增加实现目标的机会。

复发预防。说实话，尝试改变行为的一个常见结果就是失败，或者在一段时间内有所改变，然后就会倒退或回归到之前的行为模式。一旦一个人描述了他们计划做些什么来维护和改善他们未来的健康并提升幸福感（例如，一周去游泳两次，五天中有三天准时下班，每天听十分钟应用程序上的正念练习，等等），那么问以下问题就会很有帮助：“什么可能会妨碍你的计划？”“你打算如何克服？”通过这种方式，你可以让他预测高风险情况，并去规划一些预防性的应对策略。

指明方向。让人们多了解提升健康和幸福感的其他信息来源、指导和支持是很有帮助的，例如网站、本地课程、其他从业者、应用程序等。

数字健康和应用程序。市场上高质量的健康和幸福感应用程序越来越多，例如，运动追踪器、健康饮食应用程序、睡眠指导、正念应用程序等。向客户展示并介绍这些应用程序可以增加他们将之纳入个人健康和幸福计划的机会。

社会支持。独自改变行为和保持改变是很困难的。寻求社会支持是一种有用的行为改变技巧，可以通过“谁能帮助你成功”和“你想要他们怎么帮助你”等问题来探讨。

提供反馈。提供反馈可能涉及两种不同的活动：一种是你向当事人提供反馈（例如，你注意到的关于他们的一些事情、他们的测试和评估结果、他们在练习某些技能时的表现等）；另一种是他们向你提供反馈（例如，问他们：“你觉得今天和我的谈话有多大帮助？有什么你觉得特别有用的？”）。

鼓励自我接纳。幸福感不高的一个共同原因是内心过于强烈的批评或评判。这可能是非常武断的评判、自我鄙视和诅咒——“你就是垃圾”“没人喜欢你”“你有问题”“你太失败了”“你是垃圾伙伴 / 父亲 / 母亲”等。当下，有可能高管不愿意公开他们的内在批判，但请放心，他们迟早会愿意说的！鼓励客户从给自己贴标签和保持自尊（放不下的，可能导致问题的自尊）转变为自我接纳乃至自我关怀是非常有帮助的。

重构。斯多葛学派哲学家强调，“问题本身不是问题，如何看待问题才是问题”——这一见解构成了认知行为教练的大部分认知要素的基础。帮助人们改变对事物的看法，识别认知错误和思维陷阱，培养更理性和更少自我干扰性信念的技巧都是非常有用的。

分享信息。虽然健康和幸福教练的重点应该是唤醒和探索人们的内心世界，但有时客户根本就没有答案或想法。因此，健康和幸福教练中的一项重要技巧就是与这个人分享信息，例如，其他人认为有帮助的内容、正念的益处、为获得某些特定的益处而推荐的运动量和运动类型等。

案例研究

罗斯·奥尔登（为保护客户隐私采用化名）是一家软件公司的全球营销总监，现年 45 岁。他的工作涉及频繁的国际旅行。他已婚，有两个孩子，希望将来能有更多的时间（高质量的时间）和家人在一起。在过去 7 年里，他的体重增加了 28 磅，这是与他工作相关的生活方式（包括缺乏锻炼、饮食不良和过量饮酒）造成的。这次谈话是在他年度体检结束时进行的，阐明了本章强调的几个重点，特别是他本人提出（而不是教练提出）想要改变的重要性。

教练对话

健康教练： 好，这是你的测试结果。现在我们还有 10 ~ 15 分钟来讨论你可能想做的事情，以便你将来变得更健康。但我想强调的是，我不是来告诉你该怎么做的。我当然可以和你分享一些技巧和建议，以及对其他人有用的方法，但现在究竟是不是你做出任何改变的合适时机，取决于你。你觉得怎么样？（设定场景，强调自主性。）

罗斯： 听起来不错。

健康教练： 人们在体检结束时经常和我谈论一系列事情。有些人谈论压力，有些人谈论饮食和体重，有些人谈论体育活动和健身，或睡眠，或药物治疗。我们也可以谈论饮酒、人际关系或者任何你想做一些探讨的事情。你想谈谈这些话题中的哪一个？或者你想谈论我还没有提到的哪件事？（设定谈话事项，强调选择，共同决定教练主题。）

罗斯： 我想谈谈我的体重。过去 5 年我的体重一直在增长，我想我得有所行动。

健康教练： 罗斯，告诉我，如果按 0 ~ 10 分打分，这事对你有多重要呢？（开始运用重要性评分问题。）

罗斯： 差不多7分或8分。

健康教练： 那为什么是7分或8分？为什么不是1分或2分，为什么减重对你很重要？（提出开放式问题，探询客户支持改变的论点。）

罗斯： 嗯，我注意到有些事情做起来比以前更难了，例如，走远路或走楼梯。

健康教练： 你不像以前那么健康了。（反映聆听。）

罗斯： 是的，没错。我还想在周末和孩子们多做些事。例如，乔迪已经开始骑自行车，她让我和她一起去公园转转，我想我现在这样做会觉得有些吃不消。

健康教练： 你渴望成为一个好爸爸。（肯定对方。）

罗斯： 确实如此，而且我想骑车有助于减肥。

健康教练： 非常好。你可以看到不止一个好处——与女儿共度美好时光和个人健康。还有什么原因促使你想要减肥？（在反映聆听之后跟进开放式提问。）

罗斯： 健康，目前我还没有出现健康的问题，我想保持健康。

健康教练： 你想尽可能长期地保持最佳健康状态。（反映聆听。）

罗斯： 对的，我知道人家说超重会面临健康问题，比如糖尿病。

健康教练： 罗斯，还有别的原因吗？（开放式提问。）

罗斯： 嗯，我想我会感觉更好些。我不喜欢我现在的样子。要能穿上我的旧衣服就好了。

健康教练： 减肥可以改善你的整体健康和你的外表形象。（反映聆听。）

罗斯： 是这样的。

健康教练：罗斯，那我们假设你已经决定减肥，你会从哪里开始行动呢？（不对改变的准备情况妄下评判。开放式提问。）

罗斯：嗯，我想我需要开始改善饮食。我倾向于在一天结束的时候有啥吃啥，吃那些口味重的东西，特别是当我觉得有点累的时候。还有，老实说，我确实喜欢在白天吃零食，即便我不怎么饿。

健康教练：罗斯，我们设想一下，你已经开始改变了饮食习惯，那你有多自信可以保持下去？按 0 ～ 10 分打分，0 表示完全没信心，10 表示非常有信心。（开始运用信心评分问题。）

罗斯：4……也许 5 吧。

健康教练：为什么是 4 分？为什么你认为你将来可以保持更健康的饮食？（开放式提问，引发更多关于改变的谈话。）

罗斯：说实话，这个问题我思考过一段时间了。我在家里就吃得更合理，所以我知道我是能做到的。我想我就是要打破一些不健康的习惯。

健康教练：你认为还有什么原因可以让你做到这些？（开放式提问。）

罗斯：嗯，我其实是有挺多选择的。当我在酒店或餐厅用餐时，菜单上总会有健康菜品可供选择。

健康教练：每周你可以有不同选择……还有吗？（反映聆听，然后开放式提问。）

罗斯：我想做的时候我是很专注的，尤其是在工作上。我想我是需要将一部分专注力转移到我自己身上！

健康教练：好主意！你觉得如果用心去做，你就肯定能做到，而且你有许多的选择。（肯定对方。）

罗斯：的确如此。

健康教练： 那么，罗斯，做什么可以帮你将信心提升到 7 分或 8 分？（开放式提问。）

罗斯： 我想我需要提前做些准备，不是随便想怎么吃就怎么吃。

健康教练： 那你会怎么做呢？（开放式提问。）

罗斯： 我不知道。也许开始把这件事写进我的日记里，或者制订一些周计划，以此来提醒我自己。还包括列出一些特定的食物，比如吃鱼配蔬菜而不是比萨饼？

健康教练： 好主意，还有什么会有帮助？（开放式提问。）

罗斯： 还可以做些运动……

健康教练： 你想到哪些运动？（开放式提问。）

罗斯： 嗯，我住的酒店里通常有健身房，我应该可以去运动一下。以前没去过，但这也是个选择。

健康教练： 如果你决定花 30 分钟在酒店健身房运动，你会看到自己做什么呢？（开放式提问。）

罗斯： 骑车，我猜想。不太费力的，只是刚起步……

健康教练： 那可以帮助你减肥，你也可以和你女儿一起骑车了。我可以和你分享一些其他人觉得有用的做法吗？（征得允许，分享信息。）

罗斯： 当然。

健康教练： 这是一个步行计数器，或计步器。许多人都可以下载到他们的手机上，然后试着让自己每天走的步数达到一万步。这似乎对他们的健康和幸福感，甚至对他们的睡眠都有很大的影响！（分享信息，但不是告知他做什么。）

罗斯： 好办法，我也可以试试。

健康教练： 罗斯，我可以总结一下我们的谈话吗？（反映聆听。）

罗斯： 当然可以。

健康教练： 罗斯，你在考虑减肥。你这样做的主要原因是为了让自己感觉更好，保持健康，形象也更好，也为了让你有更多高质量的时间陪伴孩子，你还提到和你的女儿一起骑车。你也想变得更健康。你觉得你可以成功，因为你是一个非常坚定的人，而且你知道如何吃得更健康——你在家就能做到合理饮食。你觉得成功的关键在于开始做一些饮食的周计划，同时花一些时间在酒店健身房骑自行车，我们还谈到了使用计步器，试试让你的日常体育活动水平达到每天一万步。罗斯，那你下一步怎么做呢？（小结，之后提出关键问题——“那你下一步做什么？”）

罗斯： 我肯定要去做……（继续制订个人计划……）

结论

教练高管以提升其健康和幸福感是有价值的，同时可能有助于提升领导者、团队和组织的绩效。教练谈话的重点可能是减少已知的危险因素（如吸烟、酗酒、饮食不良等），维持或增加已知的保护因素（定期的体育活动、充足的健康睡眠、良好的人际关系、预先筛查、压力管理）和 / 或与幸福感五大支柱相关的活动和行为：积极情绪、投入、关系、意义和成就。

健康和幸福教练的定义并不明确，但成果研究确实证明其在维护和改善健康以及提升幸福感方面起到了作用。在健康教练这个大类别里，有些特定或离散的方法，如动机式访谈法、认知行为、人本主义、积极心理学和第三代方法，被证明更为有效。虽然我们对健康教练的成果有所了解，但对促成成果的过程却知之甚少。教练谈话中发生的四个重要且描述恰当的过程是吸引、聚焦、唤醒和计划。虽然健康教练中的技术因素起到了作用，但关系因素可能解释了健康和幸福成果的显著差异，包括同理心、联盟、目标一致性以及反馈。

第 12 章　教练有挑战性的管理者

曼弗雷德·凯茨·德·弗里斯
卡罗琳·鲁克

试图找到管理教科书中所描述的理性经济人似乎是徒劳的。大多数管理者都不是理性的典范，甚至可以说理性经济人根本就不存在。太多管理者的行为特征是功能失调的。当高层出现问题时，其不良影响就会接踵而至。当领导者有心理问题时，就会产生严重的传染效应。若果真如此，组织本身就有可能成为领导者自身问题行为模式的镜像。此外，由此而产生的有毒的组织文化会让在这些组织里工作的人也变得功能失调。不过，对人格功能有深刻的理解，并且熟悉与这些人打交道所需的有效干预技术的领导力教练，可以帮助解决这些心理健康问题，从而带来更有效的领导力实践，最终让组织更健康。

在本章中，我们将探讨高层领导者的心理健康问题、这些问题对组织的影响以及高管教练在工作场所中的作用。具体来说，我们会探讨四种在领导者中常见的有毒行为模式，这些行为模式可能会破坏他们的组织。对于每种人格类型，我们描述了该行为模式产生的基本条件，如何识别这种模式，如何教练表现出这种模式的个体，并提供了一个实际案例研究来说明如何通过教练带来更好的组织运作方式。

理论与实证

至少 1/4 的人会在工作中出现抑郁或焦虑等心理健康问题。尽管一系列因素都有可能导致心理问题，但由于工作的要求和压力，高层管理人员面临的风险尤其大。例如，身处高位的孤独感、权力的让渡问题，以及缺乏来自同事和团队成员的建设性反馈等因素，会将管理者们以往非常有效的工作方式转变为非常不健康的行为模式。举例来说，即使是像通用电气公司前首席执行官杰克·韦尔奇（Jack Welch）这样的高管，其实都可以被视为一个相当自恋的人，但他独特的领导风格帮助他成了一名非常有创造力、天赋异禀的战略家，愿意冒着巨大的风险推动公司发生积极的改变。不过，我们还要说明的是，如果与他共事的人盲目地听信他，害怕向他提供反馈以使他能够脚踏实地，那么，用不了多久，就会把他变成一个破坏性的自恋者。对于像杰克·韦尔奇这样的人来说，领导力教练就有助于检视其潜在的功能失调行为。

一般来说，领导力教练通常是一种有益的力量，能帮助管理者意识到有害的行为模式。教练可以鼓励管理者努力改变，同时帮助组织蓬勃发展。此外，教练可以让管理者们意识到，他们可能会诉诸原始的防御机制，比如分裂、否认和投射，从而妨碍他们做出正确的决策。教练还可以指出管理者们的非理性恐惧、适得其反的行为模式和过时的自我认知，这些都有可能阻碍他们健康运转并创建可持续的高绩效组织。

心理动力学方法

尽管应该根据所遇到的问题而采用不同的教练方法，但心理动力学方法旨在加深对人类和组织功能表面之下潜藏的内容的理解。这种方法之所以如此有效，是因为如果不了解阻碍变革的隐形障碍和根本原因，就无法实现可持续的变革。如果根本因素得不到解决，任何改变的尝试都会变成一种贴创可贴式的例行公事，只能提供暂时的缓解。心理动力取向的教练使客户能够深入解读阻碍自己实现目标、团队协同和高绩效的深层动机到底是什么。通过探索他们过去和现在的经历，客户可能就会意识到，自己的许多被阻止在即时意识之外的感受、记忆和幻想依然在影响着他们如今的思维和行为。通过增强对这些不同思维过程的认知，我们期望管理者们不再是这些即时意识之外的感受、记忆和幻想的囚徒。这些干预措施带来的洞见将使管理者们拥有更大的选择自由和持续改进所需的心智改变的条件。

高管教练的目标是扩展客户的情绪调节能力。通过教练，他们可以调整自己的反思能力，从而预先防范原始防御，也就是防止原始防御机制的“启动”。需要注意的另外一点是，在人格病态很严重的情况下，我们必须小心地把握教练辅导和心理治疗之间的界限。当客户患有严重的精神疾病时，传统的教练干预可能会变得无效，甚至是有害的。

教练的道德界限

我们对心理健康的了解大多是基于心理治疗和精神病学领域的研究。事实上，学习和发展专业人士给心理健康问题贴标签的方式主要源自精神病学和心理治疗的见解和研究，特别是美国精神医学学会 2013 年颁布的《精神障碍诊断和统计手册（第五版）》（*Diagnostic and Statistical Manual of Mental Disorders*, DSM-5），这是关于精神障碍的权威书籍。该手册基于数十年的临床研究，对精神障碍进行了分类索引，以改进对精神障碍的诊断和治疗。

如果教练了解常见的人格障碍，并且能够判断是否存在临床障碍，或者是否发展出了功能失调的人格与行为模式，那么，教练就可以帮助管理者解决心理健康问题。后者可以由教练通过旨在培养有效领导力的教练技术来解决。前者需要由心理医生或精神科医生等医疗专业人员首先进行诊断，然后予以治疗。

目标和过程

高管教练的一项主要任务是帮助管理者成为更具反思力的实践者。在与客户合作时，教练可以充当一面镜子，映射出客户的抱负、优势、劣势以及积极自我发展的途径。通过创造一个安全的过渡空间，利用他们自己的无意识作为接收器，让那些不可讨论的话题得以显化，并加以处理。经由这样的干预，管理者们可能就会发现，曾经在他们生活经历的某个阶段可能有效的心理和行为模式现在已经适得其反。在下一节，我们将详细探讨四种具有挑战性的人格类型：自恋型、双极型、变态型和强迫型。

自恋型领导者

健康的自恋是有效发挥领导作用所必需的。没有它，就没有了建立自信、自我表达和敢做敢为的基础。然而，当领导者过于自恋时，他们的行为就会变得有毒。这类行为的标志是，领导者对自己有不切实际的幻想，表现出非常自私的行为，并且拥有很强的权力感，所有这些品质都有可能驱使他们不惜一切代价去追求个人利益。

如何识别自恋型领导者

说到自恋，我们还应该明白，在某种程度上，我们每一个人都是自恋的。然而，过度的自恋是一种病态。自恋的病理学基础通常源于童年时期不良的养育方式（过度刺激、刺激不足或不一致的刺激），这就导致了成长发育中的孩子形成了不稳定的自我意识。随着时间的推移，孩子可能就会成长为一个没有安全感的成年人，不断寻求外界的认可。

自恋者知道如何利用他人来达到自己的目的。由于他们的权力感很强，他们认为规则不是为他们制定的。因此，他们并不觉得自己要遵守那些指导他人的规则和道德界限。当得不到他们认为应得的东西时，他们就容易发怒。这些人需要不断地寻找聚光灯，极度渴望他人的尊重，这使得他们无视他人的需要。

教练自恋型管理者

在教练自恋型管理者时，教练应避免做任何可能扰动管理者脆弱的自我意识的事情。任何强烈的分歧都极易被视为人身攻击。因此，在向客户指出他的不正常行为之前，必须先建立信任，作为安全工作联盟的基础。这就意味着，在开始教练关系时，教练应该承认他们的客户需要得到认可，并表现出同理心，以获得客户的信任。这种铺垫工作将使教练能够在之后帮助自恋者真正应对他们的不良行为。

教练应该明白这样一个事实，自恋者往往具有相当二元对立的思维模式，这就意味着他们要么将他人理想化，要么贬低他人。特别是那些处于权威地位的人很快就会被理想化，尽管（教练也应该记住）早晚有一天他们也会被贬低。让自恋者改变主意并不难。然而，有经验的教练可以利用自恋者的理想化倾向来获得他们最初的信任，从而能够在之后应对他们的一些功能失调的行为模式。同时，考虑到自恋者的竞争性，他们追求成功的内在动力可以用来激励他们改变自己的行为。

除了一对一教练之外，领导力教练还可以运用团队教练，作为帮助这些管理者应对破坏性自恋行为模式的另一种方法。在团体环境中，自恋型管理者的不良行为方式会表现得更为明显。在这种情况下，团体教练为其他人（不仅仅是教练）提供了提出改变建议的机会。自恋型管理者会发现更难忽视他人的反馈。群体效应使得其他管理者能够挑战自恋者与他人共事的不正常方式。在同伴压力的影响下，自恋型管理者更有可能努力调适自己的行为模式，使之更容易被接受。当然，在这样的团队教练过程能够发生并起作用之前，团队成员之间应该具备最起码的信任。没有这种信任，就很难实现所需的改变。团队成员面临的挑战是给予自恋者批判性和建设性的反馈，鉴于自恋者脆弱的自尊，这种反馈应是自恋者可以承受的。同样地，领导力教练在进行引导时，需要能够感知自恋者能够承受什么，并敏锐地感知什么时候可以“趁热打铁”，也就是说，在判断自恋者能走多远时要非常小心谨慎。

案例研究

西蒙开始接受教练辅导，以便为自己可能接任的 CEO 职位做好准备。尽管他被视为公司内最有希望的候选人，但一些非执行董事对此仍持怀疑态度。例如，西蒙不顾同事们让他谨慎行事的反馈，启动了大规模扩张计划。此外，尽管该组织的财务状况很不稳定，但他仍提议为公司购买一架私人飞机，这也可能会惹上麻烦。西蒙似乎还热衷于定期出现在媒体上，罔顾公司公关部的指导方针。很明显，他非常喜欢处于聚光灯下。更令人担忧的是，西蒙的一些同事在与他合作时感到有些被利用。据他们说，他很善于利用别人，不太善于团队合作。

由于西蒙倾向于要么将他人视为英雄，要么视为恶棍，他很快将自己的教练视为权威人物。他愿意这样做，就让教练有了空间，可以正当地提出更微妙、更具建设性的建议。教练没有明确针对有问题和病态的行为，而是围绕着最终的外在目标的达成：如何将 CEO 职位的继任变成现实这一点来展开讨论。例如，在与西蒙打交道时，教练没有直接批评西蒙的自私要求，而是重新审视了形势，这有助于西蒙反思自己的行为。教练说，尽管私人飞机对于像他这样忙碌的高管来说非常实用（以此对他表达同理心），但此时此刻，在整个组织都在努力削减成本的情况下，将这种想法付诸实施可能不是最明智的（提供背景和其他方式来审时度势）。此外，教练还利用西蒙的竞争性来激发他的行为改变。他提到，由于西蒙正与许多外部候选人竞争 CEO 职位，因此，遵守规则并适应非执行董事的一些意愿将使他更具优势和战略性。随着时间的推移，教练一边大力支持西蒙的雄心壮志，一边帮助他改变了一些功能失调的品质。

双极型领导者

患有轻度双相情感障碍的管理者的感觉会在一切皆有可能和突然一切都了无希望之间摇摆。一个人生活中的挑战性事件或创伤性事件会导致抑郁，而双相情感障碍更像是一个遗传问题，主要是由大脑的生理变化引起的。情况严重的话是需要药物（锂）治疗的，同时要结合心理治疗。

对于患有这种疾病的人来说，最具挑战性的是他们的情绪波动，即所谓的躁郁症。这些情绪波动会给他们的工作和家庭生活带来极大的负面的影响。鉴于其行为表现，患有双相情感障碍的人职业脱轨的概率非常大，他们可能会与家人和朋友疏离（由于他们令人困扰的行为），有滥交的问题，可能会使自己陷入经济困境，也容易酗酒和吸毒。

如何识别双极型领导者

双极型领导者时而躁狂，时而抑郁。在躁狂状态下，他们会充满活力，兴高采烈，对他们所面临的任何挑战都极其乐观。相应地，他们的这些表现是可以转化为各种极为鼓舞人心的领导行为模式的。他们的能量会激励他人积极地开展项目转型和组织变革。然而，当他们处于抑郁状态时，双极型领导者会感到倦怠，过于悲观，当他们感觉心如死灰时，往往就会退缩。

如何教练双极型领导者

不同于与自恋者建立的教练关系，对于有双相情感倾向的领导者来说，教练需要帮助这些人认识到他们的人格构成所产生的影响。双极型领导者们需要意识到，他们的行为是如何影响自己的人际关系的；尽管他们的行为会让人干劲十足，但他们的情绪波动也颇具破坏性。此外，他们过于乐观的表现（当他们处于亢奋状态时）可能是非常有远见的，也可能是不切实际的，从长远来看，可能会导致组织的失败。

在与这些人打交道时，教练应该意识到，双极型领导者的现实检验能力是非常有限的。在他们看来，这个世界要么是充满了激动人心的机遇，要么就是毫无希望。更重要的是，他们并不乐于接受明明能帮助自己调节精神状态的建议——服药。相反，吃药会让他们的生活变得平淡，因为这会抑制他们的兴奋感。但是，尽管他们可能不愿意吃药，当教练明确告知他们什么都不做的后果时，他们可能会被触动，从而做出改变。教练还可以与他们探讨如何通过重构他们的职业生活来获得更大的幸福感。当然，如果领导者患有严重的双相情感障碍，那就需要心理治疗和药物治疗相结合来稳定其精神状态。

案例研究

彼得在积极寻求教练辅导，因为他觉得自己快要崩溃了，他解释说这是工作压力导致的。在努力成为一名成功的企业家的过程中，他一直非常兴奋地为他的组织创造新的商业机会。然而，现在，这些责任让他不堪重负。眼下，他感到极度沮丧，感觉自己被无穷无尽的电子邮件、电话以及来自业务人员的各种需求所淹没。此外，他还一直担心自己的企业可能会破产，这是一种挥之不去的不祥的恐惧。

教练意识到，彼得无意之中陷入了一种灾难化的思维模式。基于这种思维方式，他预计灾难随时会发生。他还提到他最近经历了一次非常严重的抑郁症发作。他解释说，这是因为他未能成功收购另一家公司。更重要的是，他把这次失败看作新的失败即将来临的信号。他的宿命论给他带来了巨大的压力和无助感。

为了更深入地了解彼得的心理，高管教练询问自己是否可以与一些跟他密切接触的人交谈。在征得他的同意后，教练与组织中不同部门的主管进行了交谈，以便更好地了解他人对彼得的看法。教练很快就发现，彼得倾向于通过微观管理来制造“控制幻觉”，从而防止重大灾难的发生。同时，也正是微观管理和扛起所有责任的这种倾向增加了他的压力水平。

首先，领导力教练帮助彼得通过授权更多的任务和决策来重新调整工作。找到一种更好的工作方式给了他极大的解脱感，并提升了他的幸福感。教练也帮助他重塑了一些扭曲的人生观，使他更清楚地意识到自己的认知扭曲倾向。此外，教练还敦促彼得去看一位药理学导向的精神科医生，以获得能够帮助他平衡情绪状态的药物。

变态型领导者

组织中的心理变态者也被称为“诱人的欺凌者”（seductive operational bullies, SOB）。通常，他们都是借助个人魅力和权谋谋得高级管理职位。鉴于他们在“模仿”方面极具天赋，他们知道如何取悦组织中有价值的人。他们中的许多人非常渴望不惜任何代价赢得胜利，他们具有奉献精神和商业头脑，这为他们营造了成功的表象。然而，他们的成功往往来自对他人的剥削和虐待。这些人因为揽功于己而臭名昭著。

组织中的变态型管理者非常善于让同事在情感上依赖他们；他们会利用他人的情感弱点，还擅长权力游戏。他们极尽所能歪曲事实，瞒天过海，营造成功的表象，这样的诱惑力使得他们经常被视为理想员工。如果高层管理人员没有在早期发现他们的破坏性倾向，那么，这些人可能会被安插进入职业晋升的快车道，一旦身处高位，要遏制他们的破坏性倾向将更加困难。

如何识别变态型领导者

要记住，当谈到组织中的心理变态者时，我们指的是那种不太极端的心理变态，也可以说是类心理变态患者。通常，当用到“心理变态患者”这个词时，我们指的是一种更为严重的情况，即那些往往天生就缺乏建立任何情感联结的能力，或者不具备任何社会责任感的人，这些人最终可能会被关进精神病院。组织中的欺凌者（SOB）虽然表现出了某些精神变态的行为，但仍能够在他们所处的环境中发挥作用，甚至取得成功。

欺凌型领导者之所以能够大行其道，是因为他们在操纵他人和印象管理方面有着非凡的能力，因此，很难确定他们是有功能障碍的。由于善弄权谋，他们能快速地为自己的不道德行为进行辩解，并成功说服他人。变态型领导者是有情感缺陷的，也缺乏道德良知，他们意识不到自己对他人的影响，对自己的缺点也视而不见，永远沉迷于赢的游戏。

也许，在他们的早期发展中，患有轻度心理变态的领导者并不一定天生就完全缺失体验情感的能力。然而，到底是先天还是后天因素导致了他们的心理变态倾向，仍是个未解之谜。在某些情况下，我们可以假设，情感纽带的失活可能是由于在儿童时期反复的幻灭、身体 / 性虐待，或者其他形式的虐待而发展形成的。

教练变态型领导者

要成功地教练一个有心理变态倾向的领导者，即便并非完全不可能，也是极其困难的，因为他们的情绪能力是受损的或者丧失的。此外，教练心理变态者之所以挑战巨大，原因就在于，他们非常善于操纵任何关系，包括与领导力教练的关系。变态型领导者会竭尽全力“引诱”教练，试图让教练成为自己的盟友，来反对组织中的其他人——那些可能迫使他接受教练辅导的人。另一种可能是，变态型领导者会试图给教练留下深刻印象，从而获得其他优势。即便如此，还是有一种方法可以与此类领导者进行有根据且有意义的讨论，那就是利用 360 度反馈过程来收集他人的看法，这些看法共同构成讨论的基础，可以借此就变态欺凌型管理风格的动机和成因展开现实的讨论。

案例研究

阿诺德被认为是组织中的一位高潜人才。与此同时，也有人说他似乎“误导了太多人”。为确保他能够成为一位快速通道职位的候选人，有人建议对他进行教练辅导，以帮助他提升领导力。阿诺德欣然接受了教练辅导的安排，他认为这表明他很快就会得到晋升。随后，教练进行了一项领导力的 360 度反馈调查，以获得有关他人如何看待阿诺德的信息，以及可以采取哪些措施来提升阿诺德的领导力。令教练惊讶的是，几乎没有同事曾经给过阿诺德反馈。现在有人来征询他们的意见，阿诺德收到的反馈是非常负面的。从所提供的信息来看，很显然，阿诺德从不承认自己的错误，也不遵守保密原则，还特别善于揽功于己。

为了不把关系搞僵，教练没有让阿诺德直接面对如此一致的负面反馈，而是问他在收到的反馈中发现了什么感到惊讶的地方；他认为什么样的反馈是公平的，什么样的反馈是不公平的；以及他会如何调整自己的一些领导行为，以便更有效地与他人合作。

在教练过程中，阿诺德试图让教练相信他正在取得的进展。但教练很不确定这一进展是否属实。他所描述的进展仅仅是一场故弄玄虚的演习吗？最终，尽管教练有所保留，阿诺德还是说服了他的老板们停止了教练，因为他已经变得更好了。随后，他被提拔到高级职位。但不久之后，阿诺德就被解雇了，这对教练来说并不奇怪，传闻他被发现有收受贿赂、把合同转给特定的供应商等有违职业道德的行为。

强迫型领导者

许多领导者都会表现出某些强迫行为，因为控制和秩序本就是组织生活的重要组成部分。但在某些情况下，这类行为还是会偏离轨道。当完美成为唯一可接受的标准时，它就会引发严重的问题。具有讽刺意味的是，这种领导风格的管理者在追求完美的过程中，不仅扼杀了创造力，还破坏了组织的工作流程。

此外，让强迫症患者变得难以相处的是，他们常常给人以固执的印象，不愿意考虑其他选择，并且对他人持怀疑态度。他们发现自己很难与同事和团队成员建立密切的关系，这使得他们不适合进行有效的团队合作。

如何识别强迫型领导者

在许多情况下，强迫型领导者的完美主义都会干扰他们的任务完成。他们常常表现得优柔寡断；拖延对他们来说就是家常便饭。对他们中的许多人来说，分析瘫痪（analysis-paralysis）这个词非常适合形容他们，因为他们不能容忍自己犯错误。但正如谚语所说“不犯任何错误的人，什么都不做”，错误是组织生活的一部分。难怪对这些人来说，决策过程会变得如此漫长、艰难。另外，强迫型领导者也不擅长建立情感联结。他们表达情感的方式过于克制。当他们与情绪化程度高、表达能力强的人打交道时，会感到很不自在。和其他许多人格障碍一样，这种行为源自儿童时期。最有可能的是，看护者情感上的拒绝、过度保护或过度控制导致了强迫行为。

教练强迫型领导者

通过教练过程，强迫型领导者可能会意识到其控制行为的成因和负面影响。此外，他们可能会更加意识到伴随这种情况的各种继发症状（如焦虑和抑郁）。

通常，强迫型管理者没有意识到他们的完美主义对其他人的负面影响。他们也没有意识到自己看似冷漠的情感行为会疏远他们的同事。因此，考虑到他们的精神面貌，教练可以与这些管理者探讨什么是“足够好”而不是“完美”。重要的是，要让这些管理者接受不同的工作方式以及其他取得成功的方式。此外，尝试更有效的与人打交道的方法将是提升他们领导力的一个重要因素。

案例研究

最近，丽塔被任命为一家大型机构的首席执行官，此前，该组织曾审慎地猎寻人才以填补该职位空缺。虽然她似乎是这项工作的最佳人选，但董事会主席持有一些保留意见。他担心她刻板的工作方式和对细节的执着会让别人很难帮助她在这个职位上取得成功。他认为入职教练辅导会有所帮助。丽塔认为提供给她的教练服务是一个很好的机会，因为她太渴望在新岗位上获得成功了。

在教练过程中，教练与丽塔探讨了她完美主义倾向的利弊。几次会谈之后，她承认自己难于确定优先次序和做出决策。她意识到自己应该停止修改为董事会会议准备的战略建议书。她应该满足于撰写一个“足够好”的报告，而不是一个“完美”的报告。她之前没有意识到，无休止地要求团队成员更改战略文件和项目计划让他们非常沮丧。此外，通过与其他管理者的交谈，教练了解到丽塔的工作狂状态使得那些为她工作的人面临着严重的工作与生活平衡问题。在教练的促动下，她承认家里的状况并不好，尤其是她的丈夫和孩子们发现她不仅缺位的情况越来越多，而且在情感上与他们也越来越疏离。

在整个教练过程中，丽塔渐渐学会了在事情没有完全按照自己的路线发展时控制自己，也变得更善于授权。这种行为的改变给予了她更多的空间，有助于她对自己的领导风格进行反思，从而和团队及董事会成员建立起更积极的关系。此外，这也为她的家庭生活腾出了更多时间。

结论

管理者们往往没有意识到自己非理性的一面。他们可能没有注意到自己对他人产生的负面影响。在做出这一论断的同时，我们要重申的是，非理性是人类生活状况的一部分。我们每个人都有不理智的时候。尽管面临着心理健康方面的挑战（或者说恰恰是因为有这些心理健康问题），一些管理者仍可能是非常成功的，因为他们的症状可能是适应性的，并被他们工作的特定组织的文化强化了。然而，从长远来看，这些管理者也可能因为有毒的工作行为而让自己和周围的人功能失调。在这种情况下，如本章所示，领导力教练可以很好地帮助发现危险迹象，并支持管理者探索更有成效而非破坏性的领导方式。在本章中，为了说明这一点，我们研究了一些在管理者中常见的人格障碍，还概述了一些教练可以用来解决这些问题的干预技术，从而造就更有效的领导力，并最终造就更健康的组织。

托马斯·杰斐逊（Thomas Jefferson）曾经说过："没有什么能够阻止一个拥有正确心态的人实现他的目标；也没有什么能够帮助一个有错误心态的人。"要让这一精要的论断变成现实，领导力教练还有很多要做。

第 13 章 用神经科学教练领导者

保罗·布朗
凯特·兰茨

在 17 世纪，牛顿和他的同事们将实验哲学发展成了物理学。在那之前，世界的奥秘都归功于全能的神。但是这种无法验证的解释（信仰）通过科学让位于一种自然界是按照系统性规律来运行的认识，通过准确和可复制的观察即可找到这些规律。

因此，科学，而不是神学，成了系统地获取和应用知识的方式。论点不是通过断言，而是通过论证而生成的。1660 年，“不要相信任何人的话”成为世界上第一个科学学会——皇家学会[①]的箴言。

20 世纪的心理学，自称人类行为科学，创造了大量不同的心理学流派。事后看来，不同流派相互竞争的主张更像是争论产生的根源，而非科学事实的积累。心理学努力运用实验方法来解决核心的基本问题，比如自我是如何整合的？这些问题的解决还有待于对由意识形态驱动、以信仰为基础的心理治疗领域进行独一无二的内在探索。

21 世纪诞生了一个新的知识体系——应用组织神经科学，提供了一个全新的重新审视和理解人类行为的机会。本章将探讨这一机会，并特别提及如何利用神经科学教练高级领导者。

① 指伦敦皇家自然知识促进会（The Royal Society of London for the Improvement of Natural Knowledge）。——译者注

理论与实证

应用神经科学起源于现代神经科学的研究实验室。现代神经科学的起源是一个记载完整的案例，这个案例是有关美国铁路领班菲尼亚斯·盖奇（Phineas Gage）的。1848 年，25 岁的他头部遭受了灾难性的损伤，当时他正用一根捣固铁将炸药填充至岩石上的爆破孔，无意中引发火花。爆炸致使捣固铁击穿他的左脸，穿过了他的头骨顶部，造成了他左额叶的广泛损伤。

尽管事故很严重，但盖奇仍然是有意识的。他又活了 12 年，但其性格发生了实质性的改变。大面积颅脑损伤后依然能够存活在当时非常罕见，因此，盖奇吸引了大量的医学关注，尤其是他的性格改变引发了更多的关注。他曾是一个高度可靠且重要的工人，事故之后却变得很不中用，最终，他移民南美，在那里驾驶公共马车，直到一系列的癫痫发作迫使他返回美国。他 36 岁时死于癫痫发作。盖奇的意外让医学工作者开始把注意力集中在大脑的定位上，大脑的各个部分都有着怎样的功能？这在 20 世纪引发了人们极大的兴趣，因为在神经外科手术中对大脑进行电刺激可以详细地描绘出身体在大脑中的对应位置。

在人们对大脑定位产生兴趣之前，从古典时期开始，了解大脑本质上就是通过详细的大体解剖来探索大脑的结构，随着 19 世纪显微镜技术的发展，大脑的细胞结构得以绘制出来。然而，随着 1980 年脑部核磁共振成像技术开始应用于临床，才越来越有可能实时地观察到头骨内部活体大脑的运作状态。渐渐地，一个新的问题出现了：这一切是如何联系起来的？这直接促成了一门新科学——连接组学的诞生。连接组学解决的问题是：大脑的特定区域之间是如何相互连接，以实现协同运作、功能完整且没有边界冲突的。有意思的是，组织也和大脑类似，部门边界和人际冲突所耗费的能量往往是巨大的。

由现代神经科学衍生的另一门新科学是表观遗传学。

20 世纪关于基因的科学研究表明基因控制行为。但是，大约 20 年前，细胞生物学家开始关注这样一个事实：基因可以以多种方式表达自己。那么，是什么因素驱动着基因的表达过程？

答案是“感知”。我们任何一个人“看”世界的方式都会触发与我们的经历相关，并且只与我们独特的经历相关的神经化学，它会立即通知基因中心的 DNA，而 DNA 接着指示核糖核酸 RNA 生成特定的蛋白质，从而引发特定的行为。

想象一下，有一天你跟你的同事一起来到办公室。你刚要走进办公楼，忽然看到一位你很珍视的老朋友，生活一直忙忙碌碌，你们已经有三四年没有见面了。你们两个在不期而遇时都会即刻产生愉悦的反应，无须任何有意识的决定。但你的同事就不会有这种体验。

你的反应来自你对情景做出的无意识的、即时的“感知”。你的同事看到你很快乐，可能会因而感到高兴。但是你的朋友不会给你的同事带来和你一样的自发反应。你对与朋友不期而遇的感知引发了你的行为，这是由你自己的情绪模式及其潜在的神经化学所决定的。那天早上到办公室时，你在路上遇到的陌生人不会引起这样的反应，反而许多人可能会让你产生礼貌回避的反应。如果一个完全陌生的人像你的朋友那样面带微笑、张开双臂向你走来，你的反应会截然不同。

因此，在你所有可能发生的大量反应中，感知会告诉基因如何让神经化学持续产生，引发你的系统表达来自你的内在反应。本章的目的之一就是解释教练如何帮助领导者创建自我感知，从而改变下属的感知，使其与领导者的大脑同频，从而使得下属愿意追随领导者。然后，就更容易产生聚焦的能量来创造性地实现组织的战略和运营目标。

迪斯彭扎（Dispenza）提出，刻意引发特定的感知是一种有待开发的方法，如果这一方法能够得到系统的运用，可能会让每个人都大大受益。他讲述了自己的单一案例实验，通过对自己已经康复的想象排练，避免了一次严重道路交通事故后的脊柱大手术。他还记录了其他临床资料——一些说明人的自愈特性可以通过运用感知聚焦来调动的经典例子。这些成果为聚焦于组织成就，以及领导者在释放这种力量方面发挥的作用拓展了新的视野。

无论未来如何不确定，拥有最清晰的未来组织愿景（感知）是所有领导者的关键任务之一。莱卢（Laloux）的研究表明，通过感知（以及行为）的转变，组织可以产生显著的有益变化。领导者正是这种转变的推动者。教练领导者就是要提高这种转变的可能性。

几个世纪以来缓慢积累起来的关于大脑的知识正在快速地汇集，以形成人类行为的新范式。这一新范式将人类视为能量物质世界的一部分，而不是像 20 世纪所提出的那样，人类是备受青睐的、更高层次的心理存在。任何一个组织的利润或成果都是人类能量被以某种方式用于追求战略和运营目标的结果。把人类视为能量系统，这就引出了一个根本问题，即如何释放和传导能量。

这就是领导者的任务。教练则促进了这一过程。出发点是让领导者了解自己的大脑；因为组织中的所有“其他大脑”都希望优先调节的正是领导者这个大脑。

目标和过程

因此，运用应用神经科学来教练领导者的一个特殊领域，就是理解感知控制引发了能控制行为的神经化学；领导者可以很容易地获取对自己的大脑功能的工作理解；领导者的首要任务就是让他人的大脑与自己的大脑协调一致。

有观点认为，正是领导者的大脑创造了条件，才使得其他人的大脑与领导者的大脑协调一致。这一观点，由于最近发现男性和女性大脑的运作方式是不同的，而变得更为复杂。

2013 年 12 月，宾夕法尼亚大学公布了来自近千个 8 ~ 22 岁的健康个体的 fMRI（功能性磁共振成像）脑扫描（428 名男性，521 名女性）的综合结果。女性大脑半球之间呈高度连通性。

一篇同一来源的后续论文表明，男性大脑的结构是为了促进感知和协调行动之间的连接，而女性大脑的设计是为了促进分析和直觉处理之间的互通。由此得出的一个可能的结论是，男性大脑会选择非此即彼的解决方案，并希望采取行动；而女性大脑会选择兼收并蓄的解决方案，并寻求整体性。因此，男性大脑擅长解决问题，而女性大脑则擅长寻求解决方案。

也有一种推测认为，大脑本身的性别可能会随着男性 – 女性的连续体而变化，区别于该个体外观上的社会生物学性别，这就使得男性和女性大脑的不同情况变得更为复杂。

从胚胎学的角度讲，我们生命的起源都是女性。大约在第 6 周到第 7 周，那些有 XY 染色体的胚胎雄性激素激增，从而开启了胚胎变成雄性，告别雌性的过程：

> 男性胎儿可能有足够的雄性激素来触发男性性器官的发育，但可能无法产生更多的雄性激素来推动大脑进入男性模式。他的大脑将“停留”在女性模式，因此，他出生后就是在男性身体中有一个女性大脑。同样地，一个女婴可能在子宫里接触到意外剂量的雄性激素。最后就是在女性身体里有一个男性大脑。大多数非科学家，也就是我们大多数人，都不知道生命的这一基本事实。如果大多数人不知道我们的大脑生来就是不同的，那么，我们难以认可或理解彼此的差异也就不足为奇了。

因此，这是将神经科学信息应用于教练领导者的起点，即我们了解男性和女性行为方式的不同，不仅是因为他们的大脑连接不同；还因为我们也无法通过一个人的生物性别——男性还是女性——获知其大脑的实际工作方式。

还有一个更为复杂的问题：领导力的概念通常是建立在男性模型的基础之上的。目前还没有一个工作模式来描述一个基于女性模型（也许“女性大脑”是一个更好的表述）运作的组织会是什么样子。

不过，不断积累的证据让我们可以推断一个基于女性大脑原理的组织是如何运作的。莱卢于 2014 年开展的实地调查显示了人们是如何因其所深信不疑的远大目标而组织起来的，他们彼此之间高度信任，基本上可以做到自我管理，并能够创造出让他们感到自豪的成果。利益似乎是组织的自然产出，而不是其主要目的。长期股东的价值体现在个体贡献自己及其技能的方式上，他们做出贡献然后带来了利润，而不是简单地被用作盈利的手段。

因此，通晓大脑运作机制的教练在辅导一位领导者时，可能会首先就他的经营理念进行一次至关重要的谈话。

在西方世界过去 30 年的组织发展进程中，绩效驱动的文化特征尤为突出，在这种文化中，个体被视为一个代理人，其能量将由上层来引导，以追求组织的特定目标。这一模式在 2008—2009 年的银行业危机中达到了巅峰。许多组织的业务流程系统都围绕绩效驱动模式进行了调整，因此，这种模式依然长盛不衰。自上而下的驱动被视为调动人类能量的恰当机制，尽管这也导致了对人力资源部门更多的不满。

21 世纪可持续组织的新范式来自脑科学，它是建立在个体是自我管理系统这样一个工作假设之上的。如果有适当的领导力条件，个体所能带给组织的将远远超出上级要求他们做到的。因此，领导者的关键任务是知道如何释放这种能量，以实现组织的战略和运营目标。从这个角度来看，领导力教练的首要任务是帮助领导者具备管理自己大脑情绪能量的技能，从而释放他人的能量。

工具和技术

务实的商业领导者通常喜欢看到知识转化为附加价值。因此，从脑科学角度来教练领导者的出发点有以下三点：（1）大家都知道，教练的目的在于改变领导者的大脑；（2）提供关于大脑如何运作的准确信息，可能会发生什么改变，以及预期的后果是什么；（3）用探询的方法来理解领导者在生活中塑造独特性的过程，并以此来发展领导者对其自我的理解，这种对自我的理解与上述两点是一致的。

大家都知道，上述第一点——教练的目的在于改变客户的大脑，来自一个不容置疑的事实，即所有成功嵌入的新体验、新学习、新见解和新行为都一定伴随着大脑的改变，否则就不会有行为的改变。

在教练过程中，很有必要将这一点明确地告知领导者，这有助于在初期进行令人振奋的谈话。在首次会谈中，领导者往往会提出一个典型问题："那我们要做什么？"答案就是"改变你的大脑"。

大脑通常不喜欢被改变，也就是说，大脑不喜欢以不同的方式运作，无论它原本偏好的模式是什么。从大脑的角度来看，一个领导者之所以成为领导者，是因为他已经拥有他所能拥有的最强大脑了。无论如何，改变的过程是需要消耗大量资源的，而大脑喜欢节约资源。然而，教练的目的是促进个人的改变和发展，要想取得成效，就一定要在大脑的神经化学和结构上发生改变。

教练要有能力与领导者讨论三个最重要的信息：大脑结构的三个组成部分、杏仁核有识别和调节情绪的功能，以及大脑本质上是由情绪而非认知所驱动的这一确凿的新事实。

这样，教练对话就进入了第二阶段，提供关于大脑的确切信息，哪些可能改变，以及领导行为的预期后果是什么。这个阶段就需要教练具备大脑运作的专业知识，要知晓以下两个相对独立的信息。

首先是对三脑（有时称为"三位一体大脑"），以及它自下而上，而非自上而下的运作方式的理解。如图 13–1 所示。

现代人对大脑的理解有了一个重大的转变，那就是，大脑是由情绪而不是思维来激发的。当"情绪"（emotion）这个词被连字符分割为"e-motion"时，这个词早已蕴含的、只是最近才被理解的深意就会显现：能量 = 行动（energy=action）。笛卡尔的格言"我思故我在"，以现代神经科学的形式来表述，就演变为"我感，故我思，我在"。

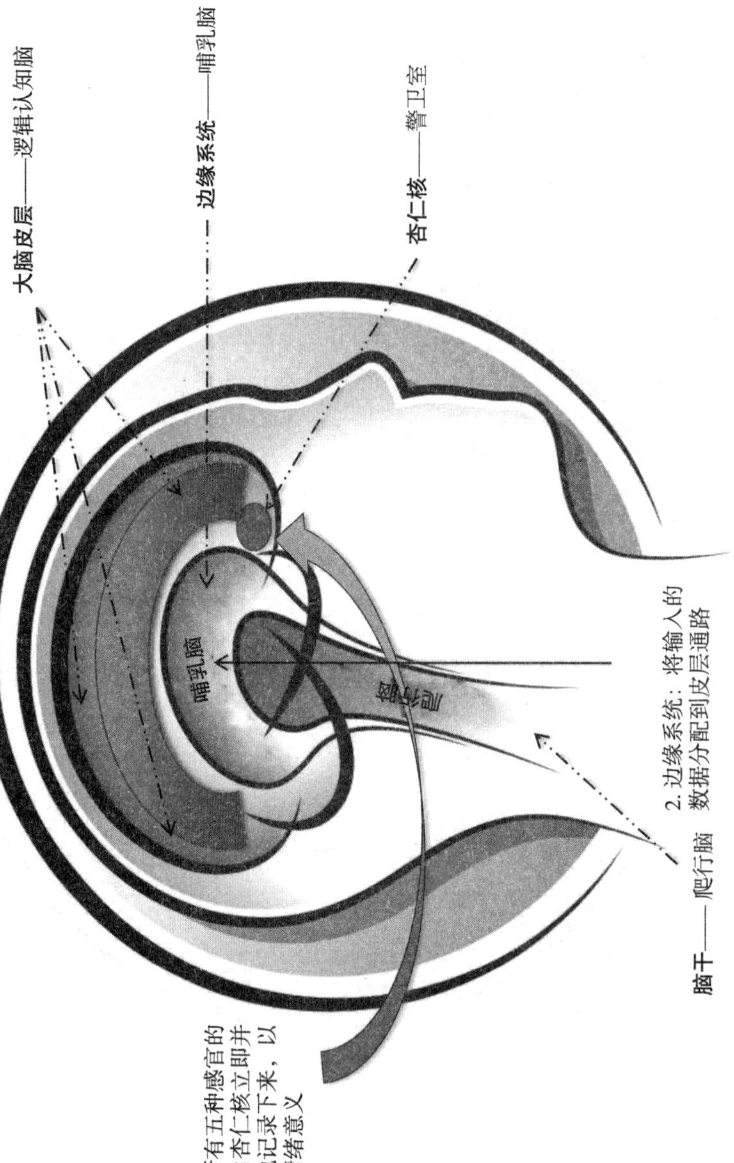

图 13–1 三脑科学——脑干、边缘系统和大脑皮层

现在，很明显，在任何时候，大脑和身体都在进入意识之前做好了准备。因此，领导者的认知系统主要不是为了发现和传达理性决策，而是为了发现大脑已经做了什么决策，或者帮助创造条件，使大脑能够得出结论。从脑科学的角度来看，领导者的一个基本功能是适应自己的感觉系统，并能够用语言（显然是“理性的”）来解释这种感觉系统。

认知系统会对大脑接收的信息进行处理。大脑可以在 85 毫秒内自行组织以采取行动，但要到 250 毫秒才能意识到这一点。这样我们就明白了是大脑在控制着我们，而不是我们控制着大脑；也明白了是情绪系统为经历的刺激赋予意义，而理解这一点正是领导者知识储备的必要组成部分。这样，领导者就能理解自己的行为，并能够将注意力集中在他人可见的决策重点上。

然而，有关情绪的文献浩如烟海，对于情绪究竟是什么，或者到底有多少种情绪，尚无科学共识，这就使得对情绪的实际理解变得更为复杂。布朗兄弟公司（Brown & Brown）以戈尔曼（Goleman）的情商思想为出发点，提出了一个情绪工作模型，后来在操作上被定义为“大脑区域的活动，这些活动引导着我们的注意力，驱动着我们的行为，并决定着我们身边所发生的事情的重要程度”。这一工作模型提出了八种基本情绪，这些情绪触发了从逃避到依恋的行为。图 13–2 显示了其发展至今的形式。

实际上，复制图 13–1 和图 13–2 并分享给客户是很有帮助的。这为领导者提供了一个关于大脑科学以及基本情绪如何驱动行为的视觉参考。它还可以构建一个丰富而聚焦的对话，来谈论在管理谈话中往往未得到重视的情绪话题。教练拥有专业的知识结构，能够立即并且实际地将这一知识结构应用于理解组织中那些最不被理解的现象——人类行为的变幻莫测。

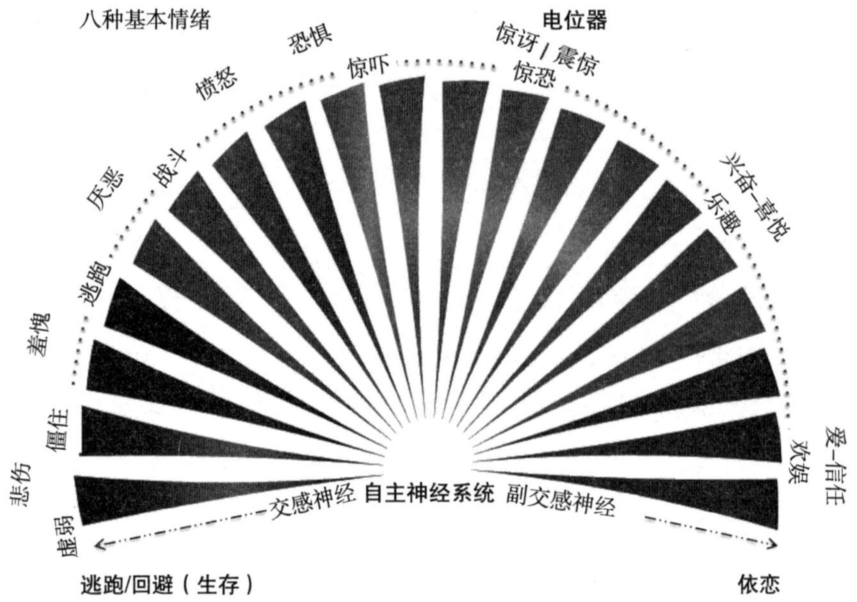

图 13–2　伦敦情绪议定书显示了八种基本情绪及其行为意义

这就使我们明白了，领导者的大脑是一个独特的大脑，因为领导者的生活经历造就了他随之而来的感知。组织中所有人的大脑皆如此。

基于这种理解，教练就可以进入教练会谈的第三部分，与领导者进行系统的探询，以了解领导者自身情绪系统的起源和独特性。这一探询为寻求恰当的教练目标以及实现这些目标的方法奠定了基础。

达马西奥（Damasio）在 2000 年提出了这样一个观点，即可以把基本情绪看作原色。就像三原色可以创造整个调色板一样，基本情绪也创造了整个情感系统。对于一名领导者来说，这通常是有当下的实际意义的，他也可以开始看到其所在的组织中的情绪调色板是如何引发行为，继而形成文化的。或许更重要的是，它开始为领导者创建了一个框架，让他们了解自己是如何通过情绪不断地传递信息的。而在领导者所处的组织中，所有人的杏仁核无时无刻不在持续地轮流监控和改变着每个人的行为。

对领导者来说，在这一过程中最有成效的发现也许是，组织作为一个整体，尤其是每个个体，都可以被视为一个能量系统。因此，领导者的任务就是管理这些个体的能量系统（员工），从而将个体的产出组合成实现组织战略和运营目标的最佳方式。正如之前提到的，从把个体主要看作心理系统到把他们理解为能量系统的转变，是 21 世纪对组织行为理解的一次重大修正。

这种理解也能够支持到可能会与领导者进行的讨论，即无意识组织与持续觉知的、有韧性和适应性的组织之间的差别。西格尔（Siegel）在不同场合都提出了这样一个观点，我们可以从大脑的运作中推断出意识的存在，大脑在动态平衡中不断管理信息、能量和关系。可以看到的是，20 世纪后半叶，组织在最大限度地利用信息，却忽略了能量。管理不善的能量表现为压力。许多人力资源部门也通过行为规范来约束人际关系，以至于流程驱动型组织在 21 世纪面临着无意识的风险。这就破坏了在快速变化的世界中，信息、能量和关系的适当流动所产生的适应性创造力这一人类品质，而这些品质正是具有实质性价值的。

这就意味着教练的任务首先是让领导者同意刻意改变其大脑，其次是向领导者提供有关大脑运作的信息，这些信息对接收者个人和组织都有重要意义。基于脑科学来教练领导者的第三部分，是通过传记式的探询来探索领导者自身独特的发展历程和情绪模式。这是一切领导风格得以形成的基础。教练将他们带入到整合性的意识觉知之中。基于这些探索，教练和领导者之间可以就何为改变的重点，以及如何实现改变达成相互理解的共识。

布朗兄弟公司提出了一个 HASIE 架构，可以以之为基础进行传记式的探询。这个架构整合了发展心理学和应用神经科学，特别涉及了组织经验。该架构在哈萨尼（Hasanie）的研究基础之上进行了扩展，其基本要素如表 13–1 所示。

它基于这样一个假设：我们出生在一个等级制度之中，所有的需要都有赖于他人来满足。这种依赖性在组织环境中也有很多种表现形式。

依恋是第二个要素。它探索了个体是如何学会管理人际关系的，并帮助领导者理解自己的领导风格。

表 13–1　　HASIE 模型总览：进行传记式探询的 HASIE 方法

关键要素		洞见
等级	• 客户在家庭中的角色塑造 • 关键权威人物（父母、老师、老板）	• 成年人的个性源于客户的家庭经历 • 客户的工作方式以及与权威人物的关系所产生的影响
依恋	• 客户生命早期、青少年时期和成年期生活中的重要关系 • 探索这些关系是如何随时间演变的	• 早期的依恋经历塑造了大脑处理信息的方式 • 洞察客户与他人的关系
兄弟姐妹	• 兄弟姐妹关系的本质——它是如何演变的，如今又是什么样子 • 客户在这些关系中的地位是怎样的 • 可能存在的大家庭关系 / 其他亲密关系	• 了解客户在团队中的工作方式 • 客户在团队中偏好扮演什么角色 • 洞察这种角色认知如何影响目标
身份	• 探索客户的自我认知 • 客户的主要成就动机是什么 • 客户是如何应对失败的 • 客户如何将他们所有的经历整合到有效的生活和工作方式之中	• 身份是通过客户生命过程中的经历而形成的 • 探索现实身份和理想身份 • 洞察影响客户生活和工作方式的自我关键要素
情绪万花筒	• 探索生命早期、青少年时期以及成年期的主导情绪 • 有什么主题和模式 • 客户的主导情绪驱动因素是什么——逃避还是依恋 • 带来喜悦和激情的因素	• 情绪是理解客户行为方式的途径 • 压力触发因素如何影响情绪状态 • 客户（过去和现在）的主导情绪是什么

兄弟姐妹，无论有还是没有，都是第三个要素，与个体在团队环境中如何管理自己有关。

身份是第四个要素——一个可识别的身份是在哪里以及如何获得、培育、塑造和使用的，以及它当前的优势和局限性。

情绪是最后一个要素，通常被称为情绪万花筒。正是因为情绪转化成了情感，才会赋予所有经历以意义。

最后，这五个要素就构成了考量任何一个领导者特征的基础。HASIE 参照了布朗（Brown）、斯沃特（Swart）和梅勒（Meyler）的模型，他们首次将了解脑科学的领导者称为边缘型领导者。这是唯一一个已经发表的将发展心理学和对情绪的明确理解完美融合的领导力模型，图 13–3 显示了定义边缘型领导者的六个要素。它特别强调了个体相信自己的能力（前五个要素）是赢得他人信任（第六个要素）的基础。

边缘型领导者是众所周知
有能力

联结的
勇敢的
足够聪慧的
言行一致的
激励他人采取行动
并且……
值得追随的

所有这一切的共同点是**信任**——前五个要素，是相信自己；
第六个要素，是赢得他人信任。

© P. T.布朗

图 13–3　定义边缘型领导者的六个要素

注：边缘型领导者的品质，使他人的大脑与领导者的大脑相协调；这意味着个体的能量流向领导者希望的方向，以实现组织的战略和运营目标。

信任本身就是一种相互影响的机制，通过这种机制，他人的能量将流向领导者希望的方向。调动这种能力——为他人创造持续的才能来自我调节他们自身的能量，以实现组织的战略和运营目标，这是运用应用神经科学教练领导者的精髓之所在。

案例研究

家族企业会因为家族动力而变得复杂——某种无意识的关联模式在家族中根深蒂固，最终决定了这个家族的风格。

凯特在担任一家不错的工程公司的首席执行官期间开始接受教练辅导，这家公司生产石油和天然气行业的调节阀系统，并提供相关服务。她和丈夫以及年幼的儿子居住在阿联酋，在危急关头，她从父亲手中接管了公司。

这家公司是由她的祖父—— 一位瑞典人，在 60 年前创立的，在石油和天然气行业的繁荣时期，一直由她的父亲经营。她的父亲是一个和蔼可亲、注重关系的人，在开展业务方面非常成功，但对掌控业务并不感兴趣。在他的领导下，公司显然有了蓬勃的发展，但他和公司都不擅长应对危机。始于 2007 年的次贷银行危机以及水力压裂法导致的石油和天然气行业结构的变化，使该公司面临着严重的财务压力。

凯特的弟弟迈克是他们家里唯一的一个男孩，上面有三个姐姐，还有妈妈。凯特和迈克都接受过工程师培训，他们都是公司成员，也是董事会里的家族股东。在危机爆发之前，他们在财务上显然是安全的。凯特率先鼓励父亲退休，由她来出任 CEO，并着手寻找投资者，让公司渡过危机，进入下一个成长阶段。她找到了一家风险投资公司，后者选择了以可转换贷款的形式为企业注入了赖以生存的资本。

当凯特逐渐适应了首席执行官的角色时，有两个问题随即摆在她的面前。首先，她现在必须在所有的决策中考虑风险投资人。他们不是股东，但如果一切顺利，他们就会成为股东。如果事情不顺利，公司就会破产，所有的家族资产都必须被清算，以尽可能把贷款的问题处理好。

其次，令她感到惊讶的是，她的弟弟对她担任领头羊非常不满。他不但不支持她，反而和她对着干。

HASIE 方法让凯特明白，她必须学会与风投合伙人建立新的关系模式。在教练过程中，凯特采用了一种模式，即将他们视为长期客人，既为他们提供信息又展现热情，但也要以新的方式来管理边界。凯特还关注到，不要以原有的关系模式，即像对待家庭成员那样对待风险投资人。

事实证明，她和弟弟之间的关系问题更大。她开始明白，作为家里排行最小的，又是唯一的男孩，迈克总是期望得到照顾和宠溺。他非常聪明，也善于分析，但他总想按照自己的方式行事。好斗一直是他的情感勒索形式。凯特学会了如何识别它，管理它，并为弟弟专门安排了一个战略角色，让他一直处于公司复苏的核心，但没有重要的职权。

结论

运用有关大脑如何运作的知识，理解情绪是行为的主要驱动力以及个体主要是能量系统，使教练能够探询领导者个性特征的起源。这就使得领导者能够了解自己的领导风格，然后就有可能明确教练的具体目标是什么。这始于这样一种理解，即成为一个领导者的一些关键因素与相信自我并因此赢得他人的信任有关。这是一个个体能量向外流动，力图达成公司目标的过程。

在更广泛的职业发展的背景下，本章提出了一个问题，即高管教练如何让自己在职业上更上一层楼。上述内容暗含了一个共享的科学知识体系，其核心是对人类如何工作的理解的根本性转变，这是教练这一职业持续发展演变的下一个重要阶段。这里概述的是这一知识和实践体系的初始阶段。

第 14 章 教练督导

达米安·戈德瓦格（Damian Goldvarg）

乔纳森·帕斯莫尔

随着教练活动的逐渐盛行，教练实践以及得到认可的优秀实践方式在全球各个地区正以不同的速度不断发展，教练督导就是其中一个例子。我们相信，随着教练行业的不断成熟，教练督导将发挥重要的作用。

教练督导——我们更喜欢称之为“超级视角”（super-vision），可以为教练从业者提供一种反思性空间，让他们对自己的实践进行反思和学习。对于经验丰富的高管教练来说，这是一个探索问题、思考困境、管理情绪及个人障碍、进行元学习（meta-learning）以及从个案和关键教练对话中汲取经验的机会。

然而，各地区教练督导的发展情况并不相同。在一些地区，例如欧洲，特别是英国、法国和德国等国家，督导被理解为一种在实践中被广泛采用并备受重视的发展工具。而在北美，相应的参与和理解的程度就比较低，尽管所有证据都表明，未来 10 年，这种参与和理解程度会有所增加。

霍奇（Hodge）指出，对于教练督导及其工作方式，人们存在着怀疑和普遍的不了解。结果是，许多教练不参与督导，或者认为督导只是针对新手教练的。教练督导经常被误解为一种“质量评估方式”、一种“管理角色”，或者对任务的一种“监督”，但这只是对“督导”这个词的字面意思的理解，而没有看到这实际上是一种协作式发展机会，它通过反思及详细检视的过程，提供了一种超级视角，无论是新手还是最有经验的教练，都能从中获得价值。

“督导”这个词，对于其他专业人士来说可能有一种负面含义，部分原因是，它源于一种监督他人实践的机制（例如在护理或临床服务当中）。然而，这种等级性的一面在教练督导当中毫无益处。帕斯莫尔和戈德里克（Goldrick）认为，将督导一词的英文“supervision”拆开，分成“super”和“vision”两个单词，用“super-vision[①]（超级视角）”来表达，会有助于改变对其含义的理解，并强化元视角（meta-perspective）的概念。教练督导提供了一种远距离的“视角”，正因为有了距离，所以可以看到不同，这实际上会创造出一个空间，为二人教练关系中所发生的事情提供了一种整体视角或直升机视角。

在本章中，我们将深入探讨教练督导的本质，澄清一些误解，并分享一些理论研究的发现。我们知道读者的背景各异：有些人可能对教练督导所知甚少，或者从未参与过教练督导，而其他人可能已经广泛阅读了大量相关内容，参与教练督导十多年，甚至可能还接受过教练督导培训。本章主要面向的读者，是那些可能教练经验很丰富但缺乏教练督导经验的人。我们的目标是，说明教练督导对于高管教练、客户以及教练过程中所涉及的广泛利益相关者的成长及效能方面的帮助，并会重点关注服务于组织内高管层的教练。

教练督导的定义

EMCC 将教练督导定义为：

> 一种互动，即导师或教练为了自身、客户及客户组织的发展和利益而寻求支持，将自己的导师或教练工作经历带给督导，进行反思性对话及协作式学习。
>
> （EMCC，2015）

一般来说，督导有三种作用已为专业机构广泛接受：

---

① （coaching）super-vision，除本处拆开解释其含义“超级视角”，为行文流畅，其他多处出现的 super-vision 都直接译为督导。——译者注

1. **发展**作用：关注教练 / 导师的技能、理解和能力的发展；

2. **资源**作用：为教练 / 导师提供支持空间以处理他们与客户合作过程中的经历；

3. **质量**作用：关注质量、工作标准和道德诚信。

霍金斯及史密斯（Hawkins & Smith，2006）

ICF 持有类似的观点："教练督导是一种协作式学习实践，通过反思性对话不断培养教练的能力，使其客户和整个系统受益"（ICF，2018）。本章的作者之一达米安·戈德瓦格为培训和认证教练督导而制定并采用的督导定义是："为了所有利益相关者的利益，提升被督导者工作成果的协作式反思过程。"对 ICF 来说，教练督导可以包括：

- 通过反思性练习探索教练的内在过程；
- 检视教练协议和任何其他心理或身体接触，包括隐性的和显性的；
- 揭示盲点；
- 伦理道德问题；
- 确保教练"契合目标"，并可能提供问责制；
- 检视教练及客户环境的各个方面，寻找在系统中成长的机会。

这些定义强调：

- 督导关系的协作性质；
- 活动的反思性特征；
- 各利益相关者（教练、客户、组织）从中受益；
- 持续的学习、发展和情绪支持机会。

德·菲利波（De Filippo）在回顾更广泛的文献和定义的多样性时指出：

这些定义虽然各不相同，但都认为教练督导：（1）是一个正式的过程；

（2）发生于人与人之间，可以一对一进行，也可以在小组或同伴小组内进行；（3）涉及对客户工作的反思；（4）目标包括培养更出色的教练能力。

教练督导的职责

五大教练协会（EMCC、AC、APECS、SGCP 和 WABC）都将教练督导列为教练认证的一项要求。EMCC 建议，教练每进行 35 小时的教练实践，就要接受 1 小时的教练督导，每年至少 4 小时。

相比之下，ICF 将教练督导视为一项持续的专业发展活动，并建议教练要接受适当的教练督导培训，以便全面地提供服务。

现阶段值得注意的是，教练督导这个概念起源于心理咨询和其他临床情境中所采用的督导。在英国和欧洲其他国家，在这些领域工作的人发现这种做法很有用，于是将其引入了教练领域，对传统的督导方式加以改进，并应用于自己的教练实践。因此，教练督导的发展是由实践引领的，就像教练一样，人们发现有用，就持续将其作为实践的一部分。

普罗克特（Proctor）在回顾看护和护理行业的督导时提出，督导具有三种功能：规范性功能、形成性功能和恢复性功能。规范性功能提供伦理道德和专业实践方面的指导。形成性功能指的是提供空间，学习应用于客户的新模式、新理论和新工具。恢复性功能为护理从业者提供支持性环境，供其在这种具有情绪挑战的工作中提炼经验、表达情绪并获得支持。

根据 ICF 的说法，辅导教练一直是专业教练发展的核心实践；但它与教练督导是不同的。我们可以认为，教练督导侧重于才能构建，以反思作为其主要工具。相比之下，辅导教练的角色则侧重于通过检视和反馈的过程，帮助教练获得具体技能。因此，它关注的是能力。

高管教练应如何选择教练督导作为自己的合作伙伴？

教练督导，与教练导师一样，应该接受过适当的正规培训、拥有公认的资格，遵守道德标准，并接受专业机构的管理。与教练工作一样，聘任过程应基于预先确定的标准。表 14–1 提供了六个问题供选择教练督导时参考。

表 14–1　　向教练督导候选人提出的六个问题

1. 他们接受过哪些培训、拥有哪些资格
2. 他们在提供督导方面有哪些经验
3. 他们的督导理念是什么
4. 他们在督导中都会应用哪些理论或模型
5. 这位督导有自己的督导吗
6. 这位督导是某家教练专业协会的成员吗

EMCC 开发了一个模型，该模型明确了成为有效的教练督导的六项核心能力：

- 管理教练督导合约和过程；
- 通过协作性反思过程促进发展；
- 提升专业标准，促进遵守道德准则；
- 提供支持，优先关注被督导者的状态（well-being）；
- 关系觉察，有效处理多层关系；
- 与不同群体合作，让所有参加者都从活动中受益。

其他机构提供了不同的模型。欧洲国家督导组织协会（Association of National Organizations of Supervision in Europe, ANSE）是最大的督导联合会，在 24 个欧洲国家和地区拥有 9000 位督导师，他们服务于不同领域，包括心理咨询、心理治疗和教练。尽管 ANSE 的督导活动超出了教练范畴，但其核心能力框架已得到欧盟的认可。据法国著名教练兼督导米歇尔 · 莫若（Michel Moral）称，该框架比目前由 EMCC、ICF 和 AC 认可的框架更加广泛。

教练督导研究

教练督导，作为遵循专业标准的正式实践活动，最初是在英国发展起来的。

大概从 20 世纪 90 年代初开展教练培训时就出现了，但出版文献和正式的培训则是在 21 世纪初才真正开始。如上所述，许多文献的作者和教练督导都有临床或心理学背景。尽管如此，与更广泛领域的教练文献相比，这类文献还相当少。

霍金斯和施文克（Schwenk）对英国的教练督导进行的调查发现，86% 的教练认为教练应该持续接受督导，但在 2006 年，实际接受督导的教练只有 44%。

霍金斯和特纳进行的一项针对 428 名教练的后续研究显示，从 2006 年到 2014 年，英国定期接受教练督导的人数有所增加，从 44% 上升到了 92%。相比之下，数据表明，在美国和加拿大，教练督导的发展状况与英国 2006 年的情况大致相同，只有不到半数的教练表示自己接受过教练督导。

然而，帕斯莫尔、布朗及西格斯（Csigas）开展的一项针对近 1000 名英国教练的更大规模的研究发现，教练督导的参与度明显较低。这可能是一种虚报，反映了社会期望偏差，个人针对某种期望的活动报告得偏高。

这在很大程度上受取样的影响，专业认证教练中接受督导的人比较多，而那些实践较少或担当组织内部教练的人接受的督导则较少。

霍金斯和特纳在上文提到的那项研究中发现，教练之所以接受过教练督导，部分原因是对良好实践品质的追求（93%），还有一部分原因是出于专业教练成长的需要（52%），只有三分之一是出于专业认证机构对他们的要求（34%）。然而，因为缺乏强有力的实证研究，所以尚无法对教练督导的长期益处得出明确的结论。

巴奇洛娃认为，个体的自我发展与其作为教练的发展有关。运用概念性偶遇研究方法（conceptual encounter research methodology），巴奇洛娃发现，教练可能会有意地或出于个人原因对信息进行过滤并进而采取行动。例如：教练在处理那些需要转介给治疗师的问题时超越了他们的实践边界；出于教练个人的原因而挑战客户；未能意识到道德问题；与客户合谋反对组织等。

格兰特在一项针对澳大利亚教练的研究中发现，教练督导在提供空间以获得反思、发展见解和新视角、保证提供高质量教练服务方面，特别是在困难的情况下，获得了压倒性的支持。格兰特发现，82% 的参与者接受了某种形式的教练督导：正式的、非正式的或同侪教练督导。他还发现，30% 的人因遇到技能不熟练的教练督导而有过负面体验。格兰特指出，接受教练督导的主要障碍，是好的督导师难找和服务费用高。

霍奇在 2016 年进行了一项研究，主题与教练督导作为一种高管教练发展方式的价值有关。她访谈了六位高管教练和五位定期开展督导活动的教练督导。她发现，被督导者很欣赏督导师和被督导者之间的关系以及这种对话反思的过程，这可以让他们在整体状态以及有效性方面获得支持。她总结道："督导提供了一个恢复性的空间，可以减轻教练在个人及职业生活方面的担忧，欣赏所创造的价值并给予肯定、确认、反馈、挑战和鼓励。"霍奇发现，相互信任、安全感和尊重是随着时间的推移而发展起来的，而这些是创造安全场域的关键要素，在这种环境当中，教练可以探索自己的教练实践，澄清与客户合作时遇到的困境和疑问。

拉米（Lamy）和莫若 2015 年实施了一项关于成熟度的研究，该研究对教练、督导师和普通大众进行了比较。他们运用邦德的 72 项防御方式问卷[①]（Bond's Defense Style Questionnaire）来了解每位教练督导是否具有特定的防御方式。他们发现，相较于普通人，教练和督导师的成熟度更高，不成熟的自我防御程度则更低。此外，教练和督导师之间的成熟度没有显著差异，除了督导师的"理想化"程度较低外。

戴（Day）及其同事在一项关于教练关系的关键时刻的研究中，运用关键事件技术发现，教练督导有助于有效管理这些挑战性情况。关键时刻是不可预见的情绪经历，可能会给客户 – 教练关系带来一些紧张和压力，最终为客户及教练带来新的见解和学习机会，或者打破双方的关系。研究人员访谈了 28 位经验丰富的教练后发现，这些关键时刻让教练产生了焦虑和自我怀疑，而这种体验的结果则取

① 邦德等人 1983 年设计的防御方式问卷（Defense Style Questionnaire, DSQ），是目前防御方式测量方面应用最为广泛的测验之一。——译者注

决于教练“容纳”客户焦虑并提供反思学习空间的能力。一些最常见的教练焦虑包括：边界问题（合约、三方关系）、关于令人满意的成果问题（来自利益相关者的期望）和要不要给建议的相关问题，以及指导性多少的问题。他们指出，关系空间是有效管理这些关键时刻的关键，而督导会帮助教练更好地了解自己，获得保障和指导，并制订计划。

特卡奇（Tkach）和迪吉罗兰（DiGirolamo）回顾了教练督导的情况。他们分析了教练督导的各种定义，得出的结论是，尽管督导在行业中发挥着重要作用，但对于其要起到什么作用，人们并没有达成统一认识。但他们指出，督导对实践的贡献有一些共同主题，包括：

- 管理道德及保密的界限；
- 促成组织学习；
- 为教练提供支持；
- 提供质量保证；
- 帮助教练在专业方面持续提升。

谢泼德（Sheppard）的研究重点是被督导者（super-visee）如何帮助或阻碍了他们自己的督导师。她访谈了 12 位被督导者和 7 位督导师，发现被督导者很重视教练督导过程，从中学习到了许多。教练督导过程中的主要障碍是焦虑、害怕评判和羞愧、缺乏紧迫感，以及未将自己视为与督导师平等的伙伴。被督导者的促进因素包括采取积极心态、共同创造关系、在过程中积极参与，以及接受督导培训。这些因素与更广泛的关于学习的研究相呼应，表明教练督导的关键作用是构建学习空间。

德哈恩（De Haan）对教练督导过程中的信任度、安全感和满意度进行了大规模调查，从 518 份回复中发现，“与心理咨询和治疗方面的类似研究相比，资深教练会感觉对自己的督导师更有安全感，满意度和信任度也更高”。部分原因可能是因为这种体验不是强制性的，而且教练还能自己选择督导师。德哈恩指出，与职业治疗督导研究相比，当被督导者不能选择督导师时，他们对教练督导质量的认知度会降低。德哈恩还发现，性别是督导关系中的一个影响因素，女性比男性的心态更加开放，因此得到的支持也更多。此外，年长和资深教练的报告显示出他们对教练督导有更高的信任度，更敢于暴露自己的弱点。

这项研究对我们有什么启发呢？约瑟夫在他关于商业教练督导研究的出版物的回顾中指出，这些研究缺乏方法论上的严谨性，但提供了对督导的作用和益处的洞察。例如，他列举道：

> 维护道德实践，与复杂系统沟通并确保边界适当。还具有与提升专业知识和理解相关的提供教育和给予建议的作用……以及发展作用，如自我觉察和教练实践反思的能力。
>
> （第 165 页）

很清楚的一点是，我们需要更严格的方法，并转向定量研究，以衡量督导的感知效益，并可以与其他持续专业发展的方法进行比较。例如，教练辅导在提高道德成熟度方面效果更大还是更小？这是否会因教练经验而异？其他需要考虑的问题还包括：督导会对个人造成伤害吗？教练督导如何作为持续专业发展的一部分贡献价值？

教练督导模型

最著名的教练督导模型是彼得·霍金斯的“七眼模型”（Seven Eyed Model），这个模型探索了教练督导实践中的三个系统：客户－教练（被督导者）系统、教练督导系统以及整个系统。对于第一个系统，客户－教练系统，需要关注三个视角或变量——客户、教练的干预、客户与教练之间的关系。对于第二个系统——教练－督导系统，视角包括：教练及其反应、挑战以及关注点（如教练的“身份”）；被督导者与督导之间的关系；以及督导（他对被督导者和督导活动的反应）。最后一个系统是整个系统，即其他利益相关者、他们的组织正在发生什么，以及政治、经济和社会方面有什么影响。

第二个广泛应用的模型是默多克与阿诺德的全谱教练督导模型（Full Spectrum Coaching Super-vision model）。这个模型强调的是“你是什么样的人，就会用什么样的方式进行督导”，突出了督导和被督导者之间在组织领域内八项要素方面的关系（见表 14–2）。

表 14–2　　八项要素

1. 督导工具
2. 能量管理
3. 建立和维持关系的任务
4. 自我觉察和支持
5. 心理学观点
6. 教练 / 咨询边界
7. 合约与道德
8. 对背景环境的系统觉察

（改编自默多克与阿诺德，2013，p. xxix）

迈克·蒙罗–特纳（Mike Munro-Turner）提出了**三界四域**模型（Three Worlds and Four Territories model）。这个模型涵盖了督导可以关注的三个世界：教练的世界（及其工作和更广泛的人生）、教练对话的过程（包括教练的世界），以及督导对话的过程。在这三个世界中，每个世界都有四个领域：洞察力（感知这个世界中现在以及可能发生的事情）、准备度（对这个世界进行回应时的限制或促进因素）、真实的愿景（期望的存在方式）、熟练的行动（将愿景转化为行动）。特纳的模型尝试将整个系统引入讨论当中，鼓励教练通过讨论获得新的洞察。

克拉特巴克提出了**七种对话**（Seven Conversations）督导模型。这个模型对七种对话进行了区分：教练在教练对话前的反思 / 准备、客户在教练对话前的反思 / 准备、教练在教练对话过程中的内在对话、表达出来的对话、客户在教练对话过程中的内在反思、教练在教练对话后的反思，以及客户在教练对话后的反思。

霍奇提出了**三支柱**（Three Pillars model）模型。该模型旨在为生成性对话提供条件，以促进新的知识、见解和学习的产生。这三个支柱是：

- 督导关系，在这种关系中创造安全感（允许展示脆弱、表达感受），促进学习和成长。
- 为成人学习创造核心条件，即创建一种自愿、协作、对话式的反思性学习空间。研究表明，强制督导可能会对教练与督导的关系产生负面影响。
- 提升反思性实践的价值。对教练督导的研究表明，参与者提前做好督导准备，并在督导结束后写下反思，是很有价值的。

最后一个框架是约瑟夫的**安全实践**（SAFE TO PRACTICE）模型，这个模型旨在提供一种结构，帮助督导者进行自我反思。**安全实践**的英文名称是“SAFE TO PRACTICE”，这三个词当中，SAFE 指的是教练活动所处的系统以及涉及的各利益相关者（systems）、教练活动的议程（agenda）、教练活动的频率（frequency）以及教练在工作中应用的道德准则（ethical guidelines）。TO（theoretical orientation）关注的是教练在工作中应用的理论导向（如本体性、交互性、以人为本、系统性）。PRACTICE 指的是专业精神（professionalism）、反思（reflectivity）、行动（actions）、挑战（challenge）、透明（transparency）、洞察（insight）、支持（support）和同理式互动（empathic engagement）。

相关模型的增长表明，教练督导已经变得越来越普遍，而且和教练模型一样，也已经有很多方法可用。这种多样性让客户和督导师可以在对话中选择最合适的模型，或在每次督导对话中做出一些改变，从不同视角探索客户带来的问题。通过这些方式来促进元学习的发生，这一点我们在上文中已经讨论过。

案例分析

本节我们将介绍一个案例研究，展示一下**霍金斯七眼模型**如何应用于被督导者。在这个案例当中，督导师探讨了给一位高管教练做督导时讨论到的两个问题，这两个问题是：这位高管教练在服务于某位高管时对其产生的情绪反应，以及当客户陷入困境缺乏进展时对客户进行挑战。

薇薇安在参加了我（达米安）主持的辅导教练认证项目后开始接受督导。因为之前我们已经建立了信任关系，所以她立即进入了状态。她 40 多岁，住在阿根廷的布宜诺斯艾利斯。我们在 ICF 阿根廷分会活动中见过几次面，督导过程是在我位于加利福尼亚州洛杉矶的办公室在线进行的。薇薇安是一位成功的外部高管教练，拥有多年跨国公司的人力资源背景。她充满热情、精力充沛、非常友好。她的客户是来自阿根廷各地不同公司的高管。

第一次督导时，我们在签约上花了大量时间，我对教练督导进行了解释，包括其运作方式以及高管教练和高管如何从中获益，例如在所身处的复杂多变的 VUCA 环境中探索困境、使情况正常化、提高清晰度、进行战略规划等。我们就过程中的责任和重点达成了一致。薇薇安想在督导过程中探索一些挑战，特别是给年轻高管的教练，以及她对他们产生的一些情绪反应。我相信，明确的合约是教练关系的良好基础，同样也是导师 – 教练关系以及教练 – 督导关系的良好基础。教练在督导过程中探索的许多挑战，都与缺乏有效签约相关。考虑到这一点，我的信念是，督导要示范有效签约。

在随后的督导对话中，围绕教练年轻领导者，我们针对不同客户和问题进行了探讨。其中一个案例是关于一位成功的年轻高管的，薇薇安对他有一些矛盾性的感受：她想支持他，同时又对他的拖沓以及对教练期间商定的行动缺乏承诺感到不耐烦。这位高管在布宜诺斯艾利斯的一家跨国公司工作，公司人力资源部推荐他接受教练，目的是支持他担任一个需要新技能、具有挑战性的新职位。而这位高管对自己的新工作和技能水平信心满满，不确定是否真的需要额外的“帮助”来确保自己成功。薇薇安需要对这位客户做一些工作，让他不仅建立起对她的信任，还要建立起对教练过程的信任。

教练督导是探索高管教练、高管和项目发起人（此案例中为人力资源部门）

之间三角关系问题的理想空间。我们花时间澄清了不同利益相关者以及系统动力（霍金斯模型中的第二只眼和第七只眼），薇薇安得出的结论是，这位高管对教练过程的“接受”程度还不够。尽管这位年轻高管表示自己对这个过程很投入，但他的行为却表达出了不同信息。薇薇安与客户进行了直接沟通，探索了他怎么才能信任她、信任教练过程。这很有效，客户开始对教练过程表现出更多的兴趣和投入度。这种支持和挑战客户的艺术是督导过程中讨论的一个非常常见的问题。

通过对自我评估以及对客户的挫败感进行探索（霍金斯模型中的第四只眼），她意识到这位客户让自己想起了儿子。她的儿子有着和这位客户相似的特点：都很成功、年轻而自大，都觉得自己不需要任何人的帮助。通过提升对“反移情（countertransference，即通过将自己的问题投射到客户身上而对客户做出的反应）”的觉察，她能够将自己的情绪反应与客户的行为分离开来，做到既能提供更多支持，又能更好地直面客户缺乏信任和不采取行动的情况。

通过挑战这位客户让其看到自己的矛盾性、缺乏承诺以及抵制倾向，该客户最终停止了自我欺骗，不再为不采取行动找借口，并开始取得进展。最终，这位高管终于能够致力于培养新工作所需的技能，例如战略思维和跨团队有效工作，开始成功执行自己的教练计划。

督导帮助薇薇安看到个人生活是如何影响到职业，如何无意识地将客户与自己的儿子联系起来，从而未能有效地挑战客户的。觉察到这点之后，她树立了直面客户的信心（霍金斯模型中的第二只眼，关注点是教练的干预），之后，这位客户在自己的目标上取得了进展。我们还探索了我们之间的关系动力（霍金斯模型中的第五只眼），发现她作为被督导者是如何不自觉地把自己定位为督导的“女儿”（虽然我们俩同龄）的。在督导期间，我们还选用了沟通分析模型（Transactional Analysis model），这个模型帮助我们看到这位教练与客户之间存在着一种儿童 – 成人关系，并讨论了如何将其转变为成人 – 成人关系。薇薇安意识到，教练年轻高管时，她自己面临的一个挑战是如何避免沦为母亲的角色。她看到，虽然她很享受这个角色，但挫折和巨大的责任同时也随之而来——而这可能并不利于客户的成长和发展。

结论

本章探讨了教练督导的发展性本质，介绍了一系列研究和模型，以便帮助那些可能还不太熟悉这一概念的人更好地了解督导是如何帮助自己在高管教练实践中发挥作用的。当下还需要有更多的研究来证明其重要性和价值。虽然教练督导并非对所有的专业教练机构都是强制性的，但趋势是欧洲和北美对教练督导的应用越来越广泛，因为越来越多的教练看到督导可以提高自己的能力和成熟度，并提供了一个反思的空间。

MASTERING EXECUTIVE COACHING

PART 4

案例研究

第 15 章　案例研究：宜家

安雅 · 林德伯格

在宜家公司和其他组织中，寻求教练支持的高层管理者，通常都是在寻找一个参谋，寻求关于当前工作场所的挑战的新视角、反思的时间和空间，以及对推动业务和他们个人绩效的支持。

有时需要一位教练是因为一些特定的任务，例如：

- 在目标设定上提供额外的关注和澄清；
- 提供观点；
- 培养新技能和能力；
- 激励个人和团队；
- 探索实施变革的优势。

2005 年，宜家公司开始使用外部教练。然而，随着事情的发展，对外部教练需求的增加导致的成本上涨，引出了一种新的方法。2008 年，宜家公司决定投资一个内部教练团，通过内部教练，宜家公司在组织内部形成了一种教练文化。经过筛选，宜家公司决定与我们 Coachutbildning Sverige AB（瑞典教练培训公司）合作。宜家公司选择我们公司有几个原因，其中一个是我们有着非常相似的价值观，对我们双方而言，建立真正的伙伴关系非常重要。

在第一个培训项目中，参与者被邀请至少投入 10% 的时间参与教练活动。选拔是基于个体对宜家价值观和文化的理解，并且必须是具有很强沟通能力的管理者。

宜家公司选择了外部供应商 Coachutbildning Sverige AB，来实施培训并支持他们的教练获得 ICF 认证。宜家公司的态度是内部教练应该具有和外部教练同样的资质。内部教练应具备有效地支持领导者的资质，Coachutbildning Sverige AB 将为此提供支持和资质培训。

在开发第一个培训项目期间，培训供应商与宜家公司的教练团队有着紧密的合作。一个成功因素是，宜家公司非常清楚它们想要实现什么。与此同时，它们也听取各种意见，并将供应商的经验融入项目设计中。

除了调整培训以适应宜家公司的文化和价值观外，项目里还包含练习和示范，以满足宜家的具体需求。一个例子是“门店现场教练”：根据客户当前进行的任务进行简短的教练。

我们也参与了宜家教练政策的制定，例如，客户是否可以提出任何类型的话题，以及如果客户想离开公司是否应该继续教练活动。当时，宜家选择的是客户可以随意地提出任何主题，以及即使客户正在离职流程中，也应继续教练活动。其他一些公司在这方面的限制则更为严格。

最初，教练活动可以聚焦于任何话题。最近，这一策略发生了改变，教练更多地聚焦于宜家的“领导能力”，使教练过程与业务保持一致。不过，其他话题也可以作为宽泛对话的一部分。

培训结束后，教练们会得到导师教练和团体督导，以支持他们处理不同类型的案例和困境，以及进一步的发展。

完成培训后，教练们会进入内部教练团。设定教练团的目的有很多：一是帮助在公司内部推广教练活动，并将客户（教练对象）与教练团里可用的教练进行匹配；二是为教练们创造一个分享知识和经验的机会。这确保了对教练处理不同案例和困境以及获得进一步成长的支持。在整个执行阶段，开展了许多重点项目。

其中一个项目是在瑞典的一家宜家门店进行的，内部教练对门店的所有经理进行了教练。67% 的经理在评价教练是否对他们产生了积极影响时回答说“是，很多”或“是，非常多”（33% 的经理回答“是”或“很少”）。

2008—2011 年，有四个组，每组 12 ~ 16 名员工被培训成为内部教练。这些内部教练由来自世界各地的宜家高级经理和人力资源专业人士组成。他们被要求每人每年承诺实施 42 场次的教练服务。目标是为宜家全球范围内的关键经理人提供个人教练服务。

自 2011 年以来，宜家公司已经建立了基于国家的教练团。这些内部教练的工作标准和教育程度与全球教练团的教练完全相同。目前，法国和西班牙都有当地的教练团。这些教练们使用当地语言进行教练，让更多英语不流利的关键领导者能获得教练服务。

自 2011 年起，每年都有 5 ~ 10 名宜家经理和人力资源专业人员参加 Coachutbildning Sverige AB 的公开培训项目。这样做的好处是让参与者能够深入了解其他组织如何开展教练活动。潜在的缺点是它不能像宜家定制项目那样，为受训者提供建立内部教练关系网络的机会。虽然公开课项目没有结合宜家公司的文化和价值观，但这并不被认为是一个问题，因为这些人都已经熟知宜家文化和工作方式。

每隔 18 个月，宜家公司的内部教练们就有机会见面。这么做是为了建立关系网络，并进一步发展他们的教练技能。此外，宜家公司这些年来还举办了短期的网络工作坊。不同的培训师和演讲者被邀请来教授新的模型、工具和运用教练活动的方法。资深教练们也接受了 Coachutbildning Sverige AB 的“如何辅导教练”培训，所以现在他们可以在宜家内部为个人和团体提供教练辅导。

2015 年春天，宜家公司进行了一项内部研究，并通过一个外部基准来评估教练活动的价值（见表 15–1）。另一个目的是决定全球教练团是否应继续集中管理、培训和跟进。

表 15–1　　宜家教练调查问卷

问题	回答：
1. 据其自身的说法，宜家的内部教练从教练工作中得到了什么	• 这给了我能量，让我看到别人是如何成长的，是怎样找到合适的内部教练的。另外的收获就是个人发展，每次教练别人时，我能更多地了解自己，以及了解自己是如何与人互动的，从而发展和深化自己的教练技能 • 成为一名教练是非常有利于人的发展的。你能更多地了解他人，并了解自己。这很有挑战性，而且当教练取得成功后让我感觉良好 • 这给了我能量和灵感 • 这给我提供了能量和不同的视角。给了我满足感，在帮助他人时我感觉非常愉快 • 对我来说，最重要的是参与他人发展的过程 • 深入了解宜家的其他方面、不同的角色和职责、不同的思维方式、不同的解决或不解决问题的方法
2. 根据宜家内部教练的说法，教练给客户提供了什么	• 基于其自身的优势、自信、更强的自我信任、良好的感觉和自我觉察，有了清晰的、新颖的和其他视角，以及更深入的见解 • 为实现目标，对想要发展的和想要做的事情采取行动的动力和能量 • 明晰了他们的目标，如何达成，以及达成目标所需的能量 / 信任 • 用新的方式看待他们自己及其面临的挑战 • 更有活力和自信 • 清晰，反思和倾听自己的时刻 • 清晰，洞察力和动力 • 有能力影响他们自己的处境 • 能量和灵感，以及澄清和指引
3. 在宜家，内部客户提出的共同话题是什么	• 领导力和个人发展 • 应对压力 • 对于个人来说，正确的下一步 / 新的工作是什么 • 进入并适应一个新的角色 • 在陷入不同的困境、迷惘或不知所措时所需的帮助 • 关系 • 更有效率或达成特定的目标 • 拓宽自己——对自己的信心和信念

来自 coachutbildning.se（供应商）的安雅·林德伯格，在这里感谢宜家教练团队在这个案例研究中的贡献，特别是负责宜家公司教练团工作的卡林·阿克曼（Karin Åkerman）。

研究的主要结论是：

- 从教练活动中受益的客户都非常满意；
- 客户教练主题与宜家需求之间的关系还不够明确；
- 教练的数量足以满足目前的需求，但教练的能力没有得到充分发挥；
- 对于教练们来说，重要的是拥有通用的工具和指导，以及持续的培训和督导。

在过去五年里，宜家持续培训自己的教练。其重点往往是把教练方法与领导力结合起来。宜家已经将教练活动纳入一系列内部领导力项目。在一些项目中，参与者会配备一名内部教练来支持其发展。这种教练方法与宜家公司内部的领导哲学非常匹配。正如一位接受过教练培训的经理所说：

> 使用控制型领导方式和使用教练型领导方式的最大区别在于，教练关注的是我面前的人。教练有助于成长和更具创造性的行为。我已经从“超人”变成了一名教练。

教练可以帮助个体建立安全感和自信心，让其感觉到被倾听和被信任。这种信任有助于形成一种让人们觉得即便冒险和犯错也很安全的文化，这样一来，大家就能专注于尝试新的想法，并不断从与同事和客户的互动中学习。

宜家公司仍在继续为高层管理者使用外部教练，独立性是这项任务的关键部分。外部教练要注重的是他们的教练和管理经验，以确保高层管理人员能从教练活动中获得积极的经验，同时也能从这些外部输入中获得业务。

第 16 章　案例研究：沃尔玛

乔什·罗杰斯（Josh Rogers）

在给时任 CEO 的季度汇报中，“还有一件事……高管教练进行得怎样？”这个问题给一项原来处在沃尔玛领导力项目边缘的新工作插上了翅膀。临时的人才负责人回答说：“我不知道，我得先了解一下，回头再回复您。”

事实上，这个问题的答案是“不怎么样，甚至有些事与愿违”。尽管沃尔玛公司拥有庞大的员工队伍和悠久的培养领导者的传统，但高管教练都是以一种临时安排的方式来使用的，并且很少与培养组织顶尖人才的目标挂钩。经过一段短暂的情况考察后，来自卓越人才管理中心（COE）的调查小组发现了高管教练当前状态的三个关键特点：

- 任何人，只要愿意支付教练费用都可以得到一名教练——不管其需求或需求背景是什么；
- 教练直接对事业部出售他们的服务，无须经过 COE 或人力资源部的审查；
- 一小部分传统教练在上一财政年度被支付的经费，高于 COE 记录的其他所有教练活动的费用总和。

作为驯服教练活动这个“西部荒野”解决方案，新的高管教练实践专注于战略的定义：谁应该接受教练活动（以及为什么）、人们应该如何获得教练以及应该谁来做教练。

在一个长期将教练活动作为挽救员工职业生涯的最后努力，或是对低绩效者的一种补救措施的组织中，我们认为选择从电商部门开始这项转型工作是一个明智之举。这个部门的领导者相对没有那么资深，他们不像企业其他部门的领导者那样对教练活动带有偏见。虽然事实证明的确如此，但由于旧金山湾区本身是一个人员流动较活跃的市场，加上部门管理者和人力资源部对 COE 缺乏信任，这次实验性方案展现出了自身的复杂性。此外，尽管这项工作是由与 CEO 的一次谈话引发的，却缺少来自业务部门的一位明确的高管支持人。

在首期试验项目获得人力资源领导的批准后，相关部门着手制订了教练对象 / 客户的选拔规程。与长期以来使用教练活动来应对“脱轨”领导者的被动方式不同，新规程着眼于培养顶级管理人才和未来管理者，包括：

- 准备承担更多责任的领导者；
- 处于转型期的领导者；
- 外聘的关键人员；
- 成绩斐然但需要支持的有才华的领导者。

根据新的选拔标准，沃尔玛公司制定了一个新的准入流程，包括一个与领导、人力资源部门和教练实施负责人的会议，以实现对教练活动申请的分流和质量控制。这一新流程的实施并非没有阻力，因为经理们已经习惯了自己做教练决策，而 HRBP 也更习惯于独立处理来自直线业务领导的申请，而无须引入人才管理部门或 COE 部门的人。也就是说，几经波折之后，这个准入实践才开始站稳阵脚，逐渐被领导者和人力资源部门普遍接受。

不过，这个过程也揭示了教练目标受众的范式是如何被打破的。许多最初的准入对话都包含“我们只是想帮忙”或“这是这位领导者扭转局面的最后机会”这样的话语。尽管教练活动的预算是授权给部门的，而且直线领导对是否对教练进行投资有最终决策权，但我们确实开始看到，在采取了更果断的咨询方法后，教练活动的支出开始有所变化。事实上，沃尔玛公司在建立了更严格的准入机制后的第一年，通过避免支付针对绩效问题的教练活动费用，节省了近 50 万美元。

准入流程暴露的另一个问题是当前教练的能力参差不齐。似乎每个领导者口中都有“他们的自己人”或“神奇女士”。但当开始审查教练时，客气地说，我们发现教练的经验水平、背景和方法是多种多样的。一些生活教练、前高管、顾问等都成了高管教练，有些人甚至只有有限的经验或接受过少量培训（系统中也有一些非常优质的教练）。有一个特例，这位教练总共只做了不到五次、共六个月的教练活动，其收费水平却相当于市场定价的上限。

这种能力参差不齐的情况，促使我们选拔出了高管教练的“沃尔玛精英”，在与客户配对之前，他们要经过 COE 的审查。这个教练群体的成员，一部分筛选来自少数几个教练供应商，还有一小部分来自人力资源部门挑选的公司内部现有教练。进入精英队伍的教练需要经过一系列的筛选面试，以评估他们的经验、方法和匹配度。然后，这些教练要完成一个定向流程，包括一系列的网络研讨会和一天的面对面会议，通过这个过程，他们将了解企业的文化、战略和教练规程。

有了这个清晰明确的教练名册后，教练实践就可以作为正式项目的一部分进行部署。现在，我们可以宣传教练的优势是，教练不仅合格，而且了解我们的业务和战略。此外，尽管这些教练的录用过程更为严格，但可以更快地调动他们和领导者一起工作。虽然这种教练精英的方法安排，并没有完全消除使用领导者“自己人”的意见，但它确实给了教练实践一个实际的回应—— 为什么我们不应该为每一个新的教练活动在系统中增添一名新的教练 。

当有了一个成功的试验项目和概念验证，就可以在企业其他部门推广和规模化这项工作了。正如所料，这些部门也经历了和试点部门一样的风暴期，但随着时间的推移，这种做法得以扎根。无论如何，我们能够发现一个变化：组织中的一个进步派别已经做出改变。几年之后，人才管理负责人现在已经可以很好地回答 CEO 提出的关于沃尔玛教练活动状况的任何问题了。

第 17 章　案例研究：伯明翰大学教练学院

克里斯蒂安·范·纽韦伯格（Christian van Nieuwerburgh）
瑞安·沙曼（Ryan Sharman）
安德鲁·克托里斯（Andrew Ktoris）

鉴于内部教练不断普及，我们将介绍一个行业领先的教练学院，作为案例研究。英国伯明翰大学的教练学院是这一领域的先行者，它展示了如何利用成功的教练方法，发挥对话的力量，赋能机构及其员工实现组织和个人重要的目标。

内部教练

在过去 10 年里，“内部教练团”的使用和发展越来越受欢迎。教练行业调查显示，过去几年，内部教练的数量持续增加。英国公共部门的一个著名优秀实践案例是西米德兰兹郡（West Midlands）的教练和导师团。这提供了跨多个不同部门获得高质量教练的机会，在财务受限的情况下提供了经济高效的解决方案。

大学很早就采纳了培养内部教练的想法。例如，英国的华威大学（the University of Warwick）、伦敦帝国理工学院（Imperial College London）和开放大学（Open University）都培养了内部教练，在各自的机构内开展高管教练活动。华威大学自 2006 年开始实施教练与辅导计划，旨在鼓励正常的直线管理关系之外的学习和发展性对话；伦敦帝国理工学院于 2009 年成立了教练学院，旨在为其员工提供额外的保密性发展支持；开放大学利用其内部的教练资源来支持管理发展项目，并为员工提供一对一的教练活动。

伯明翰大学教练学院

伯明翰大学教练学院成立于 2014 年，由 35 名通过外部认证的高管教练组成，在伯明翰大学内部提供教练服务。所有教练均具有领导与管理学会（Institute of Leadership and Management, ILM）的资格。大多数教练都有 ILM 教练和辅导五级证书，其余的教练持有 ILM 七级高管教练证书或具备同等资质。

从一开始，学校就打算将教练学院与伯明翰大学的人力资源战略紧密联结起来。它由人力资源（人员和组织发展）助理总监领导，是伯明翰大学组织发展职能不可或缺的一部分。目前，教练学院牢牢植根于大学核心领导力项目，每年实施超过 100 项教练服务。

所有大学职员都有机会通过教练学院获得教练活动支持。当教练活动申请获得人力资源部助理总监的批准后，学院将为教练对象指派一名教练，然后安排一次“化学反应”会面。“化学反应”会面的目的是确保教练和教练对象之间的关系足够融洽，以便共同完成接下来的教练任务。经双方同意，将会安排一场教练、教练对象及其直线经理的三方联络会议。会议的目的是对教练目标达成共识，并从直线经理那里获得信息输入和反馈。随后，教练和教练对象将开展一对一的教练会谈，最后将安排一次三方的期末教练成果会议。在这次会议上，教练将促进教练对象与其经理之间的对话，检阅教练目标的达成程度。

为确保上述教练过程对教练成果的成功交付，教练学院为其所有成员提供了一个强大的教练支持框架。它包括教练学院成员的教练实践课程、由外部督导提供的一对一和团体督导安排，以及全年可选参加的持续专业发展活动（Continuous Professional Development, CPD）。此外，教练有机会参加教练学院年度会议，加入“伙伴”支持小组，并通过实体和线上图书馆访问专门的教练资源。

重要成果

教练学院的愿景是“成为一个备受重视和尊敬，为大学的高层同事提供一对一高管教练的提供方，并在高等教育中成为最高水平的学院”。评估结果表明，该大学正在逐步实现这一雄心壮志。在2017—2018年间，所有客户都对教练学院提供的教练活动表示100%满意，并愿意向其他同事推荐该服务。

对教练学院的使用在持续增长。2016—2018年，学院完成了200项教练任务。这种内部教练服务的需求部分归功于有效的内部沟通以及高层领导的支持。教练学院的成功已将教练活动定位为支持现有正式项目的一种发展性干预。现在，它很少被视为一种绩效管理的补救性干预措施，而更多地被视为一种从优秀走向卓越实践的方法。这个结果是通过对伯明翰大学内部教练的数量和能力持续增加的重大投资而得以支撑的。在过去12个月里，教练学院在“财务盈亏”方面取得了积极的影响，对外部教练的支出减少了30%。

实践的启示

基于伯明翰大学教练学院的经验和研究，在开发内部教练资源时，有必要考虑以下启示。这些因素对教练团的成功是必不可少的：

- 获得组织高层领导的支持和赞助；
- 确定交付教练服务所需的强大行政管理安排；
- 建立清晰透明的内部教练招聘流程；
- 确保教练任务聚焦于教练对象和组织目标一致性；
- 投资于内部沟通，宣传教练的好处；
- 通过提供教练督导和持续的专业发展，满足内部教练的需求；
- 明晰的政策和程序，确保保密性及管理项目的道德边界。

第 18 章　案例研究：基因泰克

克里斯·波利诺（Chris Pollino）
金西·麦卡纳利（Kimcee McAnally）

电话是在 2009 年春天打过来的。当时，我们的 CEO 问人力资源部主管："我们在高管教练的投资回报率（ROI）是多少？"然后，人力资源部主管给高管人才小组发"电子邮件"去寻求答案。经历了两周雪片纷飞般的邮件、电话、分析，以及高管人才开发团队所谓的"手忙脚乱"之后，所获得的最有效信息就只是一些正面的轶事评论。事实上，我们对公司内有多少教练活动正在实施，以及花费的多少所知甚少。虽然高管教练项目备受推崇，但确凿的事实并不容易获得——当然更没有 ROI 数据。

基因泰克公司从 2005 年开始实施教练实践。我们有完善的流程。24 名才华出众的教练为旧金山校园总部和美国的商业运营提供支持。我们有作为企业良好合作伙伴的好声誉。我们的教练项目能够恰当地聚焦于领导者的发展。所有的管理者都可以通过我们的教练内部网站学习教练知识，还可以在线查看每位教练的个人履历并在线填写申请表。不过，教练们的工作有相当的自主性，费用相差很大，而且教练的交付过程非常隐蔽。

同年，基因泰克公司成为罗氏集团的一员。基因泰克公司是一家拥有 40 年历史的生物技术公司，致力于发现、开发、制造和商业化那些用于治疗严重或危及生命的疾病的药物。罗氏（总部位于瑞士巴塞尔）在 100 多个国家都有业务。预计该团队将成为合并两家公司的重要组成部分，并且，此前主要以美国为重点的国内项目很快将要发展为国际业务。

高管人才发展团队开始思考是否有更好的方法来释放内部资源，同时提高教练项目的可见性和效率。虽然目前的项目拥有一个高质量的本地教练网络和已建立的实践，但它对内部资源来说相当耗时，并且难以跟踪和形成报告。此外，团队希望在面对CEO或人力资源主管的再次询问时，能够提供一个更好的答案。于是在基因泰克公司开始了教练的变革。

这引发了一些战略上的深度探索，最终形成的结论是寻找一个具有系统、管理能力和全球覆盖的教练合作伙伴，以支持更广泛的教练实践。这样，高管人才发展团队就可以更专注于高层战略，而不是个别教练项目的日常管理。

重要的是，我们强烈希望保留了解基因泰克文化的经验丰富的外部教练团队，同时，寻找能灵活适应基因泰克当前流程的供应商。该团队还希望找到拥有行业专业知识的外部资源，能够提升效率，为预期的未来全球教练需求奠定基础，并成为行业研究和知识的智库。

2012年初，基因泰克公司启动了一项严格的招标审查程序，之后决定选择CoachSource作为基因泰克公司合作伙伴，提供管理服务。在随后的几个月里，两边的团队共同确定了相互的角色和过渡阶段的职责。有几个变革管理方面的挑战需要解决，包括获得人力资源负责人的支持、说服现有的教练留在系统中，以及从现有的流程过渡到进阶项目。最后的实施涉及与公司、高管、教练和人力资源职能团队进行广泛的沟通。

高管人才发展团队继续负责整体的质量和流程设计，并担任企业的内部顾问。我们的外部合作伙伴负责教练活动需求的日常管理、为不同的任务匹配教练、跟踪/报告教练活动，并分发调查问卷评估教练的影响和客户满意度。我们共同合作维护教练网络并组织与教练的会面。

虽然教练项目主要针对的是总监及以上级别的人员，但也支持高潜员工、中层管理者和个人贡献者。目前的项目支持各种教练服务选项，包括360度反馈、教练活动（三个月的、六个月的和定制的），并且是领导力发展项目的一部分。在过去的五年里，教练项目已支持了超过 1500 名基因泰克公司的领导者。

教练社区公认的一大亮点是在“教练社区会议”期间教练们的高频互动。该会议每年举行三次，分享的内容包括公司正在发生的事情、外部教练在教练过程中支持新举措的方式，并提供机会让教练分享他们的观察。这样做的结果是形成一个有凝聚力的教练社区，从而更好地支持基因泰克公司的教练服务客户。

五年后，除了保留住了现有教练外，基因泰克公司的高管人才发展团队能够把更多的时间花在战略和全球团队活动上。基因泰克公司能够运用先进的教练技术，跟踪教练活动，收集对业务有影响的相关信息，并为公司的发展提供一个可扩展的解决方案。

如果在今天收到询问投资回报率的电话，会得到什么回答呢？基因泰克公司可以访问基于定制化教练活动调查的实时数据，调查数据分析了解教练活动的价值、影响 ROI 的因素（例如收入、成本节约、生产力和保留率），以及预估对财务盈亏的影响。该问题将可以获得快速而准确的答案！

译者后记

和光同尘

2019年末，新冠肺炎疫情来袭，我与很多企业家和创业者都没有想到，接下来的三年，是极其艰难、残酷、又充满机会和期望的三年。回顾这三年，有无数个艰难的战略决策过程、组织变革和核心团队调整任用，让我和企业家、创业者夜不能寐，食不得安。正是这本放在枕边的《高管教练精进法》帮助我度过了这些岁月。无论从书中的最新的企业案例实践（本书精心呈现了大量最新的、截止到2018年的许多欧美企业变革以及领导力成长的经典实践，可谓国内目前最新的、介绍欧美企业及领导力发展的佳作）还是系统的理论梳理以及归纳，每每让我在困惑中获得一些借鉴。于是，在2021年初，我决定联合业界一些资深的高管教练从业者一起将这本书引进并翻译，以提供给中国的企业家和管理者以及教练从业者，从而从独享其美到人人共知。

经历一年的独立精心翻译后，在2022年初，我和同仁们将译稿交付编辑部。由编辑部引导进行统稿、打磨和修订，历时一年才于2023年1月付梓。在此过程中，幸得各位编辑老师和翻译前辈的共同努力，一起制定词汇标准，并对照索引，互相辩析原文语境、词义并根据中国的企业特点进行修正，以确保类似我这样的管理实践派的翻译也能达到一定的“信、达、雅”之标准，又能确保原文的精华不因翻译而受到影响。

感谢这两年多来参与本书翻译的各位同仁，特别感谢王利娟、王宾、穆宪宁、周敏、张凯琴、陈绰对本书部分章节的翻译，以及编辑部的各位老师、领导不厌其烦、不断精进的努力，让这本书高质量地呈现给中国企业界和教练圈。更感谢周鸿祎先生、冯仑先生、彭凯平教授看到本书后给予的认可和鼓励，并及时给予了点评和推荐。他们从企业家和学者的角度高度关注中国企业的成长以及教练在其中的作用。他们的认可和推荐给了我以及本次翻译团队更多的信心，相信本书一定会给 2023 年中国企业的发展带来价值。

当前，世界处在一个断裂与重构的关键时刻，企业发展及教练实践也不是一蹴而就的，它是一个不断演进和蜕变的过程。高管教练的理论、内容、方式和活动会因文化、政治、经济和社会发展的不同而存在差异，学术名称和词汇也都在逐步推陈出新且内涵更丰富。我们在翻译的过程中尽可能地兼顾翻译的学术性与企业管理的通俗性，但肯定会有瑕疵和不当之处，恳请广大读者批评指正，不尽感激。

朱晓楠

Mastering Executive Coaching，1st edition/by Jonathan Passmore, Brian O. Underhill, Marshall Goldsmith

ISBN: 978-0-8153-7291-2

北京阅想时代文化发展有限责任公司为中国人民大学出版社有限公司下属的商业新知事业部，致力于经管类优秀出版物（外版书为主）的策划及出版，主要涉及经济管理、金融、投资理财、心理学、成功励志、生活等出版领域，下设“阅想·商业”“阅想·财富”“阅想·新知”“阅想·心理”“阅想·生活”以及“阅想·人文”等多条产品线，致力于为国内商业人士提供涵盖先进、前沿的管理理念和思想的专业类图书和趋势类图书，同时也为满足商业人士的内心诉求，打造一系列提倡心理和生活健康的心理学图书和生活管理类图书。

《教练与导师督导权威指南》

- 第一本全面介绍职业培训和指导监督的书。
- 实践性、综合性强，反映了培训和指导越来越职业化，人们越来越期望培训在常规监督下可以确保实践的质量与安全，这也有助于他们可持续的职业化发展。
- 作者包括职业培训领域世界知名的权威人士，他提供了关于这个快速发展领域的最新思想。

《高绩效团队教练（实战篇）》

- 教练大师彼得·霍金斯所著《高绩效团队教练（第2版）》的配套案例集。
- 书中大量的案例研究是众多的团队领导者和团队外部教练共同写作完成的，所选案例来自不同的国家和地区，如澳大利亚、芬兰、加拿大、英国及欧洲大陆等。
- 这些案例短小精悍，涉及诸多领域，包括专业服务、医药、健康服务、航空、建筑、金融、地方政府等。

《高绩效工作教练与辅导：优化个人和组织绩效的刻意练习（第 2 版）》

- 教练就像一面镜子，帮助个人或组织认清自己的位置和状态。
- 向内挖掘潜能，向外发现可能性，进而不断自我优化。

《高绩效团队教练（第 2 版）》

- 教练大师、巴斯咨询集团创始人兼名誉董事长彼得·霍金斯将系统性教练技术付诸实践的倾心之作。
- 清华大学经管学院领导力研究中心研究员陈生民、著名团队管理专家、创业家兼专栏作家玛格丽特·赫弗南作序推荐。

《跟大师学指数投资》

- 全球十位投资管理行业终身贡献奖获得者之一、全球备受尊敬的投资家为你梳理指数投资从无人问津到笑傲江湖的发展历程，用事实证明只有了解指数投资优越性的投资者才可能成为真正的投资赢家。
- 高瓴资本集团创始人、董事长兼首席执行官张磊，美国投资大师伯顿·马尔基尔（Burton G. Malkiel）作序推荐。

《金融客户心理学》

- CFP 委员会理财规划中心系列著作之一。
- 探讨了居于行业中心的客户的偏见、行为、观念对其自身决策和整体财务健康的影响。
- 理财规划从业者、研究人员和教育工作者必备案头书。

《福格说服技术》

- 计算机说服技术的奠基之作，福格行为模型的开源之作，普通大众对计算机说服技术的开蒙启智书。
- 心理学大师菲利普 G. 津巴多作序推荐。
- 产品经理、产品设计人员，高校计算机、市场营销、界面设计专业学生必读书。

《职场人格 AI 测试：让沟通更有效的行为观察术》

- 自从我们的世界变得高度互联，人与人之间反而变得相互猜忌，因此，我们比以往任何时候都更难与新朋友沟通并建立信任。
- 人格 AI 综合运用人格心理学、数据科学和机器学习创建人格画像，能够帮助职场人士利用数据构建有意义的关系，打破沟通障碍，与他人共情并建立和谐的关系，从而赢得更多的机会，实现个人的加速成长。